JN287786

東北アジアの青銅器文化と社会

甲元眞之 著

同成社

はじめに

　中国の燕山山脈以北、大興安嶺以東、黒龍江以南、東は日本海と黄海に限られた東北アジアは、先史時代から古代にかけての時期においては一括可能なまとまりをもって歴史が展開してきた。モンゴリナラを主体とする落葉樹林帯のもとでの狩猟・漁撈・採集活動が、生態的特徴に即応する形で形成発展し、穀物栽培が導入され生業活動の中心となった段階においても、狩猟・採集・漁撈活動が並存して営まれていたことは、遺跡から出土する自然遺物により具体的に示される。

　東北アジアが大きな歴史の転換点を迎えるのは、中国中原地域に青銅彝器を具備する政治的まとまりが形成されてからであり、とりわけ殷が黄河より北部に位置する安陽に遷都して以降、山西省中部以北や陝西省東部地区にその影響が及ぼされ、遼寧省南部地域もその埒外ではなかった。高度に発達した政治的社会と対峙する状況になった東北アジア南部地域は、次第に中原的青銅器文化の影響を受け入れることとなる。しかし、殷周時代を通してその直接的な支配は燕山山脈以南の地域に限られ、大凌河上流域がわずかな時期それに含まれるだけであって、殷周的青銅器文化の影響を受け入れながらも、在地性が豊かな青銅器文化が東北アジア南部に開花した。さらに西周末から春秋期に入り、寒冷乾燥化という生態環境の変化に即応するかたちで、オルドス式青銅短剣に象徴される集団が南下して中国北部地域を占拠することとなった。これにより東北アジアと中原地域との関係が分断されることで、東北アジアの青銅器文化はますます独自性を高めていったと素描できる。

　ここに掲載した論文は、こうした東北アジアの青銅器をめぐる集団の展開過程を帯銘銅器の分析を中心として叙述したものである。銘文の存在に示されるように、今回分析の対象とした地域は、あくまでも殷周文化と接触をもった隣

接地帯であり、そのほかの東北アジアでは青銅器文化の影響は間接的であり、新石器時代以来の穀物栽培を中心としながらも、狩猟・漁撈・採集活動に基盤をおく社会が継続していたとみられる。この点に関しては、次の機会に『東北アジアの初期農耕文化と社会』において論じてゆく予定である。

　　2005年10月

目　　次

はじめに　1

第1章　北部地域における青銅器文化の成立 …………………………7

はじめに　7／山西省霊石県旌介遺跡　8／青銅器群の構成　18／族徽からみた北方青銅器群を保有する集団　29／孝民屯遺跡における銘器の分布　36／中国北方地域の青銅器出土墓の検討　40／おわりに　43

第2章　西周初期燕国の形成 ……………………………………………45

はじめに　45／東北アジアの初期青銅器遺跡　46／西周前期前半の燕国関係帯銘銅器　50／西周前期後半の燕国関係帯銘銅器　56／西周初期の衛国墓地　62／燕国成立期の人的構成　65／おわりに　71
付論　西周燕国墓地出土銅器銘文について　73

第3章　西周初期燕の埋納遺跡 …………………………………………77

はじめに　77／北京周辺以北の青銅器埋納遺跡　79／埋納遺跡の年代推定　86／西周初期埋納遺跡の意味　89／おわりに　92

第4章　殷系氏族の動向―冀銘銅器を中心として― ……………… 93

はじめに　93／冀侯関係帯銘銅器　95／「亜冀」「亜矣」の解釈について　103／西周から春秋にかけての冀関係銅器　107／箕国の所在地の検討　111／おわりに　114

第5章　遼西地方における青銅器文化の形成 …………………………117

はじめに　117／最近の中国研究者の見解　119／西周初期の青銅器群　122／中国北部地域における青銅短剣の生成　127／おわりに　132
付論　東北アジアの青銅短剣　135

第6章　東北南部地域における青銅器文化の展開……………141

　　　　はじめに　141／小黒石溝石槨墓　142／小黒石溝遺跡の
　　　　年代検討　149／その他の青銅礼器群　153／環境変化の
　　　　研究　157／おわりに　162

第7章　単鈕鏡小考………………………………………………163

　　　　はじめに　163／単鈕素紋鏡の出土事例　163／単鈕素紋
　　　　鏡の分類と所属年代　174／鏡のもつ意味　176／シャー
　　　　マンと鏡　178／おわりに　185

第8章　多鈕鏡の再検討…………………………………………187

　　　　はじめに　187／多鈕粗紋鏡出土遺跡　190／多鈕精紋鏡
　　　　出土遺跡　200／多鈕鏡の分類　211／多鈕鏡の編年　213
　　　　／多鈕鏡の祖形　217／他の遺物との組合わせ　218／お
　　　　わりに　221／多鈕鏡追加資料　222

第9章　紀元前一千年紀東北アジアの首長墓…………………227

　　　　はじめに　227／中国的木槨木棺墓の形成　228／南山根
　　　　石槨石棺墓と鄭家窪子木槨木棺墓　230／崗上・楼上墓
　　　　と遼東の積石塚　233／遼東および朝鮮の石棺墓と石槨
　　　　墓　236／東北アジアの支石墓　238／楽浪の形成と木棺
　　　　集団墓　242／おわりに　245

第10章　大ボヤール岩壁画と銅鍑………………………………247

　　　　はじめに　247／朝鮮の銅鍑　248／大ボヤール岩壁画
　　　　250／銅鍑の分類と時期　256／おわりに　260

終　章　東北アジアの青銅器文化と社会………………………263

　引用文献　267
　中国語要約　283
　英文目次　287
　あとがき　289
　地名・人名索引　293

東北アジアの青銅器文化と社会

第 1 章　北部地域における青銅器文化の成立

はじめに

　中国北部や東北アジアで形成・展開した青銅器文化はユーラシアの草原地帯ばかりでなく、朝鮮や日本に多大な文化的影響を与えてきたことは言を待たない。東北アジアが青銅器文化と遭遇するのは紀元前二千年紀後半期、殷を介してであり、殷とどのような社会関係のもとに青銅器文化を受容したかという問題が、そこから導き出される。殷の勢力が北方へとより強力に展開するのは、殷が安陽に遷都して以降であり、まず山西省中部以北の地域がその対象になったことは、殷代後期の青銅器が多数この地域で発見され、殷墟と同様な埋葬様式が出現することで容易に窺うことができる。ここでは殷の勢力が北方へ進出する過程で、どのような社会関係のもとに殷的青銅器文化が展開したのか、青銅器に記された銘文を手がかりとしてそのメカニズムを考察し、ひいては河北省北部以北での殷周的青銅器文化のあり方との比較検討に備えることとする。
　また最近歴史民俗博物館が推進している、AMS炭素年代測定法にもとづく新たな年代的枠組みの提唱により（日本第 4 紀学会 2000、国立歴史民俗博物館 2003a・b、今村 2004、設楽 2004、西本 2005）、東北アジア全体地域の青銅器時代の編年体系も再検討が迫られるようになってきた（金関編 2004、春成・今村編 2004）。これに関しては賛否両論があり、最終的な歴史的枠組みが構築されるには時間を必要とするが、結局のところ中国北部あるいは中国東北部の青銅器時代の年代をどのように捉えるかに関わっている。弥生時代の実年代を遡上させる考え方に適合的な意見は、すでに岡内三眞（2004・2005）と宮本一夫（2004・2005）により提唱されているし、これに対してはいささかの意見を開陳したことがある（甲元 2004・2005）。その根拠となる青銅器文化の展開過

程につき論じてみたい。

　中国北部地域に展開した青銅器文化に関しては、郭素新と田広金が青銅器文化のおおまかな流れではあるが、中国人研究者の一般的な考え方を提示している（郭素新・田広金 1995）。

　彼らは殷周時代の中国北方地域の青銅器文化を3群に区別して考える。すなわち、

　　①　いわゆる北方式青銅器のみで構成される群
　　②　中原式青銅器で構成される群
　　③　両者の折衷した青銅器で構成される群

とする。青銅器の組合わせからすれば、文化史的には妥当な見解とすることができる。両者の折衷した青銅器で構成される群や中原式青銅器で構成される群としても、青銅礼器がセットで検出されるか否か、墓制が在来のものか中原的な木槨木棺墓であるか否かが社会的には重要であり、この問題は、ひいては東北アジアにおける青銅器文化の展開過程の内実にも関係するものである。したがってここでは、それら青銅器群を所持する代表的な遺跡の分析を通して、中国北方地域に展開した青銅器文化の変遷過程を考察することとしよう。

山西省霊石県旌介遺跡

　山西省北部一帯においては新中国成立以前から殷周代の青銅器が点々と採集されることが知られていたが、ここ30年来の本格的な発掘調査により、これら青銅器の具体的な出土状況の把握が可能になった。

　旌介遺跡は晋中盆地の南部、汾河の東側にある綿山山麓の南向きの台地上縁辺部に立地し、付近には仰韶—龍山文化の厚い堆積層があり、旌介村の東部地区は東周時代の墓域となっている（戴尊徳 1980、山西省考古研究所・霊石県文化局 1986）。埋葬遺跡は1976年ヤオトンの修理時の土取り作業中に発見された。1号墓と2号墓は4m隔てるにすぎないが、3号墓と小児墓はこれらから北に50m離れた地点にある。3号墓に関しては戴尊徳の報告にあるが、小児墓に関しては詳しくは論究されていない。

第1章　北部地域における青銅器文化の成立　9

1：1号墓　2：2号墓
図1　旌介墓平面図（山西省考古研究所・霊石県文化局 1986）

1号墓は二層台を備えた木槨木棺墓で、木棺内部には3室あり、中央には頭を東向きにして男性が、両脇には女性が葬られていた（図1-1）。また墓底には腰坑があり、1匹のイヌが納められていた。木槨の蓋上には絵画を描いた絹織物の痕跡がみられたという。副葬品は死者の頭部・腰部・脚部に配置され、蓆で覆われていた。なお二層台上には死者の東部近くにウシの頭骨があり、二層台の脚部よりには鮫皮を張った鼉鼓が置かれていた。また墓の埋土中には矛6点がみられたという。

　1号墓で検出された青銅礼器には鼎と卣各2点、罍、簋、尊、甗、觶各1点、觚4点、爵10点がみられる。

　鼎は口径25cmで肩部に円餅紋を突出させただけのもので、底部には煤の付着が認められる（図2-5）。他の鼎は口径18cmで頸部には蚕紋をめぐらせ、腹部には地紋として雷紋の上に蝉紋を配した三角葉紋を垂らし、脚部には三角雷紋がみられる（図2-4）。簋は口径25cm、器高17.7cmを測り、腹部に獣首を陽刻した一対の耳をもつ。頸部には2個の獣面を描き、その両側面に夔龍紋を配する。腹部には饕餮紋を、器台には夔龍紋をめぐらせ、器台の底には馬が陰刻されている（図2-2）。尊は口径が22.2cmと大きく外側に開くもので、高さ33.7cmを測る（図2-3）。腹部と圈足台には饕餮紋がめぐらされ、饕餮の内部は巻雲紋で満たされている。頸部は蕉葉紋の内部に饕餮紋が配され、下部には尾が巻いた夔龍紋が対称的にみられる。觶は高さ19.8cmで蓋には円錐形の摘みがつき、蓋胴部には凸紋帯に挟まれて追廻紋が配され、頸部には扁平な追廻紋帯の間に夔龍紋が、圈足台には饕餮紋と雲紋がめぐらされている（図2-1）。觶勺部には「鬲」の銘がある（図5-3）。卣には2点あり、器制は類似するが大きさが異なる。頸部に半円の耳がつき、耳から捩りを加えた提梁が延びる（図2-6）。蓋と卣腹部に凸紋帯に挟まれて菱形の雷紋が配されている。罍は高さ42.6cm、口径18.8cmを測り、肩部に一対の獣首の環耳をもつ。頸部には6個の凸渦紋を配し、下腹部には牛頭紋を飾る（図3-1）。頸部内側に「鬲」銘が刻まれている。北洞村出土罍ときわめて類似する点は注目される（遼寧省博物館・朝陽地区博物館1973）。罍は腹部がやや膨らみ、口縁が外反し、頸と胴部に獣首をもつ把手が

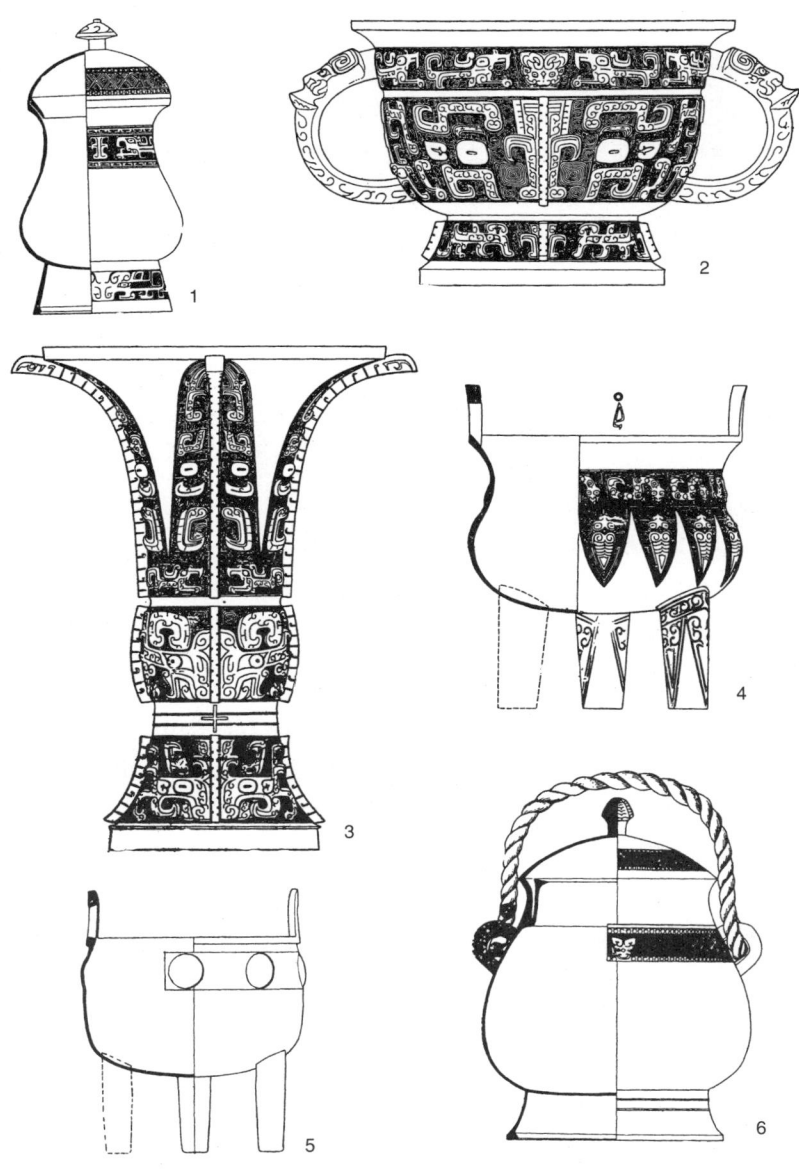

第1章 北部地域における青銅器文化の成立　11

図2　旌介1号墓出土遺物（山西省考古研究所・霊石県文化局 1986）

つく。肩部には凸弦紋がめぐらされている（図3-2）。爵は10点あり、形状はほぼ同一であるが、胴部に描かれた紋様に大きな違いが認められる（図3-3・6）。觚は4点ある。大きさはほぼ同じで、大きく開く口縁、長い頸、引き締まった腰、裾開きの圈足部と形態も類似するが、紋様構成に異なりが認められる。一方は三角蕉葉紋帯内に饕餮紋を飾り、腰部には4個の夔龍紋を、圈足台饕餮紋を配する（図3-4）のに対し、他方は雷紋を地紋として頸、腹、圈足部に饕餮紋を飾る（図3-5）。これら青銅礼器は安陽戚荘269号墓出土品と類似をみせ、殷墟3期に該当するものと想定できる（以下、殷墟青銅器の編年は中国社会科学院考古研究所『殷墟青銅器』文物出版社出版1985による）。

青銅武器としては矛6点（図3-7・8）、戈2点（図3-10・11）、鏃4点（図3-9）があり、その他として獣首管状器、馬鐸（銅鈴）、玉製品が出土している。

第2号墓は長方形竪穴土壙で、墓壙の大きさ3.4mに2.2m、深さ6mを測る。二層台には胸に1枚の貝を伴う殉葬者が1人置かれ、脳部は半分に割られている。また東側にはウシの脚と思われるものがみられる（図1-2）。墓室内部は1槨2棺で男性を中央に、女性をその右側に埋葬する。墓壙下部中央には腰坑があり、イヌが1匹容れられていた。

副葬された礼器には、鼎、簋、罍、卣各1点と觚4点、爵10点がある。

鼎は高さ33.4cm、口径25.3cmで、口縁はやや窄まる（図4-1）。頸部には饕餮を相対して2個配した空間に夔龍紋4個を配している。口縁内部には「鬲」の銘がみられる（図5-10）。簋は高さ14.8cm、口径19.2cm、圈足径15.7cmを測り、獣首と巻雲紋で飾られた両耳がつく。簋の頸部には獣首で区画された内部に尾を上方に巻き込んだ夔龍紋が2個ずつ配されている（図4-2）。器底内部には「鬲」の銘がある。罍は破片となっていた。蓋と肩部に渦巻紋を有する凸円紋がめぐらされ、また肩部には一条の凹弦紋がみられる。蓋および口縁内部に「鬲」の銘がある（図4-15）。卣の蓋は茸状の摘みをもち、腹部には鳥形紋がめぐる（図4-3）。器身の肩部には獣頭紋で区画された横帯内に鳥形紋がめぐり、一対の環状耳が付されて、そこから捻りを加えた提梁が取りつけられている。肩から口縁部には三角形紋が連続して器物を一周する。觚には紋様構成がやや

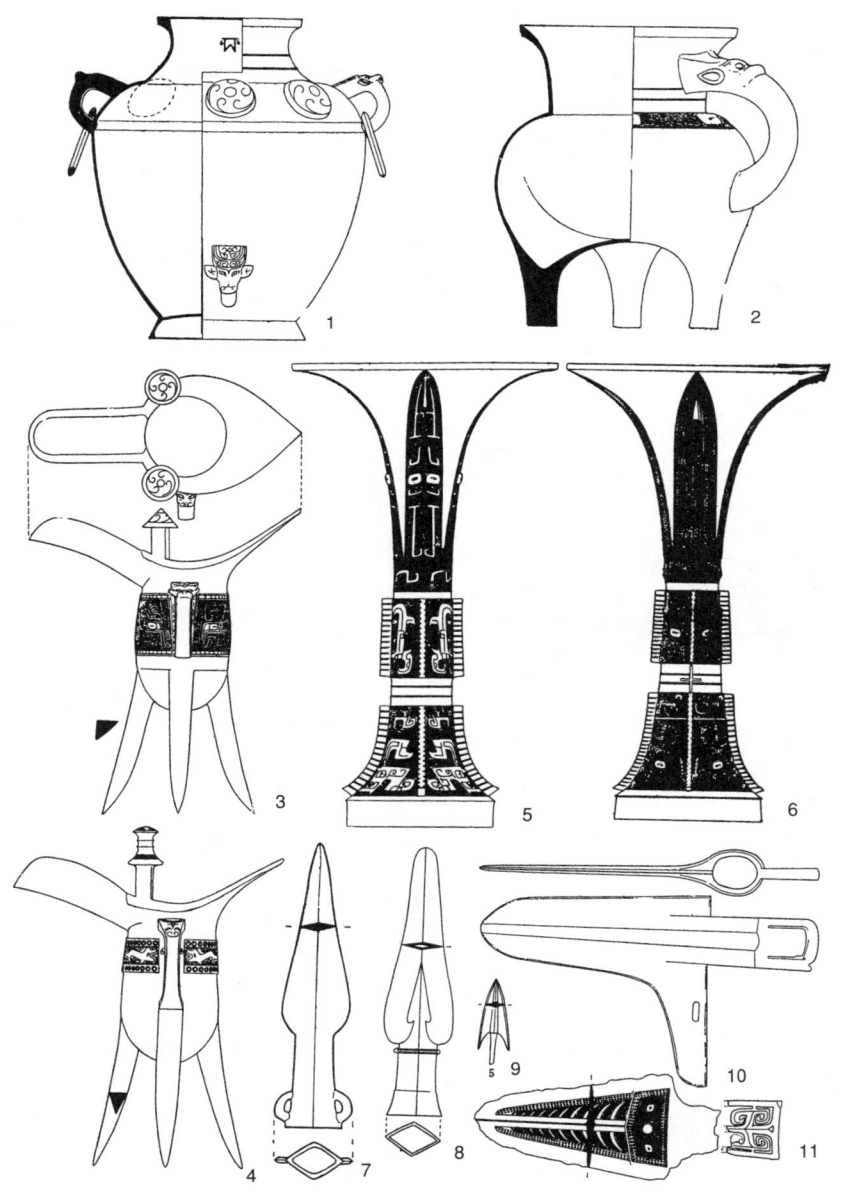

第 1 章　北部地域における青銅器文化の成立　13

図 3　旌介 1 号墓出土遺物（山西省考古研究所・霊石県文化局 1986）

14

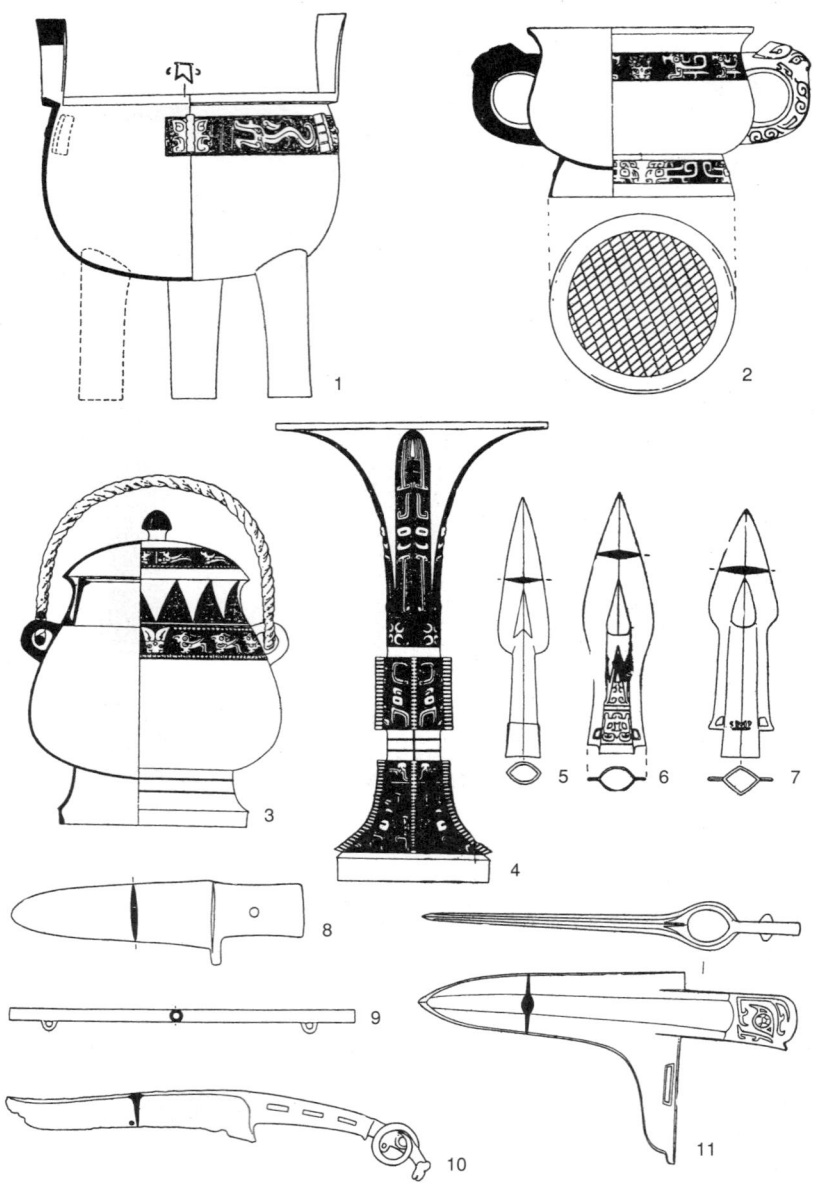

図4 旌介2号墓出土遺物（山西省考古研究所・霊石県文化局 1986）

異なる2型式みられる。一つは高さ
30.7cm、口径17.8cm、圏足径9.9cmを
測る（図4-4）。頸部には4弁の蕉葉
紋があり、その内部に饕餮紋を飾る。
腹部と圏台部にも対になった饕餮紋
が描かれている。圏足台内部に「𢆦」
の銘が刻まれている。爵は10点あり、
第1号墓出土品と器制はほぼ同じで
ある。いずれの内部にも「𢆦」の銘
がみられる。

　武器としては戈11点あり、うち胡
が延びる型式が10点（図4-11）、直
内式が1点（図4-8）で、矛は19点
出土している（図4-5～7）。そのほ
かに鏃16点、管状器1点（図4-9）、
獣首刀子1点（図4-10）、馬鐸（銅
鈴）1点があり、玉器13点が出土し
ている。2号墓も1号墓と同じ時期
の所産と考えられる。

　第3号墓は長方形土壙で、長さ
3.45m、幅2m、深さ7mを測る。
槨の大きさは長さ2.85mに幅1.28m、
深さ70cmで、槨内には1棺が置かれ、
副葬品は棺と槨間の南側に配されて
いた（戴尊徳 1980）。青銅礼器には
鼎、爵各3点、觚、尊、卣、觶、觥
各1点があり、武器には戈と鉞各3
点があって、そのほかに石磬1点、

1～9：1号墓　10～18：2号墓

図5　旄介墓出土青銅器銘文（山西省考古研究所・霊石県文化局 1986）

貝製装飾品が10数点みられる。

　鼎のうち2点の器制は完全に同一の方鼎で、高さ17.8cm、長さ12.8cm、幅10.8cmを測る（図6-2）。四隅と腹中央には扉棱があり、三角雷紋と象紋で飾られ、足部には蝉紋がみられる。器底には「鬲」の銘をもつ。円鼎は破損品で高さは21cm、腹部は雷紋を地紋として饕餮紋を飾る（図6-3）。甗は高さ28.3cm。頸部は喇叭状に開き、そこに蕉葉紋が4組飾られ、腹部と足部は饕餮紋、雷紋、蚕紋がめぐる（図6-1）。尊は高さ24.6cm。頸部、腹部、圏足部の境界は2本の凸弦紋で区画され、腹部は饕餮紋、目雷紋、連珠紋で飾られている（図6-8）。圏足部に2ヵ所「辛」銘と1ヵ所「戈」銘が刻まれている。爵はどれも円腹・円底で、腹部には饕餮紋が配されている（図6-5）。1点の爵には把手内部に「天」の銘をもつ。卣は捻りを加えた提梁をもち、蓋の摘みは茸形をなす。蓋と器身の腹部には斜方格雷紋が飾られ、周辺は連珠紋で区画される（図6-4）。腹内底と蓋の裏には「鬲」銘が刻まれている。觶は高さ13.3cmを測る。外反する口縁と膨らんだ腹部をもち、頸部には4点の獣面紋で区画された中側に饕餮紋が圏足部には雷紋がみられる（図6-7）。器の内底に「辛」銘が認められる。

　武器には戈と鉞があり、3点の戈はいずれも破損品であるが、等しく直内式で鑾をもち、内部を目雷紋で飾る（図6-6・9）。鉞のうち2点は長さ16.5cm、直内式で鑾をもち、蘭には円孔が空けられる。他の1点は刃部を中心に鉄分を含む特異なもので長さが17cmを測る（図6-10）。副葬品の組合わせからみると、1号墓とほぼ同じ時期か、ややそれよりも早い時期に相当するだろう。1号墓や2号墓の構造でみる限り、殷と同様の木槨木棺を内部主体とし、腰坑や二層台をもち殉葬者を伴うなどの共通点も多く、青銅礼器もほぼ完備している。

　以上、旌介木槨木棺墓で出土した青銅器群は、いずれも殷後期の特徴を備えていることから、基本的には殷代後期の墓制であるとすることができる。「鬲」銘の族徽は殷代後期から周代初期にかけての時期の青銅器に多く認められることも、その証左とすることができる。旌介遺跡の発掘報告者はこの「鬲」銘を取り上げて、旌介村一帯は殷代の「方国」の一つであるとみている。また陶正剛はさらに進んで、爵にみられる「亜羌」の銘を論じて、「亜」徽号が殷の官

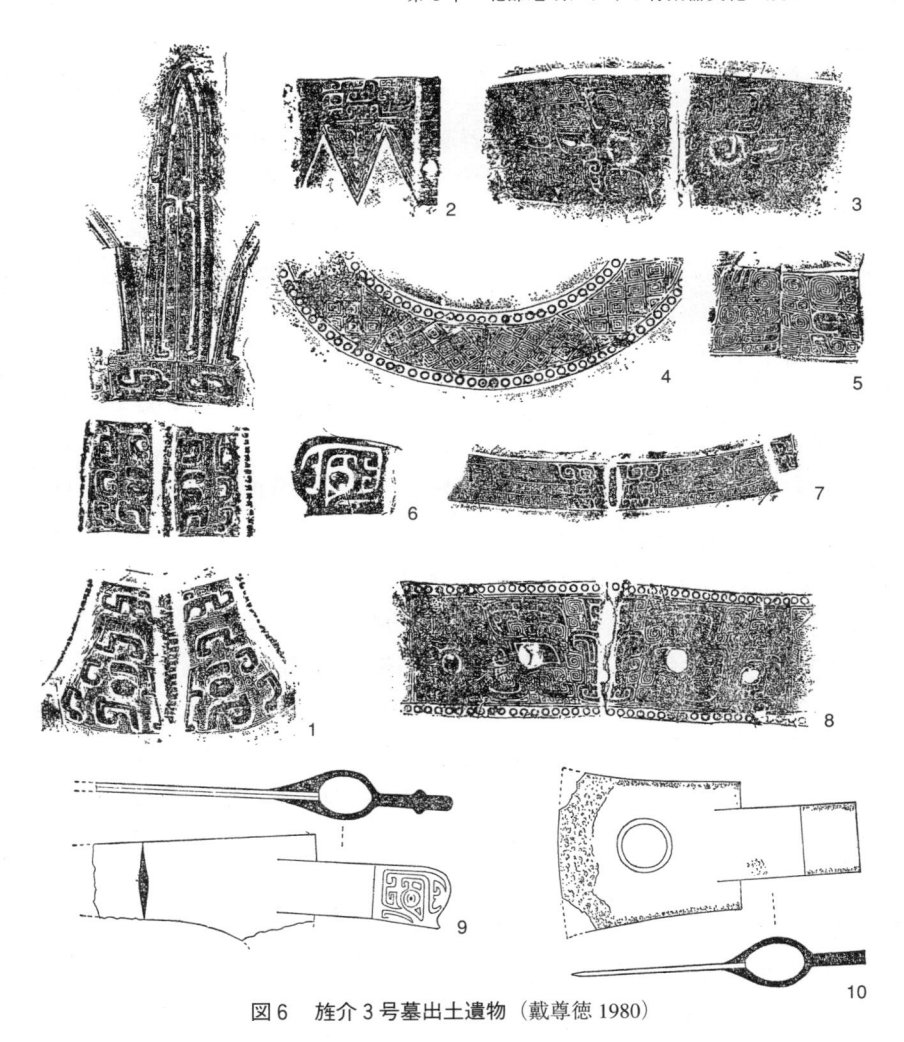

第1章　北部地域における青銅器文化の成立　17

図6　旌介3号墓出土遺物（戴尊徳 1980）

職の称号であり、「亜羌」と「䟭」の徽号が同一器物にみられることから、「䟭」は「羌族」の首領であり、殷からの賞賜と想定している（陶正剛 1992）。しかし、『路史』「国名記」が引用する『郡国県道記』によれば、「古䟭国偃姓」と記されている。したがって「䟭」の姓は「偃」であることから、「亜羌」と「䟭」が同一の族とする説にはにわかには左袒できない。

青銅器群の構成

　中国北方地域にみられる初期青銅器遺物群を分析した鄒衡は、中国北部地域に展開するこうした青銅器群を伴出する文化を「光社文化」として捉え、鬼方・土方などの民族の所産と考えている（鄒衡 1980）。一方、李伯謙は、旌介墓をはじめとするこれらの墓から出土する遺物群を「石楼－綏徳類型青銅文化」と規定し、遺物群の内容から、

　　A群：殷墟で普通にみられる遺物群
　　B群：殷墟で出土する青銅器とともに、これらを模倣した青銅器を含む群
　　C群：オルドス青銅器群を主体とする青銅器群

の3種に分類する（李伯謙 1988）。しかし、こうした分析手法は遺物それ自体の分析の側面からは容認できる捉え方であるが、これら考古学資料を歴史的世界の復元研究に用いるとすると、同じ遺構から各種の性格を異にする青銅器群が出土することこそが、遺構の歴史的性格を物語るものとすることができる。そこでここでは李伯謙により提起された「石楼－綏徳類型青銅文化」について、墓制と青銅礼器の組合わせに焦点をあて、改めて解析することにしよう。

　旌介墓は木槨木棺墓で構成され、青銅礼器として1号墓では鼎2、斝1、簋1、尊1、罍1、觚4、爵10、觶1がみられ、2号墓では鼎1、簋1、罍1、卣1、觚4、爵10、3号墓では鼎3、觚1、尊1、爵3、觶1、甗1の出土が報告されている。こうした青銅彝器の組成は殷墟中型墓以上の副葬品と変わるところがない。

　簋や罍がなくこの時期の青銅礼器のセットとしては完全ではないが、こうした現象は中原地域でもありふれたものであり、むしろ觚と爵が一定数量存在する点が注目される。青銅礼器の中で觚と爵が中心となるのは殷墟3期以降であり（中国社会科学院考古研究所 1998）、旌介墓の副葬品の組合わせと一致をみせる。

　山西省石楼県一帯はこれまでに、中国北方地域ではもっとも集中して殷代後期の青銅器が検出されている。戦前より韓家畔、曹村、殿底峪、潭荘などの地点から青銅器の出土が確認されていて、その数量は膨大なものとなる（石楼県

人民文化館 1972）が、それらはこれまでにほとんど公表されていない。義牒村では曲内鳳紋戈、曲内雲雷紋戈、銎式鉞などが単独で採集されている（楊紹舜 1980）。また義牒村会坪では獣面紋で飾られた銎式鉞1点と両翼式銅鏃25点が発見された（図7-9・10）（楊紹舜 1974）。1968年には南溝村で帯環付匙が、1970年には「並」と「𢀡」または「开」銘をもつ銎式戈や銅刀が採集されている（図7-11、12、18）（楊紹舜 1976）。その後、曹家垣と褚家峪でも多数の武器を中心とした青銅器が発見されている（楊紹舜 1981a）。褚家峪遺跡では1点の觚以外に、匕首、斧、斤、鑿、刀子、戈、鏃、弓形器などがある（図7-1〜8）。そのほかには玉製品やタカラガイ製の装身具がみられる。また曹家垣遺跡では鋒形器、銎式斧、鈴頭付短剣、帯環付匙、弓形器などが出土している（図7-14・15）。こうした事例は青銅武器で構成された遺物組成とすることができる。

これらに対して別地点では同じく人骨を伴った青銅器群が採集されていて、明確に墓の副葬品と推定される（石楼県人民文化館 1972）。青銅礼器は觚が3点で、うち1点には圏足台に「子」の銘をもつ。爵は1点で腹部は三筋の弦紋で飾られている。いずれも殷代後期の特徴を備えている。武器には戈、刀、櫛、匕形銅器、斧、鑿、鏃、条形銅器、璜形銅器などがあり、戈には「夫」の銘（姫秀珠 2005）がみられる（図7-16・17）。そのほかに玉製装飾品や貝製品が検出されている。これが副葬品の大部分であるとすると、礼器のセットがみられない組合わせとすることができる。

一方、賀家坪発見の青銅器には饕餮紋鼎、饕餮紋斝、雷紋觚、弦紋爵があり、武器には直内戈、両翼鏃、匕首、把子などがあった。このほかに玉製品や貝製品がみられたが紛失したという（楊紹禹 1959）。二郎坡遺跡では出土状況は必ずしも明らかではないが、人骨を伴った青銅器群が発見されている。ここでは青銅礼器として鼎2点、甗、斝、卣各1点、觚4点があり、武器として直内戈1点、鉞2点がある。そのほかに工具として刀子、斧、斤などがある。また片羅村では長さ2.5m、幅1.7mを測る墓壙が検出され、2人の人骨とともに多数の青銅器が発見されている（山西省文物管理委員会保管組 1958）。二郎坡遺跡の場合、斝は殷墟3期の器制であるが甗は4期のものであり、卣は2期に属す

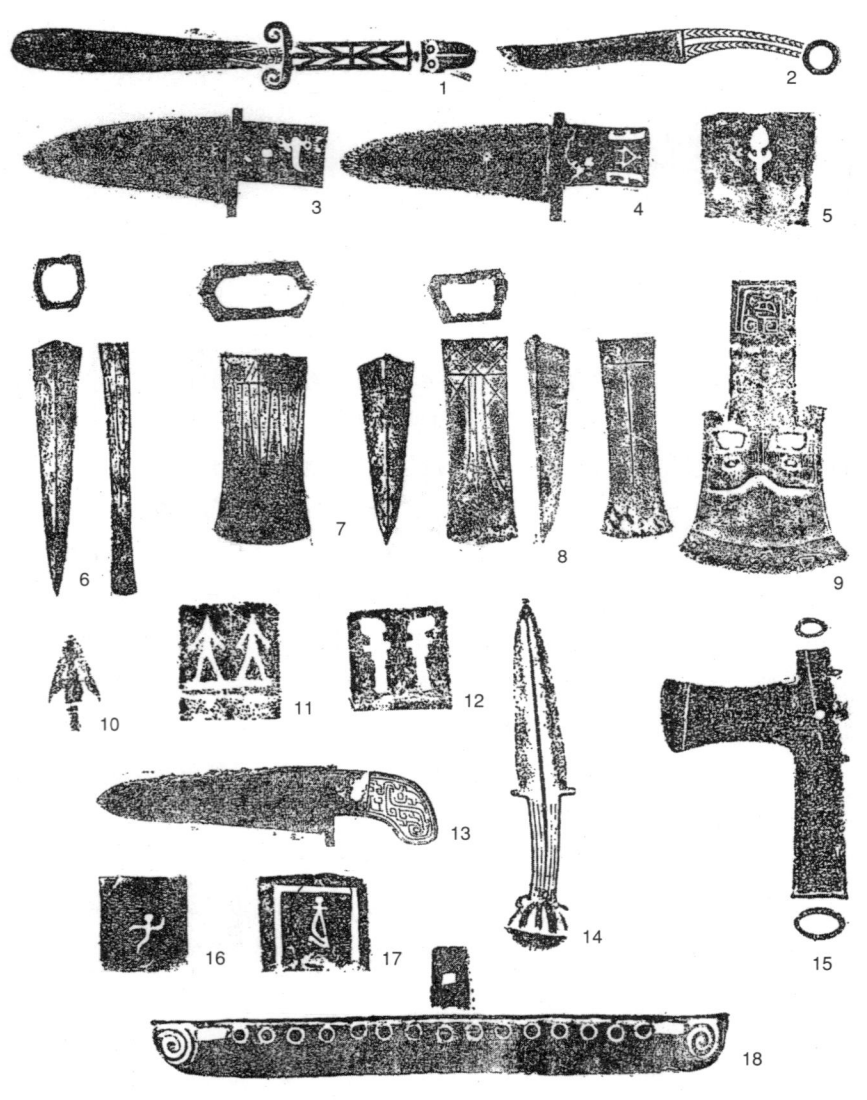

1～8：褚家峪　9・10：会坪　11・12・18：南溝村　13：郝家畔　14・15：曹家垣　16・17：義蝶村

図7　山西省石楼県一帯出土の殷代後期の青銅器（楊紹舜 1974・1980・1981a）

るというように新旧入り混じっている。桃花荘遺跡では人骨とともに、青銅礼器に鼎2点、甗1点、簋1点、盤2点、斝1点、瓿1点、觥1点、觚2点、卣1点、爵1点、壺1点がある。卣は本来の壺に提梁を加えて改造が施されている。觥や簋などは殷墟2期に入るものとみられるが、その他の大部分は殷墟3期と推測される。武器としては匕首、戈、斧、鏃がある。また銅釦などの装飾品や璜、璧、玦などの玉製品が20点出土し、そのほかに耳杯などの金製品が見られる（謝青山・楊紹舜 1960）。このように桃花荘遺跡は石楼県の遺跡の中では、食器、酒器、水器と青銅礼器の組合わせがもっとも良好にみられるが、個々の青銅器の製作年代にズレがみられる。後蘭家溝遺跡では破壊されて遺構の状況は明らかではないが、人骨が発見されることから墓の副葬品であることは確かである。出土した青銅礼器には瓿、斝、爵、觚各1点と匙があるが、食器がみられない。そのほかに弓形器1点、銅釦9点があり、工具には斧・鑿・環状首刀子・刀、武器には直内戈・両翼鏃が出土している。金製品には耳飾り3点、そのほかに璜や璧などの玉製品がある（郭勇 1962）。

　以上のように石楼地区の青銅器遺物群は、青銅武器のみでセットが構成される群と青銅礼器をも含む群、青銅礼器が整っている群という3種類の性格の異なるものが存在することが知られる。しかし、青銅礼器の組合わせには年代的な開きがあり問題を残す。青銅武器で構成される群では採集品が多く、具体的な出土状況は判然としないが、ほとんどの遺跡の場合人骨が発見されることから、これら青銅器を出土する遺跡は、本来的には埋葬址とすることが可能であろう。さらに二郎坡遺跡では人骨が2体検出されていることから、旌介墓と同様に1棺2人埋葬墓であった可能性を示唆している。

　以上のように石楼地域に展開する埋葬址は、殷代後期において青銅武器で構成される群と不完全な青銅礼器の組合わせに青銅武器をもつもの、青銅礼器がほぼ備わったものとに区別することができる。屯留県上村出土の青銅器群からすれば、こうした殷的青銅器の組合わせは、殷墟3期にまで確実に遡上することが明らかである（長治県博物館 1991）。

　こうした傾向はその他の地域でも検証できるであろうか。

吉県では長方形竪穴土壙墓から鈴首短剣と管銎式斧各1点と獣頭勺2点が出土していて、青銅武器類だけで副葬品が構成される例とすることができる（吉県文物工作站 1985）。鈴首短剣は高浜秀がAⅠと分類したもので（高浜 1982）、類例は柳林高紅、石楼曹家垣、保徳林遮峪などで出土している。次に述べる保徳林遮峪遺跡での青銅礼器との共伴関係から、殷代後期頃の年代が想定できる。

　保徳県遮峪村の黄河に面した台地上から、地表下40cmのところで青銅器群が一括で発見された（呉振録 1972）。人骨が伴ったことから埋葬址と推定できる。出土した青銅礼器には、腹部に3組の饕餮文を配した鼎と素面鼎、2点の鈴豆、甗2点、捻りを加えた提梁卣1点があり、器底には動物を象った族徽がみられる（図8-1〜4）。鈴首短剣1点、銅斧のほかに、多数の車馬具がみられるのが特徴となっている。玉製品には琮があり、首飾りなどの装飾品もみられる。

　陝西省綏徳県鞠頭村では、1965年多数の青銅器がまとまって発見された。最初は埋納遺跡と想定されていたが（黒光・朱捷元 1975）、後の報告では人骨が共伴したことから埋葬址と認定された（綏徳博物館 1982）。ただし、これら遺物群が単独の墓から検出されたものか、複数の墓の副葬品かは明らかではない。

　1975年の報告では、青銅礼器として蟬紋壺、饕餮紋甗、雲雷紋觚、夔龍紋鼎、夔龍紋簋、夔龍紋爵各1点が採集されたことを記す。また工具として鑿と斧、武器には直内戈1点と、鉞2点。鉞の1点には内に「饕」銘（徐中舒 1984）をもつ。年代に関しては殷墟3期に相当すると推測されるが、甗は2期に遡る可能性もある。「饕」銘は郭家荘の殷墟3期に類例があることから（中国社会科学院考古研究所 1998）全体的には3期とすることができる。その他の武器には蛇首の匕首と羊首の刀子各1点がある。銅鏃は5点でいずれも両翼式で、装飾品として銅釦3点がみられる。

　1982年の報告では、青銅礼器に口縁下部に二条の弦紋をもつ鼎、腹部と胴部を饕餮紋で飾る觚、および腹部に夔紋を有し、把手の内側に「印」もしくは「卬」銘の族徽をもつ爵各1点がある。直内戈、刀各1点、両翼式鏃5点、三稜形器1点の出土が報告されている。青銅礼器の組合わせからすると、2組の埋葬址出土品かと推測される。

第 1 章　北部地域における青銅器文化の成立　23

1〜4：林遮峪　5〜7：解家溝

図 8　保徳県遮峪村・清澗県解家溝出土の青銅器群（高雪・王紀武 1983、呉振録 1972）

この報告に続けて、1977年清澗県解家溝発見の青銅器群についての報告がなされている。口縁下部に饕餮紋と夔龍紋をめぐらせたものと連珠目雷紋を配する2点の鼎、乳釘紋と雷紋を飾る簋2点、うち1点には「並」銘が刻まれている。三条の弦紋をつける甗1点、饕餮紋の觚2点、壺2点、瓿1点があり、そのほかに「䵣」銘の族徽をもつ盤1点がある（図8-5～7）。これと同一の盤と考えられるのは北京で採集されている（程長新 1981）。工具類としては匕首と匙各1点のみである。『陝西出土商周青銅器1』によれば、12点の青銅器が検出されているが、これら図録の遺物と報告文の遺物との対応は確かではない。乳釘紋と夔龍紋で飾られた簋には「並」銘の族徽が記されているという。この解家溝遺跡に関しては、短報が2回なされていて、それには上記の青銅器以外に、2孔をもつ鉞、蛇首匕首、内を饕餮紋で飾る戈、斧、5点の鏃などがある（高雪・王紀武 1983、高雪 1984）。さらに注目すべきは、緑松石の管玉を伴った6点の金製耳飾が人骨の両脇から出土していて、石楼県桃花荘、後蘭家溝や永和下辛角遺跡と同様に、被葬者は中原地方のそれとは異なった出で立ちであったことを暗示している。

　このほかに清澗県解家溝張家坬では1962年にも青銅器の発見があり、尊、簋、觚、盤、瓿各1点が採集されている（戴応新 1980）。いずれも殷代後期の様式を留める青銅礼器で、盤には「䵣」の族徽が描かれている。『陝西出土商周青銅器1』によれば、この遺跡ではさらに饕餮紋罍が出土している。解家溝張家坬遺跡で出土した青銅器は、饕餮紋尊を除いてほぼ殷墟4期に納まる。

　忻県でも2ヵ所の遺跡から青銅礼器の出土が報告されている（沈振中 1972）。

　羊圏坡では6点の青銅器が採集された。鼎は3点で高さ22cm、口径19cmで腹部に3組の饕餮紋を配するものと腹部上部を雲紋で飾る高さ21.2cmを測る種である。爵は1点で渦紋を施した茸形柱をもち、腹部は饕餮紋で飾る。觚も1点出土した。高さは24.8cm、二条の弦紋と饕餮紋が配されている。また牛子坪でも青銅器が発見されたが、採集品の一部は回収することができなかったという。ここでは直耳で3組の饕餮紋を配した鼎、頸部は三条の弦紋、肩部は夔紋、腹部は連雲紋で飾る瓿、茸形の柱をもち、腹部に饕餮紋を上下にめぐらす斝、腹

部に3条の弦紋を配する爵、斝各1点が報告されている。これら忻県出土の青銅器は、器制からみると殷代後期の作品としうるが、殷墟3期と4期が混じり合っており、また礼器の組合わせとしては不完全である。

　陝西省淳化県夕陽郷黒豆嘴村では4基の埋葬址が発見されている（姚生民1986）。土地を平坦に均す最中に発見されたもので、墓の構造や青銅器の組合わせが完全に把握されたとはいい難いが、きわめて特徴的な組合わせとなっている。

　1号墓は地表下1m足らずで発見され、青銅器67点、金飾1点、玉数百点、海貝が採集されている。青銅器には先端部が反り返った（巻首）刀1点、刀子2点、両翼鏃22点、釦42点、その他に緑松石の管玉をつけた金製耳飾1点がある。2号墓からは高さ20.7cmの饕餮紋爵（図9-1・5〜7）、先端部が反り返り身に4孔をもつ刀（図10-18）、弓柲（図10-22）、銎式斧（図10-4）、直内の鉞（図10-14）、銎式で円孔をもつ戚（図10-20）各1点、釦2点、銅飾りがそれぞれ出土した。3号墓では高さ32.8cmで胴部に上下2段にわたり饕餮紋を飾る壺1点（図9-2）、銎式の斧（図10-3）1点、両翼鏃5点、釦16点と緑松石を伴う金製耳飾2対がある。4号墓からは銎式戈、両翼鏃、緑松石を伴う金製耳飾各1点ずつ検出されている。これ以外にも趙家荘村で鼎や刀子、鏡などが採集されている（図9-3・4）。

　永和県下辛角村では5点の青銅器と金製耳飾が採集されている（石楼文化館1977）。爵は胴部に3個の弦紋をめぐらす高さ17.8cmのもので、腹部底に銘を有する。觚は腹部と圏台に饕餮紋を飾り、圏台内部に「䚦」銘（徐中舒 1984）を刻む。罍は腹部に二周ほど饕餮紋をめぐらし、高さ30cm、口径18.3cmを測る。武器には直内戈と内部に饕餮紋を配する曲内戈がある。そのほかに緑松石の玉を配した金製耳飾が一対発見されている。殷代後期でも古い時期に遡上する青銅器群である。

　淳化県一帯では、これと類似した青銅武器を中心とした遺物群を伴出する墓が数多く報告されている（姚生民 1990）。西梁家村では銎式の戈（図10-1）や3点の銅鈴（馬鐸）などもある。さらに史家源村では身に円孔をもつ鉞（図

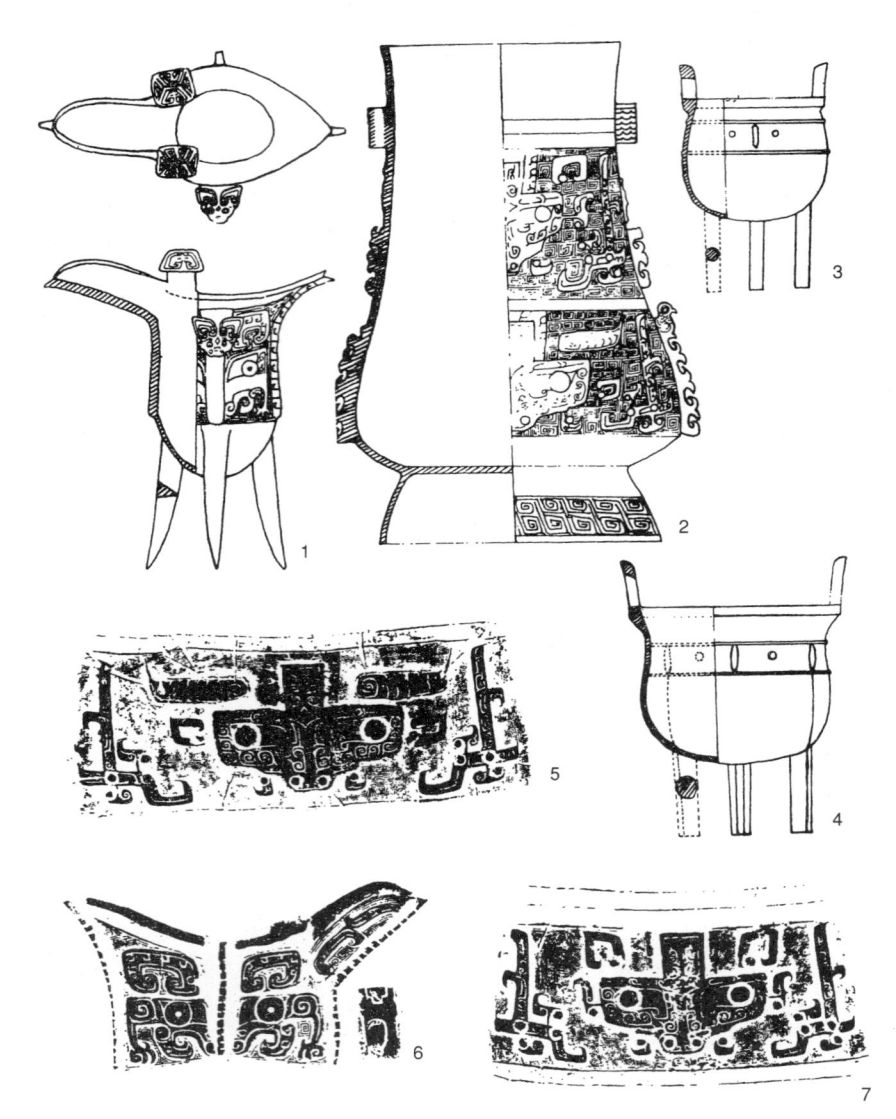

1・2、5〜7：黒豆嘴村　3・4：趙家村

図9　淳化県夕陽郷黒豆嘴村・趙家村出土の青銅器群（姚生民 1986）

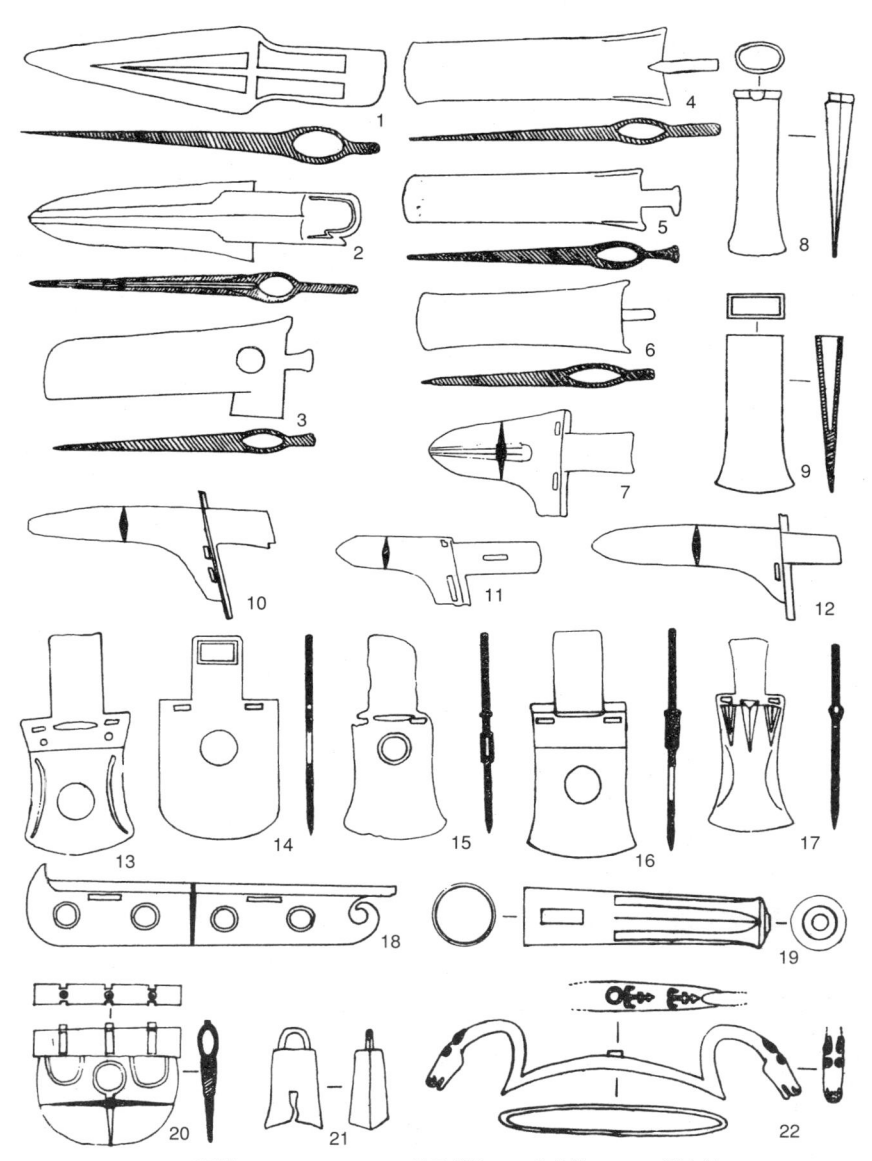

第 1 章　北部地域における青銅器文化の成立　27

1：西梁村　3・4・14・18・20・22：黒豆嘴村　5：北坡村　7・15：鄭家村
8・16・17：史家源村　10：潤鎮銷村　11：城関鎮　12：馬家山

図10　淳化県一帯で出土した青銅器群（姚生民 1986・1990、楊宝順 1975）

10-16)、鑿（図10-8）、三角紋と弧線紋で飾る鉞（図10-17）、銎式斧（図10-3）が採集されており、鄭家村では鉞（図10-15）、直内の戈（図10-7）が出土している。また馬家山村では中原式の戈（図10-12）、北坡村では銎式の斧（図10-5）、城関鎮では中原式戈（図10-11）、澗鎮鞘村では二穿式戈（図10-10）などがあり、殷墟4期と平行する時期と想定される。

　基本的には青銅礼器はごくわずかであり、青銅武器もほとんどが銎式である点などに特徴がみられる。しかし、少ないながら二穿式戈がみられるなど、青銅礼器以外にも明らかに中原式の青銅武器もあり、また遺物相互の年代には相当の開きが認められる。青銅器の中でこうした武器類を中心とする組合わせをもつ墓が発見される例は山西省でも顕著に認めることができる。

　山西省柳林県高紅では死者の頭部に銅盔をおいた墓が発見された。副葬品には鈴首短剣と各種刀子、銎式の鉞と戚など中国北方地域に特徴的な遺物群と銅矛、銅鈴（馬鐸）などがあり（楊紹舜 1981b）、青銅礼器を伴っていない。これら青銅武器が埋葬された墓は地表からの深さが浅く、木槨木棺墓のように地表下深い位置に置かれたものとは埋葬施設に違いがあることが想定できよう。これら中国北部地域で殷代並行期に青銅器を出土する遺跡分布は図11に示す。

　以上のようにみてくると、殷代後期後半から、一部は西周前期にかけて形成された中国北方地域の青銅器群は、李伯謙や田広金が指摘するように、中原的な青銅礼器と武器で構成された集団、中原的な青銅彝器を少数伴うものの武器類が副葬品の中心となる集団、青銅武器類のみで副葬品が構成される集団に区分することが可能である。結局こうした遺構を残した集団の歴史的性格に関しては、中原的な青銅礼器と武器が伴う木槨木棺墓の集団をどのように考えるかが問題となる。時期的にみると、青銅彝器類を含むグループの墓は殷墟3期からはじまり、武器を中心とするグループは殷墟4期に増加する傾向にある。同一時期のみの青銅礼器で副葬品が構成されない事例は中原地域でも多く認められ（河南省文物考古研究所・周口市文化局 2000）、多少の時期的差異のある製品の入混じりはよくみられる現象かもしれない。

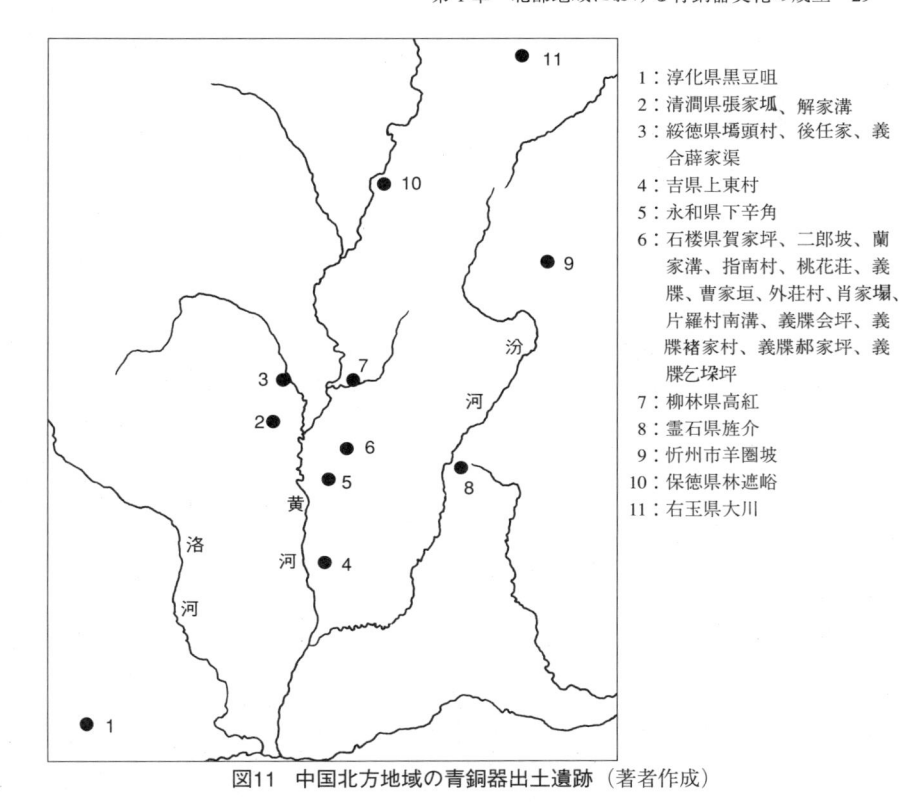

第 1 章　北部地域における青銅器文化の成立　29

1：淳化県黒豆咀
2：清澗県張家坬、解家溝
3：綏徳県塢頭村、後任家、義合薛家渠
4：吉県上東村
5：永和県下辛角
6：石楼県賀家坪、二郎坡、蘭家溝、指南村、桃花荘、義牒、曹家垣、外荘村、肖家塌、片羅村南溝、義牒会坪、義牒褚家村、義牒郝家坪、義牒乞垛坪
7：柳林県高紅
8：霊石県旌介
9：忻州市羊圏坡
10：保徳県林遮峪
11：右玉県大川

図11　中国北方地域の青銅器出土遺跡（著者作成）

族徽からみた北方青銅器群を保有する集団

　中原的な青銅礼器を備え、一部に武器類を所持する集団が残した墓の副葬品にはしばしば青銅器に族徽が刻まれている。陶正剛は旌介墓1号および2号墓で検出された族徽あるいは徽号を集成している（陶正綱 1992）（表1）。この中で解読が難しい1例（○邑父己）除くと（以下、○は未読、□は判読不能を示す）、「邑」と「明」が各1,「亜」が2例でその他「鬲」が36例となり、圧倒的に「鬲」銘をもつものが多い。その中で「亜」形をもつものは2点の爵胴部に記されていて、「鬲」銘と共存している。陶正綱は「亜」形の徽号は殷の官職の表記であるとして、もっとも優位におき、「亜」字形の中に「羌」銘が

表1　簋介墓出土銘文（陶正剛 1992）

墓號二					墓號一				
備註	族徽或銘文	小件號	器物名稱	順序號	備註	族徽或銘文	小件號	器物名稱	順序號
	'囗'	38	鼎	1		𡈼	38	鼎	1
	'囗'	39	簋	2		𡈼	34	尊	2
一套蓋、器	'囗'	45(46)	罍	3		'囗'	32	罍	3
一套蓋、器	吕	40	卣	4	一套蓋、器	'囗'	33	卣	4
	'囗'	29	觚	5	一套蓋、器	'囗'	17	卣	5
	'囗'	31	觚	6		亞	13	爵	6
	'囗'	30	觚	7		亞	11	爵	7
	'囗'	41	觚	8		'囗'	21	爵	8
	'囗'	27	爵	9		'囗'	23	爵	9
	'囗'	43	爵	10		'囗'	22	爵	10
	'囗'	37	爵	11		'囗'	24	爵	11
	'囗'	44	爵	12		'囗'	42	爵	12
	'囗'	18	爵	13		'囗'	10	爵	13
	'囗'	35	爵	14		'囗'	18	爵	14
	'門'	42	爵	15		'囗'	12	爵	15
	'囗'	34	爵	16		'囗'	19	觶	16
	'囗'	25	爵	17					
	'囗'	36	爵	18					
	'囗'	5	矛	19					
	'囗'	14	矛	20					
	'囗'	23	矛	21					
	'囗'	24	矛	22					
	'囗'	32	矛	23					
	'囗'	47	矛	24					
	'囗'	67	矛	25					
	吕 1件　'囗' 24件			小統計		𡈼 1件　𡈼 1件　亞 2件　'囗' 12件			小統計

記されることから、「鬲」よりも「亜羌」が社会的には上位であり、「鬲」は「亜羌」族に属する集団であると解釈した（陶正綱 1992）。

しかし、そこでは「亜」内に記されたのは「羌」だけではなく、「徙」もあり、「羌」と「徙」の合字であることが見逃されている。すなわち「亜徙羌」銘をどのように捉えるかが重要になってくるのである。

河南省温県小南張村では墓と推測される遺構から、23点の青銅器が発見されている（楊宝順 1975）。青銅礼器には方鼎、甗、簋、罍が各1点、爵3点、觚2点があり、楽器の鐃が大・中・小と3点あり、これらは殷代後期の様式のセットとみることができる。また青銅器武器類には銎式戈3点と両翼鏃7点、環首刀子1点もみられる。銎式戈や刀子を非中原的とみる場合、中原的青銅礼器と非中原的武器の組合わせとなる。この青銅器のうち、方鼎、甗、罍、簋（図12-14）、爵（図12-15）にはいずれも「徙」銘の族徽が認められる（図12-11〜13）。楊宝順は甲骨文にみられる「徙」が武丁期から文丁期にかけて頻出し、田猟の対象であったことを指摘している（楊宝順 1975）。鄭州から50kmほどの近傍に中原的青銅礼器のセットと非中原的武器類をもつ墓が「徙」として把握され、殷代後期に殷の支配下にあったことは、この際きわめて注目されるところである。

「徙」銘をもつ青銅器には次のような類例がある。

「車徙」簋：『殷周金文集成』6.3126

「王至徙居」小臣夌鼎：『殷周金文集成』5.2775

「徙」卣：『殷周金文集成』10.4794

「徙」觶：『殷周金文集成』12.6038

「徙」觚：『殷周金文集成』12.6633

「徙父癸」爵：『殷周金文集成』14.8690

「徙作祖丁」觶：『殷周金文集成』12.6368

これらはいずれも出土地が不明であるが、「徙」銘が認められるのは、すべて殷代後期に属する。小臣夌鼎の場合には地名と考えられるが、「徙作祖丁」觶や「徙父癸」爵の場合には人名と解しうる。以上「徙」銘は認められ

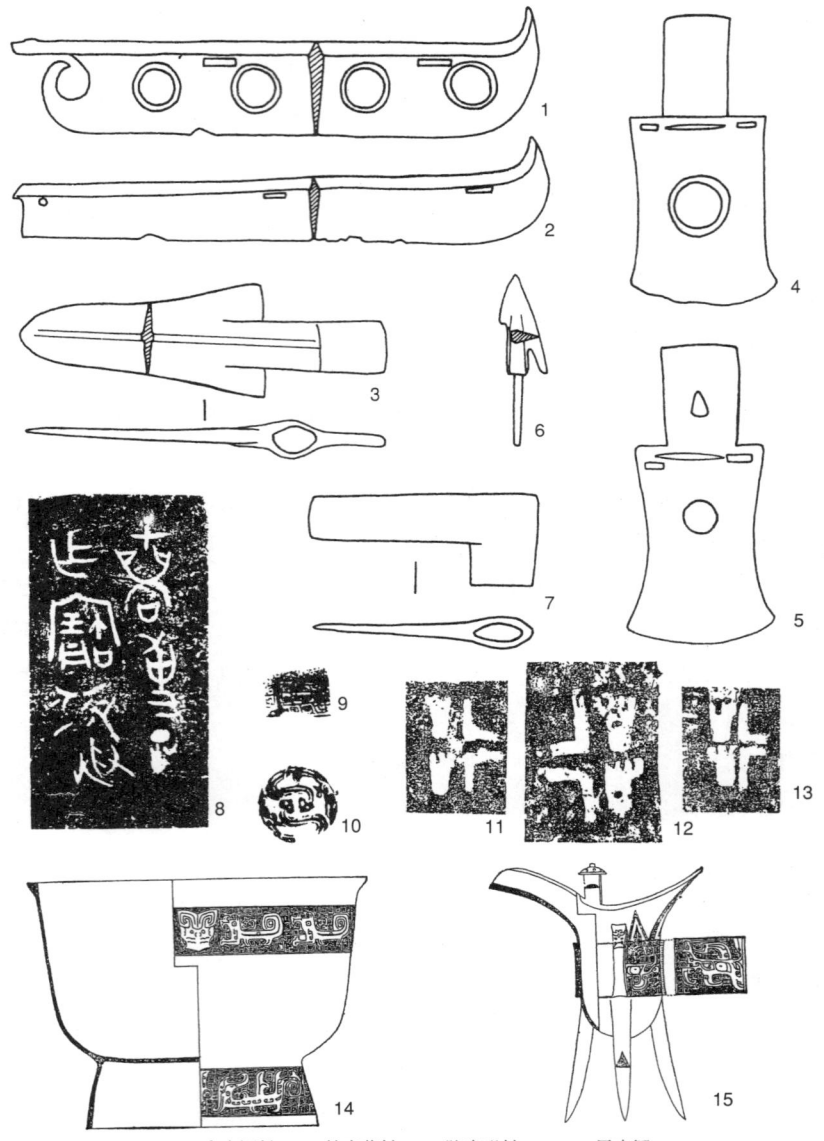

1：史家源村　2：銷家荘村　3：陳家咀村　4・10：馬家郷
5～7：西梁村　8・9：紅崖村　11～15：小南張村

図12　山西省・河南省出土殷代青銅器群（姚生民 1986・1990、楊宝順 1975）

る銅器はきわめて出土が少数で、単独では河南省の一部地域に出土が限られている。合字銘銅器は「鬲己」、「辛鬲」、「戈天」、「戈己」、「高辛」、「邑侯辛」など殷代後期後半の青銅器に多くみられる。殷が北方への勢力を拡大する過程においては、「亜徙羌」の合字銘銅器にみられるように、殷の周辺にいる有力者が共同して征服事業にあたり、それが後に重層的な構造に組み替えられ、殷の支配勢力の拡大に伴って殷の世界に取り込まれていった集団と、これらをみることができる。

「鬲」銘に関してはこれを「丙」と解釈する考えもあるが（姫秀珠 2005）、今、鄒衡（1980）や李伯謙（1988）に従う。鄒衡は「鬲」銘に関する青銅器を18器集成し、本来は陝西から山西省にかけて居住していたものが、克殷の後に河南省洛陽や山東省黄県に移住したものとみなしている（鄒衡1980）。安陽孝民屯697号墓の殷墟第4期の小型墓出土爵に「鬲」銘が記されている事例があり、殷勢力の加担者であったことが窺える。また遼寧省和尚溝と北京琉璃河黄土坡でも出土が確認されていて、西周初期には燕侯に従っていたことも確認できる。

安陽と中国各地にみることができる族徽帯銘青銅器の分布の意味に関して、「鬲」銘青銅器の事例を引合いに出し、李伯謙（1988）は殷勢力に協力しての征服戦争に加担したことを指摘している。

　　「乙亥王□在□帥王饗酉尹光□隹各商貝用作父丁彝」「住王征井方」「鬲」
　　「辛亥王在廥降令曰帰□于我多高□火易□用作毓祖丁彝」「鬲」

この銘文によると、「鬲」は殷の王に従って「井方」を征服し、殷の王より褒賞されたこと、また廥地で殷の王より褒賞され、毓祖丁の卣を製作したことが記されている。これにより「鬲」は殷と結んで、その指揮下のもとに各地に転戦したことがわかる。「井方」に関しては内蒙古扎魯特旗で出土した銅簋に記された銘文が手がかりとなる（張柏忠 1982）。この銅器には、

　　「井姜大宰它鋳其宝簋子子孫孫永宝用享」

との銘文があり、「井」は「刑」と古通することから、河北省の刑台に所在した刑国のことと想定され、当時の「井」は河北省西部を中心とする地域が征服

の対象であったとすることが可能である。
　また「天黽」には次のような銘文がみられる。「征人鼎」に、
　　「丙午天君饗□酒在斤天君賞蕨征人斤貝用作父丁尊彝」「天黽」
さらに「天君簋」には、
　　「天黽」「癸亥我天君饗飲酒賞貝蕨征斤貝用作父丁尊彝」
とあって、「斤」を征服するのに貢献したことが記されている。また北京市劉家河の殷代後期初頭の遺跡からも「黽」銘を有する鼎や盤が出土していること（北京市文物管理処 1977）を考慮すると、「黽」も「鬲」と同様の役割を担ったことが窺えよう。これらにより中国各地にみられる族徽銘文の分布は、殷の支配下に組み込まれた首長層の活動の証とすることができる。
　しかし、「鬲」銘を有する青銅器は西周になっても陝西省内から少なからず出土し、山東省黄県でも西周初期の「鬲」銘卣が存在することから（斉文涛 1972）、「冀」と同様に、あくまでも「鬲」族の一部が山東省に移封されたと考えるほうが妥当であろう（甲元 1990a）。「鬲」と同様に殷代から西周にかけて中国の広い範囲に認められる族徽には、そのほかに「戈」や「魚」銘の青銅器があり、「鬲」と同様の役割を担っていたことが推測される。三角を二つ重ねた建物状族徽は、陳漢平により「高」と解釈され（陳漢平 1993）、周永珍は「享」と解する（周永珍 1985）が、この銘を有する青銅器は安陽西北崗M1400墓以外に多数の収蔵品があり、安陽周辺での出土が推定される。出土地が明らかなのは、山東省長清県で鼎があるので、山東省一帯まで殷に従ったものと考えられよう。
　これらに対して「邑」は安陽小屯GM874号墓から「邑祖辛父」「云」觶、が「邑作宝尊彝」觶が洛陽で発見されている。「羍」または「开」については類例がほとんどない。「印」もしくは「印」については唯一「亜印、丁卯王令宜子会西方于省唯反、王賞戌甬貝二朋用作父乙盉」鼎があり、亜字形を有することから殷の有力者であったことが窺えるのみである。
　「屯」銘は安陽侯家荘1001号大墓、1004号大墓や小屯16号墓などで出土した戈にみられる。中国北方地域で見られる族徽には「臤」、「並」、「饗」、「天」、

第 1 章　北部地域における青銅器文化の成立　35

1〜5・13・14：石楼旗介村　6・7・23・24：清澗解家溝　8・17：石楼義牒褚家峪　9・10：石楼肖家塌　11・19・22：綏徳県塌頭村　12：保徳県林遮峪　15・16：石楼義牒村　18：石楼義牒会坪　20・21：永和下角溝

図13　中国北方地区銘文（各報告書より抜粋）

「子」、「辛」、「鬲」「高」、「黽」、「魚」、「戈」、「邑」、「屯」（以上、図13）などのように殷墟や洛陽といった中原中心地と北方当地の両方に認められるものもある。次にこの北方地域と中原中心地の両方で存在が確認されるこれら族徽あるは徽号をもつ集団の社会的地位についてみてゆこう。

孝民屯遺跡における銘器の分布

　中国北部地域で出土する少数の族徽をもつ青銅器は、後期殷の本拠地である安陽でも出土することから、安陽ではどのような社会的役割を担っていたのであろうか。

　孝民屯墓地については考古研究所の発掘報告がある（中国社会科学院考古研究所安陽工作隊 1979）。ここで発見された族徽あるいは銘文については図14に掲げてある。銘文の分布は、

　　6区：1～3
　　8区：4～7
　　4区：8～11
　　7区：12～21
　　3区：22～41

となっている。時期的にみると殷墟編年2期：354、613、3期：198、271、355、764、727で、残りすべては4期に属する。4期に属する銘文の分布をみると、第7区北地区の93号墓と152号墓を除いてすべて小型墓である。また小さい墓群の中では銘文を有する墓は1件か2件と非常に限られている点が注目される。

　第3墓区東区の北西にまとまって分布するグループでは2期に属す墓は16基あり、うち銘文をもつものは613号墓1基（図14-28・29「○邑貝」「邑貝」）（○は未読、以下同じ）、3期では14基中355号墓（図14-30～33「邑貝」）のみである。また中央部に位置する小群では354号墓（図14-35「爻」）と692号墓（図14-25・26「天」「冉刀」）の2基に帯銘青銅器があるが、692号墓は693号墓に切られているために同時代とは考え難い。南東隅の集団では4期に属する墓5基

第1章　北部地域における青銅器文化の成立　37

図14　孝民屯墓地出土銅器の銘文（中国社会科学院考古研究所安陽工作隊 1979）

の中で銘文をもつものは697号墓（図14-34「鬲」）だけ、北東隅に分布する墓群では4期の墓の中で銘文を有するものは6基中で699号墓（図14-40「中」）に限られている。

　第3墓区西区では発掘区北隅に4基の墓道を有する大型墓があり、それを取り囲むように小型墓で構成される小集団が円形にまとまって配置されている。中央区南側では3期に764号墓（第14図33「戊乙」）、北東隅の小群では3期に727号墓（図14-41「屯」）、東側の小群では4期に374号墓（図14-27「交」）が、南東側では4期に793号墓（第図14-38・39「辛祖」「即父癸」）と小集団内では同時期に1基の墓にのみ銘文を刻む青銅器を副葬品として保持している。西区の西端の集団は墓群としては完全ではないが、4期に属する856号墓（図14-36・37「冊大父己」「子」）が唯一の事例である。このほかに第3墓区の西区北端では3期に属する198号墓から帯銘銅器が出土しているが（図14-22〜24）、発掘区外に墓群が広がると考えられ、集団全体を把握することはできない。

　第4墓区北西側の小集団では4期に1118号墓（図14-10・11「告宁」と1116号墓（図14-9「束」）の両者に銘文をもつ青銅器が存在するが、1116号墓は1115号墓に切られていて、同じ4期ではあっても時間差を想定することが可能である。東南側の小集団では4期に216号墓（図14-8「亜羌□宝尊彝」）1基のみに銘文を有する青銅器が副葬されている。

　第6墓区南区北側では4期に1080号墓（図14-2・3「大中祖己」「族」）が、北区中央では1102号墓（図13「〇父丁」）の被葬者が唯一の銘文保持者である。

　第7墓区南区西部の小集団においては、銘文をもつ青銅器が出土する墓は907号墓（図14-12〜17「共」、「告宁」、「日辛共」、「亜辛共覃乙」「共」、）に限られている。北区では93号墓（図14-21・22「亜覃乙日辛甲受共」「亜覃日乙受日辛日甲共」）と152号墓（図14-18・19「共」、「飢父己」）で帯銘青銅器が出土している。

　第8墓区でも同様で、西側小集団では4期に1125号墓（図14-5「父辛●」）（●＝戈・大・中の合字）が、東側の小集団では3期に271号墓（図14-6・7「束乙」「〇」（〇＝戈・大の合字）が、4期に284号墓（図14-9「●父乙」）がそれ

それ1基のみ銘文を有する青銅器を副葬しているのである。

　以上のようにみてくると、小集団ごとにまとまって構成される墓の中では1時期1基の墓にのみ帯銘青銅器を副葬品として保持する被葬者がいたとすることができる。例外は7墓区北側に分布する墓であるが、ここでは93号墓は階段状の墓道を有し、車馬坑を伴っている特異なものであり、それに近接する152号墓はこれまでの小型墓と異なって中型墓であることから、孝民屯墓地の中の中核的な墓であり、他とは区別して扱うことができる。帯銘銅器を伴出する小型墓は、その他の小型墓と比べて、二層台を備えたり殉葬を伴ったり、必ず腰坑をもつなど構造的にも異なったものとなっている。こうしてみてくると、帯銘青銅器を副葬品として保持する被葬者は、各小集団の中ではリーダー的な存在であったことを窺わせる。

　第7墓区で階段状墓道をもつ93号墓から出土した銘文には容器を両手で支える徽号がみられる。これは郭沫若（2002）や容庚（1985）・陳漢平（1993）によると「共」字と解釈される。この「共」銘をもつ青銅器は、152号墓と907号墓でも出土している。このことは殷墟編年第4期の孝民屯墓地においては、「共」の族徽をもつ集団を中核として構成されていたことが知られる。さらに907号墓と第4区の1118号墓では「告宁」と共通する帯銘銅器が出土し、第4区1116号墓と第8区271号墓は「束」銘が共通する。

　また第3墓区では2期613号墓の爵と3期の355号墓出土の簋・鼎・盉に共通して「邑貝」銘の青銅器が発見されている。そうであれば孝民屯墓地の小型墓に埋葬された集団は、殷内部において社会的地位はさほど高くはないが、帯銘銅器に記された族徽で表現され、相互に関係を有するリーダーたちに担われた集団であったとの見通しを得ることができる。同様な現象は郭家荘遺跡（中国社会科学院考古研究所 1998）でも認められる。この遺跡では中型墓であるM160号墓の周辺で、小集団墓群の中核的墓にのみ「作冊兄」「饗宁」などの帯銘銅器が発見される。

　以上、殷墟での墓地にみられる族徽の分析から、中国北辺と殷墟の両地域に出現する族徽をもつ集団は、殷の勢力に組み込まれた集団であり、「鬲」や

「戈」などの族徽で表現される集団は克殷の後に、さらにその一部が周勢力に加担して殷勢力や北方諸民族に対する征服作戦に参画したものとすることができよう。

中国北方地域の青銅器出土墓の検討

中国北方地域にみられる殷代並行期の青銅器を出土する、墓の担い手はどのようなものと推測されるか、次に検討を加えよう。

先に殷墟孝民屯墓地での小型墓出土の帯銘銅器を手がかりとして、小規模の集団墓に埋葬された人物は、そのリーダーにのみ排他的に帯銘銅器が伴出することを確かめた。これらリーダーの墓から検出される副葬品の組合わせは次のとおりである。

第3墓区では、

  354号墓（2期）：青銅製觚、爵、陶製觚、豆、爵、罐、青銅戈

  613号墓（2期）：青銅製觚、爵、鼎、瓿、陶製觚、爵、豆、青銅戈、矛、
       鑿、鈴、錐、石製戈、玉装飾品

  198号墓（3期）：青銅製觚、爵、斝、陶製觚、爵

  355号墓（3期）：青銅製觚、爵、鼎、簋、瓿、陶製觚、爵、青銅戈、矛、
       鈴、玉製戈

  727号墓（3期）：陶製鬲、青銅戈

  764号墓（3期）：青銅製簋、陶製觚、爵、豆

  374号墓（4期）：陶製觚、爵、鬲、青銅戈、矛、刀子、刀、斧、鑿

  697号墓（4期）：青銅製爵、陶製觚、爵、簋、盤、青銅戈、矛、鈴

  699号墓（4期）：青銅製鐃、鈴、陶製觚、爵、罐、盤、青銅鈴、鏃、玉製戈

  793号墓（4期）：青銅製觚、爵、觶、陶製觚、爵、罐、鬲、罍、尊、盤

  856号墓（4期）：青銅觚、爵、陶製觚、爵、罐、觶、盤、玉製觶、戈

  692号墓（時期不明）：青銅製觚、爵、陶製觚、爵、簋、青銅戈、鈴、玉製
       装飾品

第4墓区では、

216号墓（4期）：青銅製觚、陶製觚、爵、罐、罍、盤、青銅製品模倣觚、爵、斝、瓿、鼎、簋、尊、青銅戈、鏃、玉製装飾品

1116号墓（4期）：青銅製觚、爵、陶製爵、青銅戈（別の墓で破壊される）

1118号墓（4期）：青銅觚、爵、鼎、陶製盤、青銅戈、矛、鈴

第6墓区では、

1080号墓（4期）：青銅製觚、爵、陶製觚、爵、罐、簋、盤、尊、青銅戈

1102号墓（4期）：青銅製鬲、陶製觚、盤、玉製装飾品

第7墓区では、

93号墓（4期）：青銅製尊、陶製觚、爵、罐、罍、簋、青銅戈、矛、鏃、馬具、装飾品、玉製装飾品、亀甲

907号墓（4期）：青銅製觚、爵、鼎、斝、簋、卣、觶、陶製觚、爵、豆、尊、盤、罐、青銅矛、鏃、斧、玉製簋、石鏃

152号墓（時期不明）：青銅製爵、罐、陶製罐、青銅戈、矛、斧、鏃、玉製戈（盗掘）

第8墓区では、

271号墓（3期）：青銅製觚、爵、鼎、簋、陶製觚、爵、豆、罐、青銅戈、矛、刀子、錐、鈴、玉製戈

284号墓（4期）：青銅製鼎、陶製觚、爵、簋、罐、盤

1125号墓（4期）：青銅製觚、爵、鼎、陶製觚、爵、罐、盤、青銅戈、矛、刀子、鏃

となっていて、青銅製品の基本は觚と爵、武器としての戈で、これらが副葬品の中心となる様子が窺える。すなわち小集団の指導的役割を担う社会的地位の人物の墓でも、青銅礼器のセットが揃わない状況を示している。

殷墟郭家荘遺跡ではどうであろうか。

38号墓（2期）：陶製觚、爵、青銅戈

135号墓（3期）：青銅製觚、爵、陶製觚、爵、盤、青銅戈、矛、鏃、鈴、玉製装飾品

50号墓（4期前）：青銅製觚、爵、簋、鼎、卣、陶製觚、爵、簋、尊、罍、

　　　　　　　　　青銅戈、矛、鏃、斧、鈴、鑿、玉製装飾品、石鎌
　220号墓（4期前）：青銅製觚、爵、陶製觚、簋、罐、鬲、青銅装飾品
　53号墓（4期後）：青銅製觚、爵、簋、鼎、甗、卣、觥、斝、尊、觶、陶
　　　　　　　　　製觚、爵、簋、罍、盤、罐、青銅戈、矛、鏃、鈴、装
　　　　　　　　　飾品、玉製装飾品

　殷墟編年4期になって炊器・酒器・水器が揃うようになるが、完全ではなく、一部は陶器により補われている状態がそこに示されている。殷墟埋葬址での最下層の集団においての実態がここに表されているといえよう。殷墟において青銅礼器が整うのは中型墓以上であることが知られる。

　中国北部地域の殷代後半期における埋葬址で出土する青銅製品、とりわけ觚と爵を中心とする青銅器の組合わせは殷墟出土のそれとほとんど変るところがないことを物語っている。すると旌介村、石楼県桃花荘、陝西省清澗県解家溝などの墓地の被葬者は、二層台をもつ木槨木棺墓で、腰坑を築き、青銅礼器以外にも玉製装飾品を保有する点で、殷墟で発掘された小型墓のリーダー層とは異なって、社会的にはさらに上位の位置にあったことを示している。また殷墟では中型墓以上の副葬品でしかみられない、反り返った（巻首）刀や戚、鉞など、この地域で卓越する青銅製品が存在することは、殷がこの地域をかなり重要視したことの現れであろう。従来北方的特徴を示すと考えられている青銅製品、とりわけ銎式戈、先端が反り返った刀、環状、もしくは獣首刀子や短剣、弓形器などの武器類は、早い段階から殷墟に存在することは婦好墓を取り上げることで（中国社会科学院考古研究所 1980）十分説明がつくのである。北方地域特有の青銅武器も、その祖形は殷墟に見出すことが可能である。

　殷墟の孝民屯墓地で小型墓集団のリーダーと想定される人物と中国北部地域に殷的青銅器を保持する人物とは、「屯」、「子」、「戈」、「天」、「邑」、「辛」、「臤」、「鬲」など、青銅器に記された族徽の共通性から、相互に関係する集団に属することは明らかである。とりわけそれが第3区に集中していることは単なる偶然とはいい難い。するとこうした現象は、殷が北方へ進出する過程において、在地首長層に殷的権威の象徴である青銅礼器や玉製品、武器などを与え、

擬制的関係を結ぶことで殷の支配下に組み込み、殷の戦闘部隊下士官として任用された結果であるとみることができる。殷から賦与された威信財であるがゆえに、かえってこうした器物が中国北方地域で特徴的に発展したものとみなすことができる。在地首長層の幕下にいた人々にとって、中原的青銅礼器は生活において必然性はなく、結果として武器だけが突出して特異に展開をみせたものとみなされる。

　青銅礼器の面からみると、中国北方地域においては在地首長層の埋葬遺構から検出される青銅彝器は、殷墟の中型墓クラスの遺物組成と類似性が高く、それと同等の位置づけがなされていたことがわかる。しかし、殷的な墓の構造をもち殷的な礼制を表す遺物群の存在も、1 槨2ないし3棺で男女合葬という埋葬様式はすこぶる得意である。殷的世界においても殷墟3期以降複数埋葬の事例がわずかではあるが認められる。しかし、殷的世界では複数埋葬であっても主人と殉死者であり、さらに郭家荘遺跡M160号墓でみられるように（中国社会科学院考古研究所 1998）、主人とは逆の方向に埋葬される。複数埋葬であっても男女を並列的に納める習慣が持続していることは、中国北方地域で殷的青銅器群を副葬し、緑松石を伴う金製耳飾を着装する墓の被葬者は、在地の伝統的な習俗を残す集団の一員であったことを窺わせるのである。

おわりに

　以上陝西省や山西省などの中国北部にみられる、いわゆる北方式青銅器群を多く副葬する墓の分析を通して、主に帯銘銅器を手がかりとして、その社会的性格をみてきた。

　中国北部にみられる青銅器を副葬する墓は、殷墟編年のほぼ3期から形成され西周初期に及ぶこと、中国北部のこうした埋葬遺跡から出土する帯銘青銅器は、殷墟では小型墓と共通するものであり、小集団のリーダー的存在であったことがわかる。また北方地域における青銅礼器は不完全ではあっても、殷墟の小型墓にはみられないのであり、かえって殷墟では中型墓の組成と類似すること、さらに北方地域にみられる特色ある武器の反り返った刀、銎式戈、鉞、

戚、盛などは、殷墟でも中型墓以上のクラスには殷墟3期以前から認められるものであり、殷の支配構造の中に組み込まれる過程で、権威の象徴として意義づけられ、中国北方地域で特異に発展したものであることが窺える。殷的世界に出自を求めることができない遺物としては、緑松石の管玉を伴う金製の耳飾くらいであろうか。青銅武器を中心とする集団は、殷の支配下に組み込まれた在地首長層の下位にあって、在地首長層と関係を結んだ地域的リーダー層と考えられる。

　こうした北方地域でみられる青銅器を副葬する墓の被葬者たちは、殷的世界では中型墓に埋葬された地位と同様の社会的位置づけがなされた在地首長層と考えられる。殷の勢力が北方地域に拡大する過程では、少なくとも殷の為政者にとっては北方地域が愁眉の対象であったと考えられる。近年こうした「北方式青銅器」を副葬する遺跡の近辺である、清澗県李家崖遺跡で古城址が発見されていることから（中国社会科学院考古研究所 2003）、この調査結果が公表されることで以上の点はさらに明確になるであろう。すなわち、殷の殖民支配の拠点としての城、城周囲にあって殷より支配権を賦与された在地首長層、在地首長層を支える地域的リーダーと階層構造を構成していたことが予想され、この種の遺跡の分析により、殷の地方支配の実体解明が進むものと考えられる。

　中国北方地域の集団で殷の支配構造に組み込まれたものの一部は、克殷後、西周勢力に加担して、山東や中国東北部に展開していたことは帯銘青銅器の分布により示されるが、この点に関しては、すでに論じたところである（甲元 1990a・1991・1997）。

第 2 章　西周初期燕国の形成

はじめに

　東北アジアにおける青銅器文化形成の契機については、北方ユーラシアの遊牧的青銅器の導入に主たる要因があるとする説と、中国的青銅器の波及により在来の文物を青銅器に置き換えることにより特殊な青銅器文化を開花させたとみる二つの考えがあり、基本的には今日まで論争は引き継がれている。東北アジアでの青銅器文化出現の契機について論争が絶えないのは、この地域に展開した青銅器文化の性格規定と深くかかわりあうことであり、その担い手である民族問題と結びついているからにほかならない。

　しかし、1970年代までのシベリアと中国北方地域での青銅器の比較研究においても、殷代並行期に中国北方地域でみられる独特な青銅製文物と類似した製品は、シベリアではカラスク期の後半段階に相当するものであって、中国の事例よりは遡上しないことが次第に明確となりつつあった。さらに1980年に出版されたイェニセイ河上流のアルジャン墓地の報告（Гразнов 1980）では、中国北方地域やシベリア各地で特徴的に分布する有柄式銅剣の年代が従来の想定よりも実際は新しく、タガール期の前期にまで下るものであることが明らかにされてきたのに対して、中国の北方地域、山西省や遼寧省、内蒙古自治区、陝西省などの中原地域に隣接する地帯においては、かえって殷代に遡上する遺物の発見例が相次ぎ、他方中原地域の殷代後期にも婦好墓の出土品に示されるように北方的な青銅器が登場するに及んで、問題は中国的青銅器文化の東北アジアへの波及のメカニズムが、解決されるべき重要な課題として登場するようになってきたのである（甲元 1991）。そこでここでは東北アジアに青銅器文化が波及するうえで重要なエポックとなったと想定される、西周燕国の形成過程の実

際を検討して行くことにする。

東北アジアの初期青銅器遺跡

東北アジア出土の青銅器でその製作年代が中原地域の文物との対比が可能な殷代の様式をもつ青銅彝器の出土事例には、

  内蒙古自治区赤峰県大西牛波羅：弦紋銅甗
  克寧什騰旗天宝同：弦紋銅甗
  昭盟翁牛特旗敖包山：弦紋銅甗、弦紋銅鼎、饕餮紋銅鼎
 遼寧省朝陽県大廟：弦紋銅鼎
  朝陽県木頭城子：爵

などの殷代後期の大型青銅彝器類があり、さらに出土状況の不明確な例では、鉄嶺地区と朝陽地区では平底爵など殷代前期にまで遡上するものが挙げられる(魏凡 1983)。また殷代後期から西周初期の青銅彝器を埋納した遺跡としては、

 遼寧省喀左県小波汰溝：6点以上（簋、罍、鼎）
  鈷嚕溝：数量不明（鼎）
  北洞村：12点（簋、罍、鼎、瓿、鉢状器）
  山湾子：22点（簋、罍、鼎、鬲、卣、尊、甗、盤状器）
  凌源県馬廠溝：13点以上（簋、罍、鬲、卣、盂、甗、壺、尊、盤）
  南溝屯：1点（鼎）
  義県花爾楼：5点（簋、鬲、甗、俎）
 河北省北京市牛欄山：8点（鬲、卣、尊、觶、觚、爵）
  蘆溝橋：数点（鼎、盂を含む）

などがあり、魏凡によればこのほかにも朝陽県大廟と木頭城でも青銅器の窖蔵址が発見され、朝陽地区博物館に収蔵されているという（魏凡 1983）。

 また殷的な様式をもつ青銅製武器を出土する遺跡としては、遼寧省興城県楊河、建平県二十家子、朝陽県波拉赤、義県稍戸房子村、撫順市、新民県大紅旗、法庫県柳湾、河北省興龍県小河南村、青龍県抄道溝などを挙げることができる（図15）（甲元 1991）。

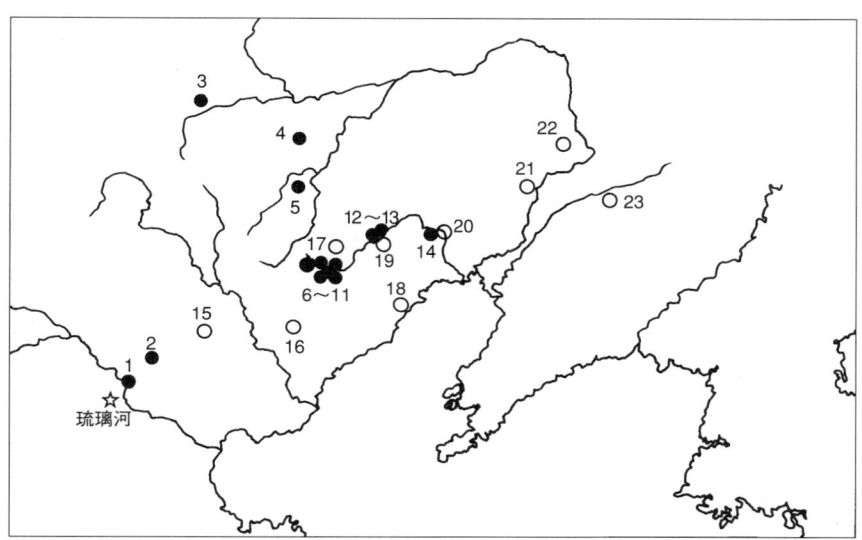

【青銅彝器出土遺跡】1：蘆溝橋　2：牛欄山　3：天宝同　4：敖包山　5：牛波羅　6〜11：南溝屯・山湾子・馬廠溝・北洞村・鉆鑪溝・小波太溝　12・13：木頭城子・大廟　14：花爾楼
【青銅武器出土遺跡】15：小河南村　16：沙道溝　17：楊河　18：二十家子　19：波垃赤　20：稍戸房子　21：大紅旗　22：柳湾　23：撫順市

図15　殷末周初の青銅彝器（●）と青銅武器（○）出土遺跡分布図（中国科学院考古研究所・北京市文物管理処・房山県文教局 1974）

　こうした各種の中国的青銅器を出土する遺跡の性格を考定するうえでの重要な遺跡として、北京市平谷県劉家河（北京市文物管理処 1977）と昌平県白浮村（北京市文物管理処 1976）の木槨木棺墓を取り上げることができる。劉家河遺跡は北京市の東郊、燕山山脈の末端が華北平原と接するあたりの低い丘陵上に位置する1基の墓で、木棺内の人頭周囲には各種の装飾品が、木棺と木槨の間には小方鼎、饕餮紋鼎、弦紋鼎、饕餮紋爵、蛙紋魚紋盤、盉、甗、鬲、罍などの青銅彝器が配置されていた。木棺内の被葬者が身につけていた金製の腕輪、耳環、笄などは河北省小官荘、張家園、東閑各荘、北京市劉李店、雪山、遼寧省和尚溝など河北省北部から遼寧省西部地域にみられる独自の装飾品で、南シベリアのアンドロノヴォ文化の遺物と共通する非中原的なものである。この墓の被葬者に対して町田章は、殷勢力と結んで殷的青銅礼器を付与され、殷

的な埋葬施設である木槨木棺墓に埋葬された在地の有力者とみなすことができるとする（町田 1981）。劉家河の被葬者が権威の象徴である鉄刃の「銅鉞」を所持していることは、河北省藁城県台西村の被葬者に照らして（河北省文物研究所 1985）、殷により支配権の一部を分与された存在であったことを示している。また饕餮紋鼎や盤それに銅泡に描かれた蟾蜍もしくは亀鼈紋様は「黽」の徽号とみられることから、この墓の被葬者は殷後期頃の中原地域の名族である黽族と深く関係していることも窺わせる。北京市朝陽区では劉家河遺跡と類似した耳のない青銅の蛙紋魚紋盤が発見され、その内底に黽の銘をもつものが出土している（程長薪 1981）ことからも、殷代後期における殷的勢力の北方地域への進出は、実は「黽族」を介しての行為であったことを強く示唆するのである。こうした黽族の進出による青銅器文化の衝撃の強さは、春秋時代になっても青銅器でつくられた装飾品に黽族の亀紋魚紋に由来する蛙や魚の文様が伝統として表現されることでも窺えよう。

　山西省霊石県旌介村で発見された殷的要素と北方青銅黃を組み合わせた墓から出土した多数の青銅彝器には、「辛」「戈」「天」などの人名もしくは氏族名とともに「䨷」の族徽をもつもので占められている。このことは、山西省北部への殷の進出は「䨷」が中心となっていたことを示している（戴尊徳 1980、山西省考古研究所・霊石県文化館 1986）。これに関して陶正綱は、䨷族は姜であり、殷の支配下に組み込まれたものとみなしているが（陶正綱 1992）、姜銘をもつ青銅彝器は 1 点のみであり、䨷銘と伴うことから䨷は族徽とするのが妥当で、䨷を姜族とは断定できない。䨷銘をもつ青銅彝器は中原から北方地域にも出土例が確認されており（鄒衛 1980）、殷の一翼を担っていた集団とも解釈が可能である。何よりも腰坑をもつ墓の構造と青銅礼器の組合わせは殷との深いつながりを表現するものであり、山西省霊石地方への殷の進出は䨷族が中心であったことを物語る。李伯謙は山西省北部に分布する殷後期の青銅器関連遺跡について、旌介遺跡類型と石楼・綏徳類型に分け、前者は殷の方国であり、後者はその影響下にあった在地の集団と規定した（李伯謙 1988）。李伯謙の見解に従えば、劉家河の被葬者は前者に相当するものと考えられる。石楼・綏徳類

型に夫婦合葬墓がみられることは在地性の強さを物語るものであり、李伯謙の考えを支持するものといえよう。

　青銅彝器の埋納遺跡が集中する大凌河上流地域に位置する、喀左県和尚溝遺跡では4基の小型木槨木棺墓が発見されている（遼寧省文物考古研究所・喀左県博物館 1989）。うち1号墓では陶製の鉢とともに金製腕輪、宝貝製の首飾りを容れた「鬲」の銘文をもつ青銅壺と卣が、2号墓には金製の耳飾りと陶製の罐が、3号墓では陶製の鉢と豚骨、4号墓からは陶製の鼎と罐が出土している。この墓群に埋葬された被葬者たちも1号墓の副葬品が示すように殷との関係を仄めかしているが、墓の構造と規模、それに中国的祭祠に必要な青銅彝器の組合わせに欠けることからみて、和尚溝墓群の被葬者たちは劉家河の被葬者と比較して社会的には下位に位置づけることができ、殷との関係の中にも明らかな階層差を見出すことができる。李伯謙の表現を借りるならば石楼－綏徳類型に相当するといえよう。

　一方、西周初期に比定される白浮村墓地は3基の木槨木棺墓で構成され、木槨墓の墓底に犬を容れた腰坑をもつなど、北方地域にあっても中原的な墓室構造をなしている。2号墓では簋、鼎、壺などの青銅彝器や陶製礼器を人頭付近に配置し、左右には戈や戟、短剣などの多数の武器が置かれていたが、中央には衣甲や装身具を着装した中年女性が葬られ、木槨上には多くの車馬具がみられた。老年の男性が葬られていた3号墓では簋、鼎の青銅彝器のほかに多数の武器や「其祀」と刻んだ卜骨が100片以上、それに青銅の鏡も出土している。これら被葬者たちの装いや副葬された儀器は、胡服に身を固めた「戦うシャーマン」の姿を彷彿させるものである。

　この白浮村木槨木棺墓の被葬者たちの出で立ちは町田章が指摘するように（町田 1981）、北方胡族の軍装であり、劉家河墓の被葬者と同様に中原勢力との強力なつながりの中に出現した在地の特定有力者層とみることができる。2号墓出土の鈎戟は全体に偏平なつくりで刃部も薄く、非実用品であり儀杖用と想定されている。この形式の鈎戟は後に述べる琉璃河燕国墓地をはじめとして燕の召公と関係する遺跡の出土が多く、河南省濬県辛村墓地（郭宝鈞 1964）で

はこの形式の鈎戟に「太保禽戟」の銘がみられることから「召侯奭」と関係するものであり、燕国の領主である「召公」を象徴する武器であった可能性が高い。この鈎戟が下賜品としてよいなら、2号墓出土の鈎戟と戈に「兀」という銘文があることから、白浮村墓地の被葬者たちは、劉家河の「匽」に替わって召公の下に「兀」として認識された、燕山以北の胡族を統括する在地の有力者集団であったことが窺えよう。

　先の小河南村や抄道溝遺跡など青銅製武器を中心とする副葬品をもつ遺構群は、白浮村墓地出土遺物と共通性が高く、白浮村墓地の副葬から青銅彝器を除いた品目を保持していることから、白浮村の被葬者を通して間接的に燕国の領主である召公一族との関係を保つ集団に属するものであったことが想定できる。

　以上の様相は殷代の後期と西周初期の東北アジアでは、中原の政治勢力の中に直接に組み込まれて、権威の象徴として「銅鉞」や「鈎戟」、祭祠用具として一式の青銅彝器を下賜され、墓制として木槨木棺墓の構築を容認された在地の特定有力者層と、そのさらに下位にあって青銅彝器類の一部のみを分与され、矮小化した木槨木棺墓もしくは木棺墓（あるいは木棺墓に似せた箱式石棺墓）を構築した地方在地有力者層という階層的な構造をなしていた様相が窺えよう。いい換えると中原勢力と在地勢力の接触地帯においては、中原勢力に取り入れられた在地の特定有力者が、いわば中原勢力の「藩屏」としての役割を果たしたことを物語っている。

　こうした階層構造の背後にある西周初期の燕国の支配構造について次に考察しよう。

西周前期前半の燕国関係帯銘銅器

　東北アジアでこれまでに発見された青銅彝器を中心とする埋納遺跡のうち、単一時期の埋納行為の結果として形成された青銅彝器群で構成される例として、北洞村と牛欄山遺跡を挙げることができる。

　北洞村遺跡は遼寧省喀左県の大凌河上流、ヌルルホ山塊の南端にあり（遼寧

省博物館・朝陽地区博物館 1973、北洞文物発掘小組・喀左県文化館・朝陽地区博物館・遼寧省博物館 1974)、馬厰溝や山湾子遺跡とは同じ大凌河流域中の20kmたらずで接している。この遺跡では青銅彝器を埋納した窖蔵が2ヵ所近接している。この遺跡では青銅彝器を埋納した窖蔵が発見され、1号窖には罍5個と瓿1個、2号窖には方鼎1個、円鼎2個、罍、甗各1個が出土した。報告者によれば1号窖は殷代のものであり、2号窖には周代初期の彝器が含まれることから、2時期にわたる祭祠遺構であると判断したが、それら二つの窖蔵出土品は用途別にみると組合わせが異なることから、ある特定の歴史的状況のもとに同時期に埋納されたものであることは町田章がすでに指摘したとおりである(町田 1981)。この遺跡から出土した帯銘銅器には、第1号窖蔵で、

　「父丁孤竹亜微」罍
　「丁亥𠭯商又正覎覎貝在穆朋二百覎揚𠭯商用作母己尊彝」「亜𠂤侯矣」鼎
　「冉父辛」鼎
　「作宝尊彝」甗

の計4点があり、これらの銅器に刻まれた銘文から「孤竹の亜微」、「亜𠂤侯矣の嫠」、「冉」に関係した埋納遺構であることが知られる。

　牛欄山遺跡は北京市順義県の山裾にあり、地下1mあたりから一括発見された8点の青銅彝器と4点の陶器、その他青銅器の残骸数点からなりたっている(程長新 1983)。そのうち青銅彝器にはすべて次のとおりの銘文が刻まれていた。

　「麦作妣尊彝」「亜𠂤矣」円鼎
　「亜𠂤父己」卣
　「亜𠂤父己」尊
　「亜𠂤父己」爵(2点)
　「亜𠂤父己」觚(2点)
　「亜𠂤父己」觶

　このように牛欄山遺跡ではすべて「亜𠂤矣の麦」もしくは「亜𠂤」であり、「亜𠂤」の集団に関係する彝器類のみで埋納品が構成されていることが知られ

る。「麦」に関しては西周康王期の青銅礼器に「麦方尊」、「麦方彝」、「麦方鼎」、「麦盉」がある（上海博物館・商周青銅器銘文選編写組 1986）。これらの銘文によると、麦は周公の子で邢に封ぜられた邢侯徙の臣で作册の職にあり、「亜異矣の麦」とは別人であろう。山洞村と牛欄山の埋納遺跡出土の銘文の一致から、山洞村と牛欄山の埋納遺跡では共通して「亜異」が関与していたことが窺えよう。また、これら埋納遺跡出土青銅彝器に窺われる族銘は、中原地域の勢力と関係する集団であり、在地首長層を支配下に組み込む殷的な方法ではなく、西周代になり、より直接的な統治方法が採られていたことを示している。

琉璃河遺跡は、北京市の南郊、燕国の都城址である董家林の東側に接する台地上に営まれた、西周燕国に関係する墓地群である（図16）（中国科学院考古研究所・北京市文物管理処・房山県文教局・琉璃河工作隊 1974、中国社会科学院考古研究所・北京市文物工作隊・琉璃河工作隊 1984、中国社会科学院考古研究所・北京市文物研究所・琉璃河工作隊 1990、北京市文物研究所 1995）。墓地は京広鉄道を挟んで北側のⅠ区と南側のⅡ区に区分され報告されているが、埋葬址群を取り巻く空白地域と墓群の構造や副葬品の品目などを考慮すると、次の四組にグルーピングできる。

① Ⅱ区西南の四条や二条の墓道を有する大型墓、中型の木槨木棺墓や小型土壙木棺墓で構成される集団＝第 1 群
② Ⅱ区東北の15基の中型木槨木棺墓で構成される集団＝第 2 群
③ Ⅰ区西南の中型木槨木棺墓と車馬坑、小型土壙木棺墓で構成される集団＝第 3 群
④ Ⅰ区東北の小型木槨木棺墓や土壙木棺墓で構成される小集団の集合＝第 4 群

副葬された銅器の銘文や墓の構造から推察すると、第 1 群に被葬者たちは燕国の中核をなすものであり、いわば燕侯一族と直参の集団墓群とすることができ、第 2 群のそれは燕侯の名を刻む武器を有することで燕侯のもとで軍事を司ることを示すとともに、燕侯に替わって成周や宗周に赴くなどの外交にもあたる立場の集団と想定できる。第 3 群の墓主たちは動物を随葬し、腰坑をもつな

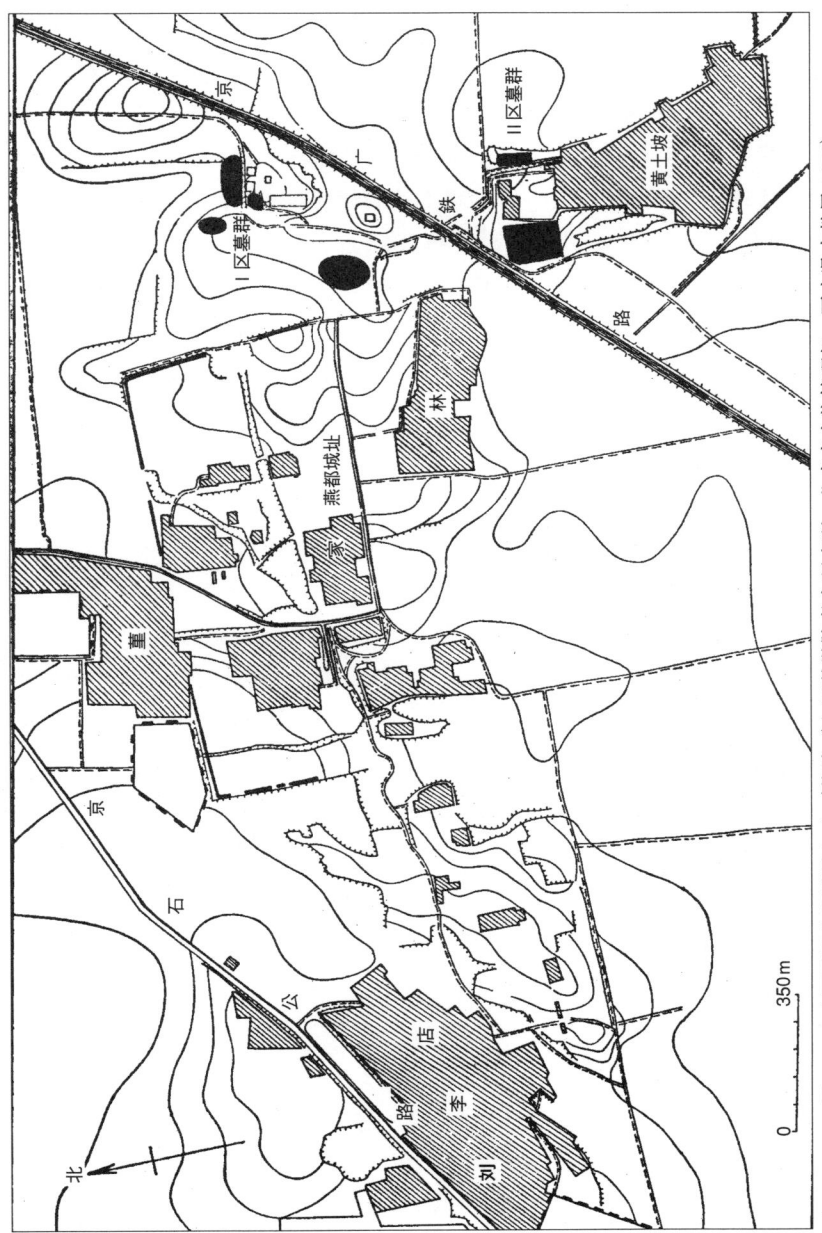

図16 琉璃河西周燕都城址および墓地（中国科学院考古研究所・北京市文物管理処・房山県文教局 1974）

ど殷的な様相をもちあわせているが、燕侯に特有の鈎戟を所持するなどの点から、燕侯に忠誠を誓う殷の系統の指導的集団であり、第4群の被葬者は第3群に従属する戦闘集団の墓群とすることができる。

報告書ではこれら西周時代の墓を3時期に区分して把握されているが、その中でも副葬品の組合わせにより築造年代が西周前期前半にまで遡上するものに、第3群中の50号墓、51号墓と54号墓、第1群209号の計4基がある（図17）。

50号墓は中型の木槨木棺墓で、墓底の腰坑に犬の、埋土中に牛・羊の随葬がみられるなど殷的な葬制をみせていて、青銅彝器として鼎、鬲、爵、觶、尊、鈴各1と殷後期の様式をもつ器物を所持しているほか陶製の罐4点や玉がある。これらのうち銘文を帯びる銅器には、

「鬲父己」爵

「父乙」觶

「爵祖丙」尊

の3点がある。このうち鬲の外形を描く銘については徐中舒のように「丙」とする考えもあるが（徐中舒 1984）、「鬲」の簡略形とみる説を受け入れると墓主は鬲であり、爵はその爵位ともされるので、「父乙」觶は捕獲品か下賜品とみることができる。「鬲」という銘文の一致から和尚溝遺跡の被葬者との関係がたどれるものである。

54号墓も中型の木槨木棺墓で墓底に腰坑を設け、埋土中に牛の骨を随葬し、槨棺の間にそれぞれ貝の首飾りをつけた17歳前後の女性と15歳前後の少年1人ずつの殉葬が存在する。副葬品として陶器には罐19、鬲12、簋5、蓋2などがあり、青銅彝器には鼎1、簋1、盤1がみられる。そのほかに青銅製や玉製、貝製の装飾品が多数伴っていた。帯銘銅器には、

「𢼸史作考尊鼎」鼎

「亜矣妃」盤

の2点がみられる。盤は矣族から来た夫人の嫁入り持参器物とみることができるが、器物自体は殷後期の作品であることから、その器は族の家伝であって、墓主は亜矣族から嫁をもらったことのある「鬲」族の流れを汲む「史」と想定

第 2 章　西周初期燕国の形成　55

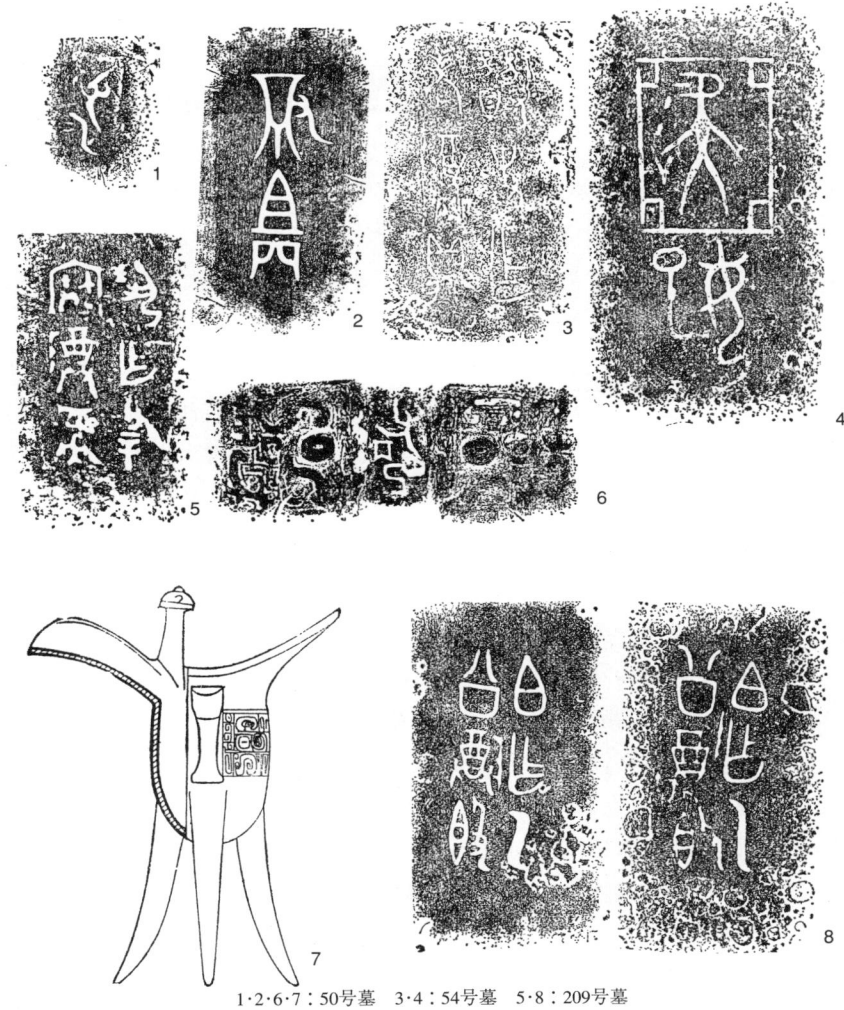

1・2・6・7：50号墓　3・4：54号墓　5・8：209号墓
図17　琉璃河西周前期前半の銘文と爵（北京市文物研究所 1995）

できる。

　51号墓には青銅彝器の出土は報告されていない。

　209号墓は小型の土壙木棺墓で、棺内に陶製の鬲2点、甗、簋、鬲各1点、その他装飾品が置かれていた。帯銘銅器には、

「伯作乙公尊」簋
「𠭯作父辛宝尊彝」鼎

の2点がある。伯は爵位であるので、墓主は「𠭯」と想定される。

以上西周前期前半の燕国に関係する遺跡出土の銅器に刻まれた銘文からは、孤竹の「亜微」、亜疑侯矣の「嬰」「冉」、亜疑矣の「麦」「亜疑」「鬲」、𣪕の「史」「亜矣」「𠭯」などの族名や個人名もしくは集団名を読み取ることができ、西周初期の燕の北方への進出においては、「亜疑」一族が重要な役割を果たしていたことが窺える。

西周前期後半の燕国関係帯銘銅器

西周期の燕関係青銅彝器の埋納遺跡のうち、山湾子と牛欄山遺跡以外については、先述したように、複数の異なった時期の埋納行為の積重ねの結果と想定されるので、ここでは琉璃河燕国墓地の分析を対象とする。

第3群では52号墓と53号墓がこれにあたる（図18）。

52号墓は重槨をもつ木棺墓で、殉葬者として12歳前後の少年男性1人をもち、埋土中には3匹の犬の随葬がみられる。またこの墓には4頭立てと2頭立ての2基の車馬坑が伴い、指揮官としての生前の墓主の社会的地位を暗示している。陶製礼器は簋1点、罐11点、彩陶罐1点、彩陶豆1点であるが、青銅彝器には鼎、鬲、尊、觶各1点と爵2点、それに剣、鉤戟、戈、矛、刀などの武器や楯、衣服飾りなどの多数の武装用具も備え、車馬具と対をなしている。副葬された武器の中に召公に特有の「鉤戟」があることから、召氏と密接な関係があったことを物語っている。これらの中で帯銘銅器には次のようなものがある。

「父乙」爵
「侯賞復貝三朋、用作父乙宝尊彝」「擧」鼎（図18-3）
「匽侯賞復冂衣・臣妾・貝、用作父乙宝尊彝」「擧」尊（図18-1・2）

3器の父名が一致することから、これら青銅彝器は「擧族」に属する「復」のものであり、父名は「乙」であったことがわかる。擧の族徽をもつ殷の青銅彝器は山東省長清県や費県一帯に多くみられ（山東省博物館 1964）、西周代で

第 2 章　西周初期燕国の形成　57

1〜3：52号墓　4：53号墓　5〜8：251号墓
図18　琉璃河西周前期後半の銘文と簋（北京市文物研究所 1995）

は北京市内で「舉戲」銘をもつ銅器が一括して多数発見されていることから（程長薪・曲得龍・姜東方 1982）、殷代では山東の名族として知られた舉族が、後に北京周辺でも活躍したことを明瞭に物語るものである。

　53号墓も重槨の木棺墓で6頭の馬と1人の殉葬者を容れた車馬坑1基が伴う。槨棺の間には少年男性2人が殉葬されていて、うち1人は貝製の首飾りを着け、腰に戈、剣、矛と獣面楯飾りが置かれていた。陶製の礼器には鬲5点、簋2点、罐11点があり、青銅彝器には簋、爵、觶、尊各1点と匕、剣、戈、矛、刀、楯飾りなどの武器武具などがみられ、被葬者は軍隊を率いる指揮官であったことを示している。53号墓の帯銘銅器は1点で、それには、

「侯賞㚤貝三朋、㚤用作父戊宝尊彝」「肇作禩」簋（図18-4）

とある。李学勤は「肇作禩」を「肇作祀」と解して（晏琬 1975）、父親の喪事を行ったときの祭器としたが、唐蘭は族名とする（唐蘭 1986）。今唐蘭に従うと「禩族」の「㚤」が墓主であることになる。

　第2群ではこの期に属する墓として251号〜254号と401号墓の5基があり、401号墓には6匹の馬をもつ1基の車馬坑が付設されている。盗掘のために副葬品の組合わせが完全ではないものがあるが、墓の形態は251号と253号は重槨の木槨木棺墓で、252号、254号、401号墓は1槨の木槨木棺墓であり、いずれも中型に属する。Ⅰ区に埋葬された集団とは異なって殉葬者や動物の随葬はどの墓にもみられない。

　251号墓からは鼎6点、簋4点、鬲、爵、卣各2点、甗、觶、尊、盉、盤各1点と多数の青銅彝器が出土し、また戈や武器飾り、車馬具、装飾品なども多くみられ、指揮官であるとともに、「亀甲」を所持していることから何らかの祭祀を司る職官にあったことが窺える。このうち帯銘銅器には次のようなものが挙げられる。

　　「亜般作父乙尊彝」鼎
　　「父癸」鼎
　　「□作宝尊彝」鼎
　　「𣪘作文祖宝尊彝」簋　（図18-5）

「伯□□作宝彝」簋
「才戊辰匽侯賜伯矩貝用作父戊尊彝」鬲（図18-7）
「麦作彝」鬲（図18-8）
「戈父甲」甗
「父辛」爵
「□」爵
「乙丑公仲賜庶貝十朋□用作宝尊彝」觶
「乙丑□賜貝于公仲用作宝尊彝」觶
「單子□父戊」尊
「單子□父戊」卣の蓋と身
「亜般父乙」盃
「癸伯矩作宝尊彝」盤（図18-6）
「父辛」戈

　武器の戈に刻まれた「父辛」銘は初代の燕侯である召伯と一致し、「父辛」爵とともに燕侯からの下賜品と想定される。また銘文の中にみられる人名もしくは族名として、「亜般」、「馭」、「伯矩」、「麦」、「戈」、「庶」、「單子」などがあり、「馭」は54号墓出土品に、「麦」は牛欄山の彝器に、「戈」は山湾子の埋納品に、「公仲」は衛国と関係することが知られているが、燕国墓地の被葬者として、燕侯と密接な関係を示す器物を所持している人物が墓主としてもっとも妥当とするならば、匽侯から恩賞を賜った「癸」の「伯矩」であり、同じ銘をもつ甗は遼寧省の山湾子遺跡から出土している（喀左県文化館・朝陽地区博物館・遼寧省博物館 1977）。「伯矩」銘をもつ銅器は収集品の中に多く認められ、曹淑琴によれば癸は周の封建国家の一つであるという（曹淑琴 1989）。この墓にみられるように、多数の異なった性格の遺跡出土の彝器と共通する銘をもつこのような異銘銅器の存在は、郭宝鈞が考えたような家伝の宝器としてのみの解釈は当てはまらない。

　253号には青銅彝器として鼎6点、鬲4点、爵、卣各2点、甗、觶、尊、盃、盤、壺各1点があり、武器には剣、戈各1点と楯飾り、各種の車馬具や獣面な

どを伴う。銘文をもつ銅器には以下のものがある（図19）。

「匽侯令堇饎太保于宗周庚申太保賞堇貝用乍太子癸宝尊彝」鍊（族徽）鼎（図19-1）

「休朕公君匽侯賜圉貝用作宝尊彝」鼎（図19-2）

「亜貫矣作彝」鼎

「瑟父丙」鼎

「王奉于成周王賜圉貝用作宝尊彝」簋蓋（図19-8）

「伯魚作宝尊彝」簋身（図21-5）

「王奉于成周王賜圉貝作宝尊彝」甗（図19-6）

「未」爵（2点）

「其史作祖己宝尊彝」觶

「作宝彝」尊（2点）（図19-9）

「王奉于成周王賜圉貝用作宝尊彝」卣（図19-7）

「作宝彝」卣

「□父辛」盉

「誨易」銅飾り

これら銅器の中で指摘できる人名もしくは族徽には、「堇」、「圉」、「亜貫矣」、「瑟」、「伯魚」、「未」、「其史」があるが、この中で匽侯や成王と密接な関係を示す銘文をもつものは「堇」と「圉」である。堇鼎は圉銘の銅器に比べて製作時期が古く、「堇」は「圉」の父親とも解されることから（張亜初 1993a）、「圉」が墓主と想定でき、親子二代にわたり匽侯に代わって宗周や成周に赴くほどの重責を担った立場にあったことが窺える。「圉」に関してはこのほかに、遼寧省喀左県小波太溝出土の「王奉于成周王賜圉貝用作宝尊彝」簋（中国社会科学院考古研究所 1987）と河北省趙県双廟村出土の「圉」甗があり（石家荘地区文化局文物普査組 1977）、燕国の支配地域との強いつながりが窺える集団である。「圉」簋蓋が「伯魚」簋身と対になっていることは、異銘銅器が家伝の宝物だけではないことを示している。

第 1 群の墓群では四条の墓道が付設された1193号墓や二条の墓道を有する

第 2 章　西周初期燕国の形成　61

図19　琉璃河西周前期後半の銘文（253号墓）（北京市文物研究所 1995）

202号墓、そして1条の墓道をもつ1046号墓など大型の木槨木棺墓、重槨をもつ中型木槨木棺墓、それに小型土壙木棺墓など、階層差を表示する墓群が集中して多数分布する地域であり、燕国墓地の中枢部を形成しているとみることができる。大墓はいずれも盗掘の被害に遭って、副葬品組合わせが完全には把握できないが、1193号墓で検出された罍と盉に刻まれた「令克侯于匽」との銘文により（中国社会科学院考古研究所 1990）、この墓の被葬者は成王より燕国に封建された領主であることが明確である。

このほか盗掘を免れたわずかな青銅彝器の中で銘文を刻む銅器には、1043号墓で、

「𡰱父己」罍
「魚魚」「父癸」爵

1026号墓で、

「貝作宝彝」鼎

がある。また1029号墓出土の銅戈には「匽」、「侯」の銘が、鈎戟には「匽侯舞戈」の銘が、さらに楯飾りにも「匽侯舞昜」が刻まれていて、墓主が燕侯と密接に関係する被葬者であることを示している。

これら西周前期後半期に属する墓からは、墓主とは異なった人名または族徽をもつ青銅彝器が多数存在しているという特色を見出すことができる。しかも、それら墓主とは違う名称を刻む青銅器類の多くは、殷代後期から末期に遡上する型式の銅器であり、西周初期の衛国墓地である河南省濬県辛村遺跡出土品の組合わせに極めて類似していて、西周初期において衛国との関連性が高かったことが窺えるのである。

西周初期の衛国墓地

辛村遺跡は安陽の南方約50km、淇河の北岸に拡がる15万m²の広さの西周から春秋期の衛国墓地で（中国科学院考古研究所 1964）、1931年大規模な盗掘によりその存在が知られ、1932年から33年にかけて郭宝鈞らにより調査され、大型墓8基、中型墓6基、小型墓54基などからなる西周初期の墓群が明らかにされ

た。8基の大型墓は盗掘に遭って副葬品の組合わせは不明であるが、60号、29号の中型墓は西周初期の衛国墓地の内容をよく表示するものである。

60号墓は土壙木棺墓で壙の中央部に大型の木棺を据え、二層台上に各種の青銅礼器と武器、車馬具、装飾品を配置している。青銅彝器には甗、鼎、尊、爵、卣各1点があり、戈は9点みられた。これら青銅器の中で、銘文を有する遺物には次のようなものがある。

「束父辛」鼎

「冉」甗

「辺作車彝」「亜矣」卣

「父癸」爵

「隹公原于宗周、陸従公亥□格于官、商陸貝、用作父乙宝尊彝」尊

この銘文から60号墓の主は「陸」であり、「冉」、「亜矣の辺」などの青銅器は「家伝の遺物」であると、報告者である郭宝鈞は解釈している。

また29号墓も土壙木棺墓で頭側の二層台上に青銅礼器、南側に車馬具、左右に武器を配置していた。礼器には陶製の鬲、銅甗、鼎各1点、簋2点があり、甗には「伯作彝」の銘文がみられる。また「成周」銘戈があり、これは琉璃河墓地のものと同型式である（図20-3～5）。そのほかに「衛師易」銘楯飾りなどの器物があり、また盗掘で出土した青銅器に、

「亜微作康公宝尊彝」　盂と盂蓋

がある。この「康」は衛国初代の領主である康叔封に比定されることから（唐蘭1986）、陸尊にみられる「公」は康叔とすることが可能であろう。また「束父辛」鼎の「束」は梁山出土の青銅彝器などの類例から召伯と解され、「太保觜戟」銘の戟の存在を念頭におくと（馮蒸1977）、これらは召公による下賜品とみることができよう。さらに琉璃河251号墓出土「公仲」觶の「公仲」は康叔の長子に想定されることから（唐蘭1986）、衛国と燕国と密接な関係があったことが窺われよう。すると、これら衛国墓地出土青銅器遺物は衛国成立にあたっての歴史的事情、すなわち西周成立前後における旧殷勢力の平定や東夷勢力の慰撫にあたる時期に、召公一族の活躍の一端を示すものとすることができ

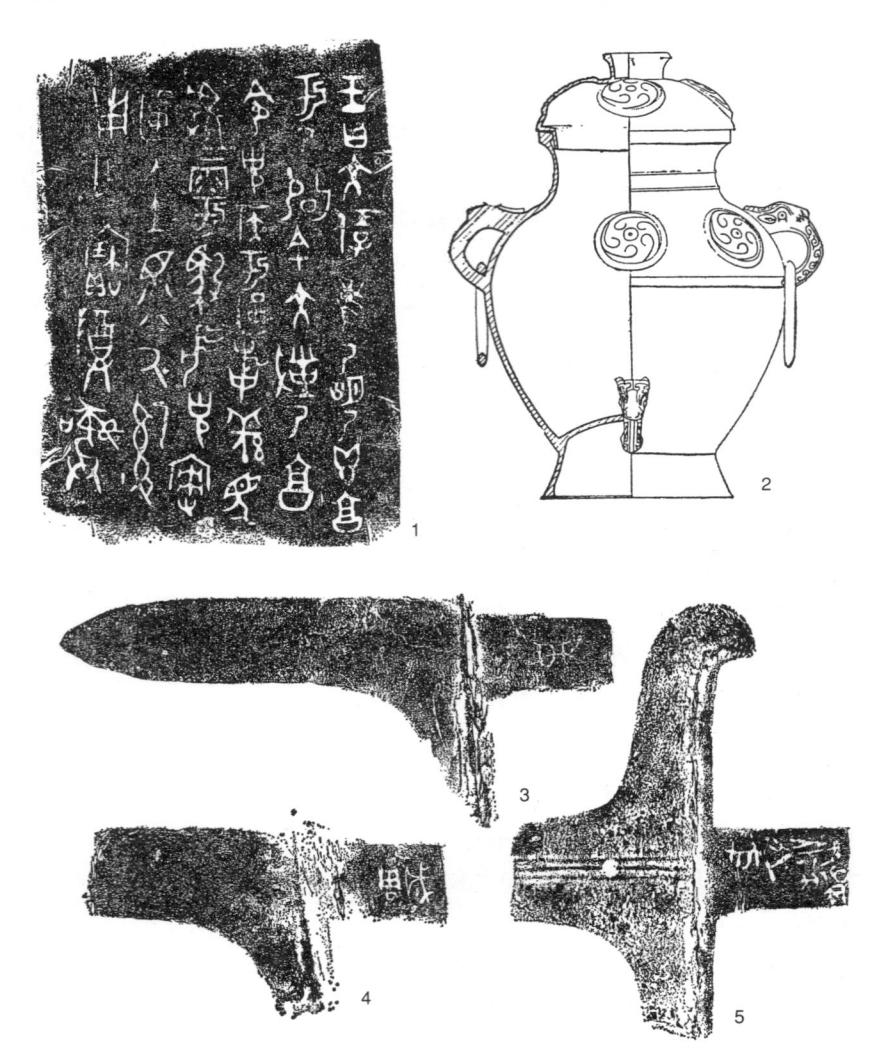

図20　琉璃河1193号墓出土銅器と戈・戟（中国社会科学院考古研究所・北京市文物研究所・琉璃河考古工作隊 1990）

る。また「冉」「亜矣」銘の青銅葬器の存在は、燕による埋納遺跡や琉璃河燕国墓地出土の青銅葬器とも通じ、衛国や燕国の形成においては共通する歴史的展開があったことを意味している。

燕国成立期の人的構成

西周前期前半に属する帯銘銅器に記された人名または族徽には、埋納遺跡では「亜冀」、「冉」、「亜微」、埋葬遺跡では「夗」、「𣪘」、「亜矣」、「鬲」、「伯」、「爵」がある。「伯」や「爵」は爵位とすると名称は特定できないし、「𣪘」は「亜矣」と、「亜矣は」「冀」と婚姻関係にあったと認定されることから、主体となる「亜冀」以外には「夗」、「冉」、「鬲」、「亜微」があることになる。

「夗」については『三代吉金文存』13・34・3に、

「夗易孝□用作祖丁彝」「亜冀侯矣」卣

があり、同じく『三代』16・46・6に、

「丁未夗商沚貝用作父辛彝」「亜矣」

とあって、「亜冀侯矣」や「亜矣」に恩賞を下賜する立場にあったことが知られる。なお「夗」については甲骨文に「冀夗」とあり、上記した「亜冀侯矣」と親密な関係を有する点から、「冀族」の一員と想定する説もあるが（張博泉1994）、『三代』3・46・2に、

「己亥夗見事于彭車叔賞夗馬用作父庚尊彝」「天黽」

とあることにより、「夗」は「天黽」族に属していることが知られ、殷代後期の劉家河の被葬者とも関係する黽の流れを汲む一族であることがわかる。ただし、これまでに知られた青銅葬器の銘文には、「夗」の父親名について「父辛」、「父丁」、「父庚」と異なりのあることから、「夗」は個人名ではなく特定の集団（天黽族）の長であった可能性が高い。この一族は「亜冀侯矣」や「亜矣」に下賜品を与えたことで、「亜冀侯矣」や「亜矣」の集団よりは上位に位していた関係者であることがわかる。

「冉」の銘をもつ集団は濬県辛村出土品にその銘がみられ、さらに辛村に近い衛国の領土である鶴壁市でも埋葬址から西周期の「冉父己」觶が出土して

いる（周到・趙新来 1980）。これ以外にも陝西、河南、湖南、湖北、山東、河北と広範囲にみられ、その本貫地を特定できないが、雛衡は太行山脈東麓に分布の中心があることを指摘していることから（鄒衡 1980）、殷代よりの名族であろう。

「微」に関しては微伯銘の銅器の存在から、周原付近の地名が想定されているが、山洞村では孤竹国の関係する銘文として登場しているのであり、この器物の製作年代である殷代後期には孤竹国に属する氏族の一員であったことが窺われる。さらに河北省正定県西木仏村出土の同一の銅卣に「亜伐」と「亜微」の両銘があって（王献唐 1980）、「亜伐」ときわめて近い関係にあったことが窺われ、殷後期には亜伐と亜微が政治的には同一行動をとる集団であったことが推定できる。

「亜其」や「亜䋍」、「亜䋍癸」、「亜其癸」、「亜䋍侯癸」などについては、王献唐（1980）、李白風（1981）、曹定雲（1980）、胡平生（1983）などにより詳しく検討されている。それらによると殷代後期には同一の家族や集団を構成していたものが、後に別個に殷から封建されたものであり、殷末には「亜其癸」、「亜癸」、「亜䋍癸」の 3 集団に分岐したものとされよう。しかし、陝西省斉鎮村出土の西周初期の銅器に（陝西省博物館 1980）、

　「䋍女尊彝」「亜䋍癸」

とあり、䋍と癸が婚姻関係にあったことが知られるので、「亜䋍」と「亜癸」は同族とはすることができず、本来的には別の集団とみたほうが妥当であろう（甲元 1990）。「癸」は「冉」などとともに殷周の交替期に「䋍」と同一の歩調を取った集団とみることができる。「癸」について葛英会は燕の祖文として燕国の徽号や燕国を構成する各部族の徽号とみたが（葛英会 1983）、この徽号を有する銘文は多く、またその分布も広いことから燕とのみの関係では理解できない。白川静が説くように「疑事を司る殷の聖職者の徽号」とみるべきであろう（白川 1984）。このようにみてくると、少なくも「亜其」、「亜䋍」と「亜癸」は殷代からの名族ではあるが、それぞれに異なった部族集団であり、「亜䋍」「亜䋍癸」「亜䋍侯癸」は殷末や西周段階では同一の集団として認めることがで

きる。𦥑=箕として中国の伝説にある孤竹国の箕子または箕子朝鮮と結びつける考えも少なくないが（張博泉 1994、李亨求 1991）、孤竹国の領主は墨台もしくは墨胎であって子姓に属するのであり、姜姓の𦥑とは明確に区別されるべきである。春秋時代の出土青銅葬器からすると、𦥑は後に山東半島東部に封建された殷の流れを汲む古族であり（甲元 1990a）、𦥑を箕子朝鮮と結びつけたのは戦国時代以降の付会である。

　埋納遺跡の性格が征服地における領土編入を祈念しての山川祭祠であるとすると、山洞村や牛欄山での事例は亜𦥑を中心として、亜微や冉が加わって行われた儀礼であることが知られ、西周初期における東北アジアへの青銅器の波及が、これらの徽号を有する集団と深いつながりがあったことを窺わせるのである。

　西周前期の埋納遺跡では、牛欄山遺跡のように亜𦥑という同一名称を刻む同一時期製作の青銅葬器で構成される類型と、山洞村遺跡のように古い殷代期の遺物と西周初頭の青銅葬器で構成される類型とが存在している。後者の例として山湾子（喀左県博物館・朝陽地区博物館・遼寧省博物館 1977）や馬廠溝（熱河省博物館 1955）埋納遺跡を具体的に取り上げてみよう。山湾子では「魚魚」尊、「車雋父丁」卣、「舟父甲」卣蓋、「亜□父乙」簋、「尺父甲」簋、饕餮紋瓿、「史」罍など、馬廠溝では「魚父癸」簋、「戈作父庚尊彝」卣、「史伐作父壬尊彝」卣、渦紋罍、弦紋瓿などの器物は殷代の型式を留めるのに対して、山湾子では「叔尹作旅」鼎、「子荷婢庰作宝彝」瓿、「伯矩作宝尊彝」瓿や「尹」瓿、馬廠溝では「匽侯作棻盂」盂などが西周の前期後半期の遺物とみることができる（甲元 1989）。なお山湾子の「𤾞伯作宝尊彝」簋、「俰万作義妣宝尊彝」簋などはさらに年代が下るものであることから、考慮の外におくことができよう。これらと同様に、殷的な器物と西周前期後半期の器物が組み合わさって埋納遺跡が構成される現象は小波太溝遺跡でも知られている。このようにみてくると、西周初期に形成された埋納遺跡に表された山川祭祠も、組み合わさる青銅葬器の面でみると旧勢力の集団と新勢力の集団の器物の組合わせに還元することができる。

これらの関係をまとめると表2のようになる
　表2の中で旧殷勢力と関係する青銅彝器をA群、殷的な名称をもつものの後に召侯と関係する青銅彝器をB群とすると、「魚」、「戈」、「史」、「亜冀癸」、「麦」など埋納遺跡出土の銅器にみられる名称（A群）が西周前期後半期の琉璃河墓地の副葬品（B群）の中に含まれていることに気づかされる。また「冉」は衛国の西周前期後半期の墓地で「陸」の墓に副葬されていることから同様な扱いを受けていたことがわかり、「亜癸の辺」が「車」のために彝器をつくったという銘文が辛村墓地で出土していることから、山湾子の銅器に刻まれた「車」もこれら亜癸や亜冀侯癸、冉などと同様の運命をたどったことが窺われる。さらに琉璃河遺跡で前期前半期の墓主と想定された「亜癸」、「馭」が後半期に墓主以外の銘をもつ銅器として登場している。「魚」銘をもつ銅器は山東省中部一帯に広く分布し、その地域が「魚」族の中心地であったことを窺わせるが（李白風 1981）、そこに西周前期に魯国が建設されることは、西周勢力による被支配者とされたことを仄めかす。先に述べたように、「馭」は「癸」と、「癸」は「冀」と、「其」は「冀」と関係することから、これら「亜冀」の関係者がこれまでとは異なった扱いを受けていることが想定できよう。また小波太溝で天黽銘の銅器が出土していることを考慮すると、黽も亜冀と同じ立場に立

表2　殷末民族の分類

西周前期前半期	主体となる名称 （匽と関係するもの）	その他の名称 （旧殷と関係するもの）
牛欄山埋納遺跡 山洞村埋納遺跡 琉璃河墓地遺跡	亜冀癸の麦、亜冀 亜冀侯癸の嬰、冉 馭の史、亜癸、黽、鬲	孤竹の亜微
西周前期後半期		
山湾子埋納遺跡 馬廠溝埋納遺跡 小波太溝埋納遺跡 琉璃河墓地遺跡	叔尹、伯矩、尹 匽 圉 舉の復、緁の攸、癸の伯矩、堇、圉、克	魚、車の雋、舟、尺、史、荷魚、戈、史の伐、蔡 黽、登卣、子 亜般、馭、戈、庶、単子、麦未、亜冀癸、其の史、伯魚員、㪤、魚

たされていたことが窺える。「亜般」、「庶」、「瑟」、「未」、「貝」、「𩁹」などについては類例が少なく検討できないが、「単子」は殷の古族として甲骨文にも登場する。単子は西単と北単に別れていたらしく、うち北単の首領は戈であり、孤竹の近傍に存在していたと推定されている（金岳 1986）。すると副葬品の中に認められるこれらの集団もしくは人名は殷との関係が強い部族集団が、前期後半期には従来とは立場を異にする状況に至ったことが想定できよう。

　琉璃河墓地の副葬品が匽侯からの下賜品で成り立っていることを考慮すると、これら殷の流れを汲む集団の彝器は捕獲品として匽侯より賜ったことも想定できる。このことをさらに普遍化すると、埋納遺跡にみられる二つの群の青銅彝器の組合わせは、征服者が被征服者の青銅祭器（A群）を収得して、征服者の青銅祭器（B群）とともに、前代の支配者の霊を鎮めるための山川祭祠の儀礼を行った後に、埋納した結果生じたのであろうとも想定できよう。すなわち埋納遺跡にみられるA群の青銅器に刻まれた徽号をもつ集団は被征服者のものであり、前期後半期の墓の副葬品として登場する異銘銅器も召公の征服事業の過程で淘汰された集団とすることができよう。

　すなわち第一段階では亜微が、第二段階では第一段階の召公による征服行動の中心であった亜䑞、亜矣、䜌、冉、𩁹、鬲と魚、車の雋、舟、尺、史、史の伐、戈、天黽、登圴、荷、亜般、単子、庶、未、其の史、瑟、貝、墩などが匽を媒介として周勢力に取り込まれたことを窺わせる。

　清末に北京南郊の蘆溝橋で出土したと伝えられる青銅彝器に、

　　「亜䑞侯矣」「匽侯易亜貝用作父乙宝尊彝」盉

　　「亜作父乙宝尊彝」鼎

があり、この資料を介することによって、「亜䑞侯矣」に属する「亜」は匽侯の下位にあることがわかり、山洞村や牛欄山遺跡の埋納行為は西周初期に燕国召公一族の統制のもとに行われていたことを窺わせる。さらに馬廠溝遺跡出土の匽侯銘のある銅器の存在により、これら多くの埋納遺跡は、西周初期段階での燕国成立期における匽侯を主体とした征服活動の一環として、少なくも2時期に分けて営まれたことを推測させるのである。

琉璃河燕国墓地の1193号墓から出土した盉と罍の銘文に（図20-1・2）、
　　「事羌馬雩于馭微克宅匽 入土及厥［有］辞」
とあり、事以下9字を族もしくは国名とみるか、事を動詞とみて羌以下8字を部族名または国名とみて、西周初期に魯国や衛国に殷民6族や7族を分与された事例と同一と想定するか（殷瑋璋・曹淑琴 1991、殷瑋璋 1990、陳平 1991、孫華 1992）、あるいは「事羌、貍徂于馭、微」と読んで、羌、貍から馭、微までの成王から匽侯に与えられた領域とみるか（張亜初 1993b）、意見が分かれる。伊藤道治は『春秋左氏伝』の定公四年の条や2件の金文を引いて、周による封建の領域が南北の地名を挙げることで漠然と表現されていたとする（伊藤 1987）。その説を援用すると領域説に説得性もある。しかし匽侯に分与された氏族の中に「微」があり、1981年に北京市で収集された青銅器に「擧賏」銘をもつ葬器が多数あることを考慮にいれると（程長新・曲得龍・姜東方 1982）、両方ともに燕国の北方地域に存在することから、匽侯の二度にわたる征服事業により服従した氏族などを表現したものとみたい。上記の金文は、
　　「事姜、馬、賏、雩、馭、微、克宅匽、入土及厥［有］辞」
と、西周前期後半期に燕国の成立にあたって、姜から微までの6族を成王から匽侯克に分与されたと読むべきであろう。このことは西周初期の段階では燕国は魯国や衛国と同様に、領域の中に多数の異族集団を構成員として組み込んでの封建であったことを窺わせる。ただここで問題となるのは「克」を匽侯とすると、従来は泉屋博古館所蔵銅器の銘文「匽侯旨初見事于宗周、王賞旨貝二十朋、用作姒宝尊彝」や「匽侯旨作父辛尊」の銘文から召公奭の長子は「旨」であると推定されてきたことと反するものとなることであり、「克」と「旨」は通音ではないので、同一人物とは考え難い。あるいは「克」が初代で「旨」は2代目であり、代替わりの挨拶に宗周を訪れて召公奭に目通りしたことを記念する青銅葬器として、泉屋博古館所蔵銅器を位置づけることは可能であろう。この点に関しては今後の検討を待ちたい。

第 2 章　西周初期燕国の形成　71

　おわりに

　以上のように西周初期燕の召公一族による北方への進出は、少なくとも 2 時期に分かれて行われたことが知られる。第一期は殷代において天黽族により北方地域との関係が開拓された前例に倣って、天黽族の一員である「𫐓」とそれに従属する「亜舉矣」や「冉」などが匽侯の意を受けて展開したものであった。琉璃河遺跡董家林地点に存在した燕建国以前の土城址の居住者、具体的には殷の方国としての「劉家河」遺跡の被葬者の後裔がその征服の主たる対象であったと想定できる。山洞村の埋納遺跡出土青銅葬器の組合わせにみられるように、「微」など殷的様式を強く保つ青銅葬器類は征服された殷の勢力のものと考えられ、近接して「亜舉侯矣」や「冉」などの西周勢力を代表する青銅葬器類が埋納されていることは、殷的支配を否定し旧勢力に替わっての征服者の山川祭祠を表現するものと解釈される。こうした二つの異なった性格の青銅葬器で埋納遺跡が構成される事例は大凌河流域を中心とした遼西地域の現象であり、これらの地域は殷代における劉家河墓地被葬者を屏藩としての間接支配地域であった。これとは異なって牛欄山での純粋に亜舉一族のみの青銅葬器で構成された埋納遺跡のあり方は、かつての殷勢力の直接の支配地での行為と考えられ、このことは大凌河流域での殷による間接支配とは征服過程の対応が異なっていたことを示すにほかならない。

　西周前期後半期になると前期前半期の征服活動の主体であった「亜舉矣」、「亜舉」、「亜矣」、「𣪘」、「冉」などは、被支配者として燕国墓地に副葬品として登場するようになる。小波太溝遺跡で圉銘の銅器とともに殷的様式を留める天黽銘の鼎がみられることは（金岳 1990）、「𫐓」も同様な運命に陥った可能性を物語っている。こうした前期後半期のあり方は衛国墓地である辛村遺跡と共通する点が多く、前期後半期は踐奄の後の状況を示すものとされよう。すると前期前半期でのあり方は、周に敵対する殷の残存勢力を周に靡いた旧殷勢力により屈服させる段階であり、後半期の様相は衛国成立後に引き続いて、康王期における封建体制の確立に向けての最終的な旧殷民の東部地区への移封戦略

と関連するものかもしれない。

　この前期後半段階においても大凌河一帯で埋納遺跡が形成されることから、召公一族による燕国建国にあっても、この地域に対する燕国の支配力は必ずしも盤石なものではなかったことを示している。燕山山脈の南側、北京市北東部においても、匽と結んだ劉家河に替わる白浮村墓地（兀族）の存在により、燕の支配体制はあくまでも間接支配であった可能性を窺うことができる。後に燕の勢力が衰える西周中期以降になると、「藩屏」自体も後盾を失って「土着化」してゆき、ここに殷周青銅器を基本としながらも東北アジア独自の青銅器文化が成立する条件が整えられこととなる。

第 2 章　西周初期燕国の形成　73

付論　西周燕国墓地出土銅器銘文について

はじめに

　西周初期燕国の集団構成につき上記で論じたが、琉璃河のⅠ区とⅡ区の被葬者の性格について異なった意見が提示された（宮本 1999・2000）。宮本はⅠ区とⅡ区を区別し、Ⅰ区の被葬者は在地首長層で燕の政治体制に組込まれた存在として捉えている。筆者の考えでは、琉璃河墓地はⅠ区、Ⅱ区ともに召氏一族を中核とした当時の社会構造をそのまま反映したものとみて、Ⅰ区は殷的、Ⅱ区は周的と区別することに何らの歴史的意義を見出さない。召氏はもともと殷の有力な構成集団の一つであったが、後これに離反し、周と結びついて殷周革命を成し遂げ、彔父の乱以後、周王の命のもと山東省や河北省に転戦して周勢力の拡大に努めたという白川の説が前提になっていて（白川 1975・1977）、ために召氏の支配下には多数の殷系氏族が含まれていることは当然と考えるのである。琉璃河墓地の構成では、1 群南側は召氏一族の塋域で、北側はその家臣団、2 群は召氏を支える官僚集団、3 群は戦闘集団の指導者層で、4 群はその実行部隊と想定した。3 群に車馬坑がみられるのもその端的な表れとみたのである。意見の違いは、3 群の性格をどう捉えるかにかかっており、再度琉璃河燕国墓地から出土した青銅器に記された銘文を手がかりとして、この問題を再度考えて行きたい。

3 群集団の銘文

　琉璃河燕墓地の 3 群に属する墓で帯銘銅器を出土するのは、50 号、52 号、53 号、54 号の 4 基である。いずれも西周前期の時期の所産とみられている。52 号墓で検出された帯銘銅器は以下のものがある。

　　「侯賞復貝三朋、復用作父乙宝尊彝」「擧」鼎（図21-2）

　　「父乙」爵

　　「匽侯賞復冋衣臣妾貝、用作父乙宝尊彝」「擧」尊（図21-1）

「匽侯」戟（図21-6）
「匽侯」銅釦（図21-5）

　鼎と尊の銘により、52号墓の被葬者は「復」で、その父親は「乙」であり、「舉」族に属していたことが知られる。二つの青銅器の銘文には、復が何か特別な手柄をたてたことで、匽侯から立派な衣服や奴隷、それに宝貝を賜ったことが記されている。「舉」に関係する青銅器の類例はこれまで多数にのぼる。一例として山東省長清県で出土した青銅器群が挙げられる。ここでは殷末の青銅器群が一括で発見され、また別の機会にも青銅器が収蔵されている（山東省博物館 1964）。収納された青銅器にはいずれも「舉祖辛禹□」（□は亜字形）（図21-20）の銘が記されている。亜字形の中に記された文字は未読ではあるが、亜字形記号を有することから殷代における有力者であったことが窺える。このことは殷後期の「小臣缶方鼎」（『三代』3・53・2）、「小子省」壺（『三代』13・38・3－4）や「文公丁」簋（『三代』8・33・2）があり、これらを取り上げるだけで王畿における地位が窺えるし、西周初期においてもその地位が揺るぎなかったことは「旂鼎」（『三代』4・03・1）においても充分知りうるのである。白川は「小臣」は王家の出自を示すという（白川1917）。すると「舉」の徽号を有する集団は殷の貴族を表すものかもしれない。

　この遺跡では一括発見青銅器群には多数の銘文がみられ、それらは「舉」をはじめとして「戈」、「臤」などが含まれている（図21-10～19）。これら銘文にみられる族徽の多くは殷墟や山西省の殷代後期後半の遺跡からの出土が確認されていて、西周以前の時期にすでに殷の有力者集団であったことがわかる。さらに北京市でも「舉」関係の青銅器が収集されている（程長新・曲得龍・姜東方 1982）。これらにはすべて「舉臤」との銘が記されている。先の山東省長清県や費県などの出土例と併せて、この事例からも殷的な性格を帯びた集団であったとみることができる。

　53号墓では「侯賞攸貝三朋、攸用父戊宝尊彝」簋（図21-3）が出土していて、この墓の被葬者は「攸」であることがわかる。「攸」銘の銅器は河北省元氏県西張村出土西周初期の鼎に「攸作旅鼎」鼎がある（図21-9）（河北省文物管理

第 2 章　西周初期燕国の形成　75

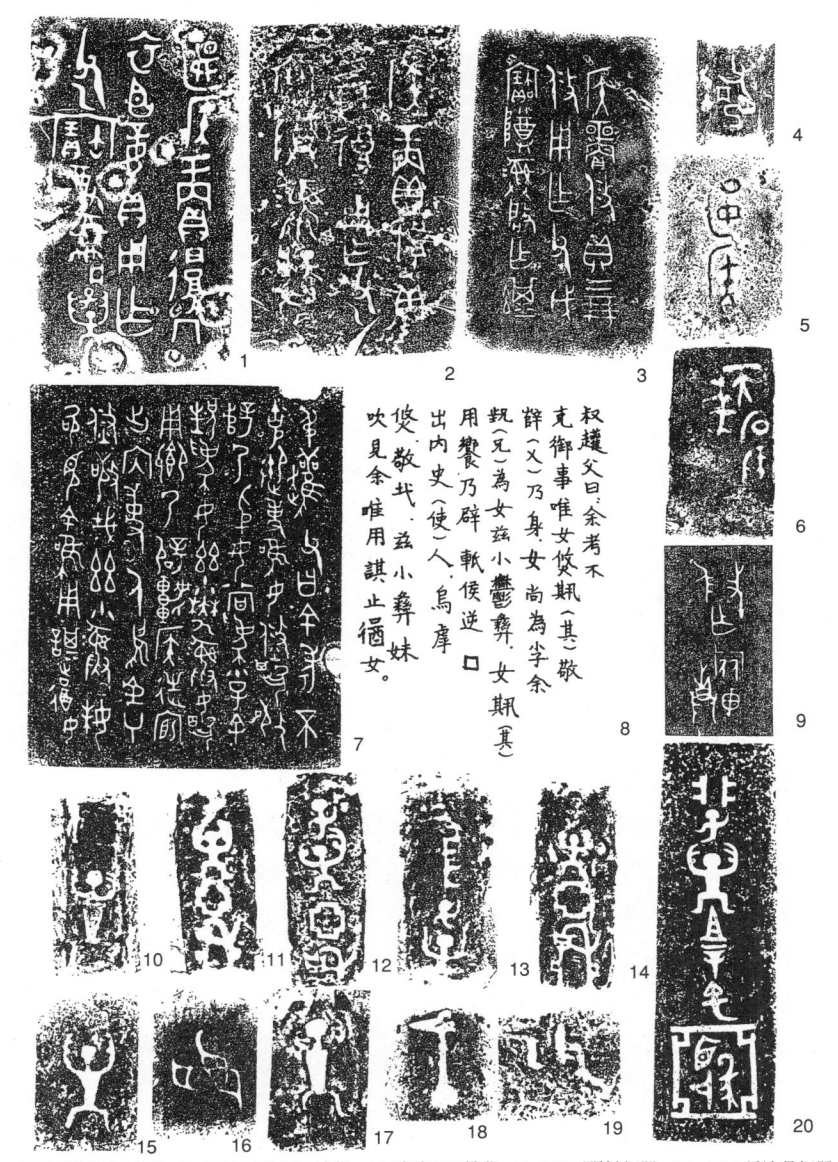

権趯父曰：余考不
克御事唯女（汝）伎趯（其）敬
辝（辭）乃（汝）身女（汝）尚為㝬余
趯（兄）為女茲小鬱彝女趯（其）
用饗乃辟軝侯逆㲋
出内史（使）人，烏虖
俊敬㦰．茲小彝妹
吹見余唯用祺止徇女。

1・2：琉璃河52号墓　3・5・6：琉璃河53号墓　4：琉璃河50号墓　7～9：西張村銅器　10～20：長清県銅器
図21　燕国関連銘文（1～6：中国科学院考古研究所・北京市文物管理処・房山県文教局1974、7・9：河北省文物管理所1979、8：徐中舒『殷周金文集録』四川人民出版社1984、10～20：山東省博物館1964）

処 1979)。また同出した青銅彝器に叔趯卣があり、これにより「攸」は叔趯の弟であることが知られる（図21-7・8）。また銘文によると叔趯は刑国の執政者であったことが記されていて、当然のことながら叔趯につながる「攸」も西周時代初期にはきわめて高い階層の人物であったと推測が可能である。ちなみに刑国は周公の子で成王期に封建された由緒ある西周の国の一つである。

　50号墓出土青銅器に記された「䰧」銘を有する青銅器は「戈」と同様に、山西省、陝西省、山東省、河北省、遼寧省と殷代後期から西周初期にかけて広く分布をみせていることは、殷の有力者であったことを示す。西周でも生き延びた集団で、後に山東省に封建されたことは王献唐が指摘するところである（王献唐1980)。

　このように銘文を瞥見しただけで第3群に埋葬された人物たちは、新たに燕に組み込まれた在地首長層ではなく、召氏が北京周辺に勢力を伸ばす以前から、召氏とあるいは西周勢力と関係をもった集団であったことを指摘しうる。第3群墓域の被葬者達は「彔父の乱」から「践奄の役」と続く旧殷勢力に荷担する集団との転戦の中で、召氏一族の支配下に組み込まれた集団に属する人々であったことを物語るものである。

　琉璃河燕墓地の第2群に埋葬された人物も、その帯銘銅器によると、殷とのつながりが強い集団に属するものが多い。「亀甲」を所持している「伯矩」などはその典型といえる。これらのことは召公奭がそもそも殷の有力者の家系であって、殷周革命期に殷から離反したという事情によるところが大きいと考えられる。「戈」や「擧」、「䰧」、「冥」などの集団も殷周革命期には召氏一族に従って行動をともにした可能性が高い。殷代後期における山西方面や河北への殷勢力の進出方法（在地勢力の組織的取込み）と、克殷後の西周勢力による山東や河北以北における対応（西周に従わない集団の掃討）は、明らかな違いをそこに認めることができるのである。

第 3 章　西周初期燕の埋納遺跡

はじめに

『史記』の「燕公世家」には、
　　召公奭興周同姓、姓姫氏、周武王之滅紂、封召於北燕。
とあり、西周の初期には北京周辺に燕が建国されたことを知りうる。ところが召公の 9 世の後、厲王から共和の頃の恵侯までは燕についての記載は文献にはみられず、その後も王位継承者の名前を列挙するのみで、戦国に至るまでの燕の動向を文献史料によっては知ることはできない。このために従来は召公奭による燕の建国については、これを懐疑的に捉える向きもあったという（伊藤 1977）。
　ところがここ十数年来にわたって、河北省から遼寧省南部にかけての地域で殷末周初の時代の考古学的調査がめざましく進展し、青銅器を一括して埋納した遺跡や青銅製の儀器を副葬する墓地の発掘が相次ぐようになり、西周初期の燕の実態につき本格的な検討をするための手がかりが得られるようになってきた。これらの調査により得られた帯銘銅器の中には、殷の安陽出土銅器にもみられる徽号や殷的な徽号をもつものに混じって、「匽侯」もしくは「匽」と記されたものがあること、北京市房山県琉璃河一帯で、西周初期から中期にかけての燕と関連する大規模な墓地が発見されたことなどにより、召公一族の封建は事実とみなされるようになってきた。また西周初期の墓により破壊されてはいるものの北壁が850mにも及ぶ古城址が発見されたことから、西周以前に遡上する「政治的権威」の実在することが考えられるまでになってきた。これと関連して青銅器に刻まれた銘文に散見する孤竹国や箕国の実在が主張され、北京周辺では当時すでに殷の勢力範囲内にあり、その近傍に孤竹国や箕国の存在した

ことが説かれるように至った（晏琬 1975、北洞村文物発掘小組・喀左県文化館・朝陽地区博物館・遼寧省博物館 1974）。

　こうした中国学者の見解に対して白川静は、殷代の青銅器を出土する遺跡の北限は河南省南部の磁県や石家荘市あたりまでであり、北京周辺は殷の版図外であること、北京周辺や遼寧省大凌河上流域で発見される殷的青銅器は、匽の銅器と共伴することなどを挙げ、北京周辺とそれ以北にみられるこうした青銅器群は、克殷後の匽侯の北征によりもたらされたものであるとみている（白川 1980）。白川によると、召公一族は古くから殷に近い存在で、武丁期には西史召として殷の祭儀の一部を担うほどの有力者であった。戦前蘆溝橋で出土した「匽侯旨」鼎の銘文に「父辛」の廟号があり、これ以外にも召氏関係の青銅礼器にも干支を呼称するものがあることは、召公一族は『史記』にいう周公と同姓ではなく、殷とつながりが深い殷的青銅器文化の継承者集団であったことを示すものであるとする（白川 1975）。これに対して町田章は、殷代後期には北京周辺から大凌河上流域にかけての地は殷の勢力の及ぶ範囲であったとし、孤竹国の存在を認めることでは中国の学者と同一の意見であり、殷の支配下にあった集団が新たに進出してきた召氏に従って、召氏との擬制的な氏族関係を結んだことを示すものとして、北京以北に存在する青銅器群を理解するのである（町田 1981）。

　西周初期北京周辺に燕が建国されたことを今日否定する研究者はいない。この燕の建国により東北アジアに青銅器文化が形成される誘因となったが、これが召氏一族という殷的祭祀の担い手により領導されたことは、東北アジアに展開する青銅器文化が実用器としてよりも、むしろ祭儀的性格をその根底に具備していたものとなった原因とも考えられる（甲元 1988a・b）。東北アジアの青銅器文化を特徴づける遼寧式銅剣や銅鏡、銅斧などの組合わせにそれは示され、単鈕素紋鏡→多鈕粗紋鏡→多鈕精紋鏡と変化しながら、燕→遼西→遼東→朝鮮→日本へと連なってゆくことを指摘したことがある（甲元 1989a）。ここでは燕山山脈を介してその南北に拡がる西周初期の青銅器埋納遺跡の分析を通して、燕の北方支配の実態について考察することとする。

北京周辺以北の青銅器埋納遺跡

　遼寧省凌源県海島営子村小転山子馬廠溝で1955年16点の青銅礼器が一括して発見された（熱河省博物館 1955、陳夢家 1955、五省出土重要文物展覧籌備委員会 1958）。発見当時はこうした遺物群のあり方を示す類例はなく、これら青銅器群に対する正確な位置づけは困難であったが、ここ数十年来、大凌河上流域を中心として数ヵ所の青銅器窖蔵址が調査されるに及び、これらは燕の建国と北方への進出と関連する埋納遺跡であることが次第に明らかにされてきた。馬廠溝遺跡で採集された青銅彝器には鼎、甗、簋、罍、卣、盂、壺、尊などがあり、いずれも西周初期に属する。これら青銅彝器の中で銘文をもつのは以下の銅器である。

　「魚父癸」簋（図22-1）
　「蔡」簋
　「匽侯作饙盂」盂（図22-2）
　「史伐作父壬尊彝」卣（図22-3）
　「戈作父壬尊彝」卣（図22-4）

　「魚」、「蔡」、「史の伐」、「戈」といった殷的名称をもつ青銅器が匽侯銘の青銅器と伴出したことは注目される。

　1941年、凌源県小城村南溝屯で大型の鼎が偶然発見された。馬廠溝遺跡と同様に埋納遺跡と考えられる。器制自体は成王期のものであるが、銘文の有無は不詳である（陳夢家 1955）。

　遼寧省喀左県北洞村で6点の青銅器が一括して発見されたのは1973年であった（第1号窖蔵址）。改めて付近を調査中、3.5m離れた地点から新たに6点の青銅器を埋納した窖蔵址を発掘することができた（第2号窖蔵址）（遼寧省博物館・朝陽地区博物館 1973、北洞村文物発掘小組・喀左県文化館・朝陽地区博物館・遼寧省博物館 1974）。遺跡は大凌河に突き出た孤山の西側に延びる山麓の小丘上にあって、河床から17mの高さに位置していて、その頂部は比較的平坦な地形となっている。ここからは大凌河流域の平野を見渡すことが可能な

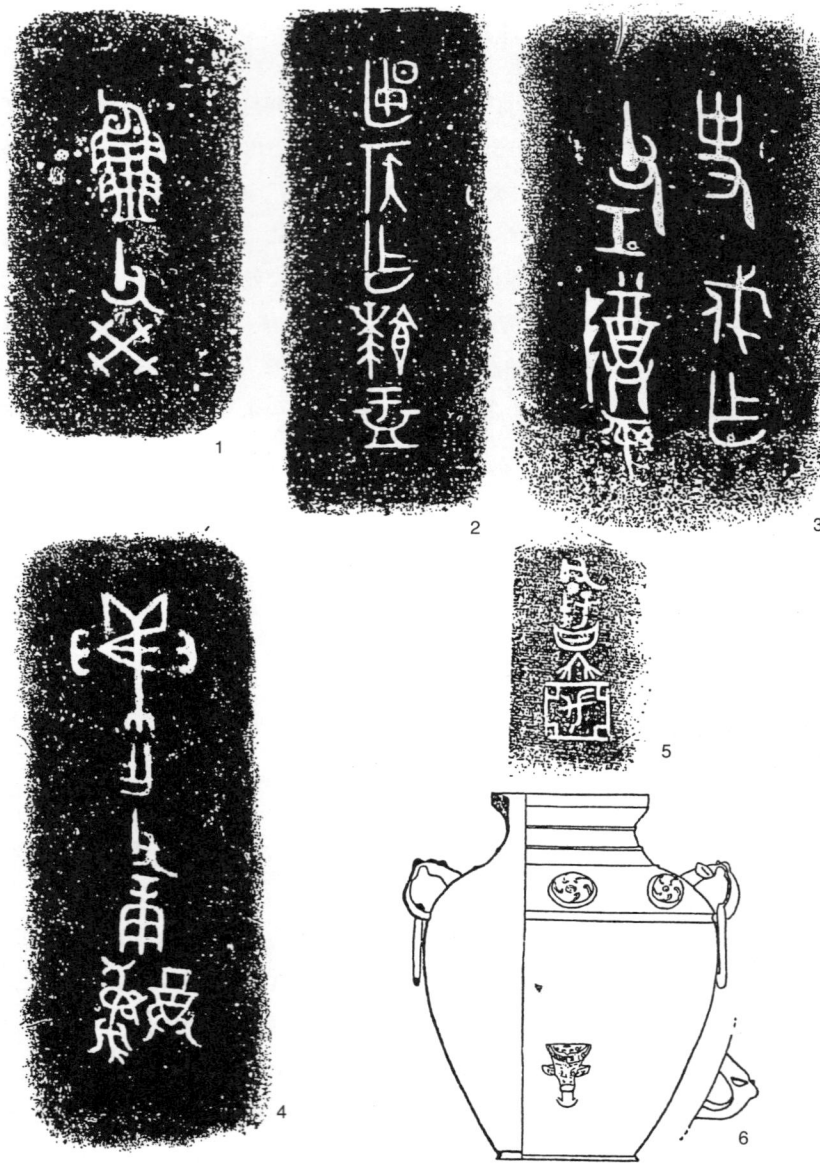

図22　馬廠溝および北洞村出土銘文と銅器（1〜4：五省出土重要文物展覧図録、6：喀左県文化館・朝陽地区博物館・遼寧省博物館 1973）

眺望の優れた地点である。この頂部東側には高さが1mほどの岩の崖が連なり、その崖よりさほど離れない地点に長さ3.35m、幅1.1m、深さ0.8mの土壙があった。土壙内には6点の青銅器が整然と並べられているのが発見された。結局1号窖には罍5個と瓿1個、2号窖には方鼎1個、円鼎2個、罍、簋各1個が出土したこととなる。

　2号窖蔵址から出土した罍の内側には、

　　「父丁孤竹亜微」（図22-6）

の銘があり、孤竹国に関係する青銅葬器であることが判明した。また方鼎には、

　　「丁亥钒商又正䙴要貝在穆朋二百、䙴揚钒商用乍母己尊彝」「亜䛧侯矣」（図23-1）

との銘文が認められ、円鼎には、

　　「冄父辛」（図23-4）

と記されている。さらに簋には、

　　「作宝尊彝」（図23-5）

とある。これらの銅器に刻まれた銘文から「孤竹の亜微」、「亜䛧侯矣の䙴」、「冄」に関係した埋納遺構であることがわかる。発掘報告者は1号窖蔵址から出土する青銅器は殷代のもので、2号窖蔵址は西周初期に属し、時期を異にして埋納されたとみている。これに対して、町田章は1号窖蔵址の青銅器は貯酒器のみの組合わせであり、2号窖蔵址のそれは炊食器と盛貯器で構成されていて、併せて全体で礼器のセットになること、1号と2号窖蔵址が3.5mしか離れていないことから、両者は同時に埋納された可能性が高いとみて、西周初期に形成された遺構であると考えている（町田 1981）。

　1974年になると、喀左県山湾子で新たな埋納遺跡が発見された（喀左県文化館・朝陽地区博物館・遼寧省博物館 1977）。山湾子遺跡は大凌河を挟んで西側に4km行くと馬廠溝遺跡、北に7kmで山洞村の埋納遺跡に至る距離にあり、20km以内で洞上村鈷噜溝の青銅礼器出土地に到達する。山湾子遺跡は大凌河上流の狭隘な沖積平野の第1段丘上にあって、窖蔵址は長径が1.2mの方円形をなし、深さは0.9mを測る。この窖蔵址には22点の青銅器が雑然と放置された状態に

図23 北洞村出土帯銘銅器銘文（喀左県文化館・朝陽地区博物館・遼寧省博物館 1973、北洞村文物発掘小組・喀左県文化館・朝陽地区博物館・遼寧省博物館 1974）

第 3 章　西周初期燕の埋納遺跡　83

あった。これら青銅礼器には、鼎、鬲、甗、盂、尊、卣、罍、盤状器があり、いずれも殷後期から西周初期の様式であると考えられる。
　この遺跡で発見された青銅器には次のような銘文が記されている。
　　「叔尹作旅」鼎（図24-3）
　　「匣□戌作宝彝」甗（図24-4）□は未読
　　「伯矩作宝尊彝」甗（図24-1）
　　「魚」尊（図24-2）
　　「舟父甲」「車雋父」卣
　　「史」罍
　　「亜□父乙」簋（図24-6）
　　「亜□」簋（図24-10）
　　「尺父甲」簋（図24-9）（「尺」の解読は、陳漢平 1993による）
　　「庚父戌」簋（図24-12）
　　「父丁□」簋（図24-8）
　　「尹」簋
　　「倗万作義妣宝尊彝」簋
　　「作宝尊彝」簋（図24-11）
　　「亶伯作宝尊彝」簋（図24-5）
　この山湾子出土の22点の青銅葬器について報告者は、「魚」尊は殷代末期に遡上するものであるが、その他はすべて西周初期の器物であり、窖蔵址の年代は西周初期であると考え、銅器にみられる徽号の不一致は、殷周革命の時期の捕獲品が燕侯により部下に再配分された結果であるとしている（喀左県文化館・朝陽地区博物館・遼寧省博物館 1977）。
　1978年には喀左県小波太溝において、少なくとも 6 点以上の青銅葬器がまとまって発見されている。この遺跡に関する正式な報告はなく、個別論文（魏凡 1983）その他により内容を垣間みるしかない。円鼎はすこぶる大型で、高さ86cm、口径61cmあり、型式的には殷墟婦好墓出土品と武官村司母鼎の間に属するという。広川は深腹で下腹のふくらみが強く西周前期に属するものと考えてい

図24　山湾子出土の帯銘銅器銘文（喀左県文化館・朝陽地区博物館・遼寧省博物館 1977）

る（広川 1995）。簋は西周前期のもので身内に、

「王□于成周、王賜圉貝、用作宝尊彝」

の銘文がみられる。罍は 4 点あり、それぞれ「子荷貝父康」、「𠂤父乙」、「𠂤父康」、「登𠂤」の銘文がみられる。魏凡によると、いずれも殷後期の様式であるという。

1979年、遼寧省義県花爾楼の医巫閭山西麓の台地上から、5 点の青銅彝器がまとまって発見された（遼寧省文物保管所 1982）。窖蔵址と想定される。発見された青銅器には瓿 2 点、簋、鼎、俎形銅器各 1 点がみられる。報告者は、簋は殷中期の様式とみられるが、瓿は西周初期のものと考定している。この種の窖蔵址としてはもっとも北に位置している。詳しい報告がないために、銘文の有無は不明である。

燕山山脈の南側でも燕に関係する窖蔵址が、これまでに 2 ヵ所から報告されている。

1982年、北京市牛欄山で、鼎、卣、尊、觶、觚、爵など 8 点の青銅彝器が一括して発見された（程長薪 1983）。殷後期の様式に近い器形で、次のような銘文をもつ。

「麦作妣辛尊彝」「亜異」鼎

「亜異」「父己」卣　1点

「亜異」「父己」尊　1点

「亜異」「父己」觶　1点

「亜」「父乙」觚　2点

蘆溝橋出土青銅器は清末に発見されたもので、出土状況は不明であるが、青銅器埋納遺跡であった可能性が高い（陳夢家 1955）。ただし一説には易州出土とも伝えられ、混乱がみられる。これら蘆溝橋もしくは易州出土したと伝えられる青銅彝器には次のような銘文が認められる。

「匽侯旨作父辛尊」鼎

「匽侯作旅盂」盂

「亜異侯矣」「匽侯易亜貝、用作父乙宝尊彝」盉

易州出土とも伝える青銅礼器で、現在泉屋博古館に所蔵されている青銅鼎には、
「匽侯旨初事䞣宗周、王賞旨貝廿朋、用作姒宝尊彝」
とあり、基本的には西周初期の燕侯である召氏と深いつながりのある集団により形成された埋納遺跡であることが窺われる。

埋納遺跡の年代推定

遼寧省や内蒙古東南部で発見されるこれらの青銅器について、日本の研究者の多くは「一括発見」状態を重要視し、その歴史的意味について考察するのに対して、中国人研究者は個々の青銅器の年代を断代し、結果としては多分に多くの異なった時期の青銅器のまとまりとする考え方が多くみられる（金岳 1994）。そのことは北洞村遺跡で発見された青銅彝器埋納遺跡を同時期の祭祀活動とみるか否かに端的に表現されているといえよう。山湾子遺跡で発見された22点の青銅器の中でも、「魚」尊のように殷代末期に遡上する可能性のある青銅器をどのように考えるかに、そのことはかかわっている。

山湾子で発見された3点の甗のうち戌甗と伯矩甗は口径も高さもほぼ同じで、腹上部に3組の饕餮紋を組み合わせて紋様帯を構成し、その紋様も同一である。さらに甗足部の獣面紋もきわめて類似する。これら2点の甗と器制も紋様もきわめて近いものとして、「戈父戌」甗（陳夢家『殷周青銅器分類図録』A137）を挙げることが可能で、さらには琉璃河M253号墓出土の「圉」甗がある（琉璃河考古工作隊 1974）。款足部の獣面と同一の紋様は琉璃河M251号墓出土の鬲との蓋と腹部にみることができる（琉璃河考古工作隊 1974）。この鬲には、
「在戊辰、匽侯易伯矩貝、用作父戊尊彝」
との銘があり、器の作風と銘文の一致から、同一の作者集団の手になるものと考えられる。これらのことからこの種の甗の年代は成王期でも下った時期の青銅器とみなしうる。他方、饕餮紋甗の甗足部の紋様は前二者に近いが、口が大きく外開きとなり、内底に十字形の穿孔を有する点などは、克什克騰旗天宝同出土の甗（克什克騰旗文化館 1977）、陝西省出土の陵甗（陝西省考古研究

所・陝西省文物管理委員会・陝西省博物館 1980）に近い。

　鬲は袋部がやや膨らみ、頸部に二条の凸弦紋をもつなど琉璃河M50号墓出土の鬲と同一型式とみなしうる。M50号墓は西周初期の成王期の時期に属する（甲元 1989）。

　「魚」尊は山湾子遺跡の報告者が指摘するように、殷代晩期の作風である。容庚によれば（容庚 1941）、「魚」銘をもつ青銅彝器には次の諸器がある。

　　「魚」鼎および「魚」爵
　　「魚父乙」鼎および「魚父乙」卣
　　「魚父丁」鼎および「魚父丁」尊
　　「魚作父乙宝尊彝」尊
　　「魚作父癸彝」尊
　　「魚父癸」卣および壺
　　「魚父丙」爵

　また陝西省出土品に「魚父癸」や「魚」爵があり（陝西省考古研究所・陝西省文物管理委員会・陝西省博物館 1979）、これらはいずれも殷末から西周初の器物であることからも、山湾子遺跡出土の魚尊をその頃と考えたい。しかし、琉璃河M1043号墓出土の爵に「魚魚」の銘文をもつものがあり（中国科学院考古研究所 1984）、器物は殷風でありながらも、実際には成王期にまで年代は降るものであり（甲元 1984）、燕侯の支配下に組み込まれた殷の遺民のものとすることができよう。

　提梁卣の蓋と身の銘文が異なることは、本来別々の器物がたまたま山湾子の埋納遺跡で組み合わされたものと考えられよう。器物の腹の中ほどがやや膨らむ類例は陳夢家のA565に近く、蓋もまたそれに似る。陳夢家は殷末周初の時期に比定する（陳夢家 1960）。A565には「尺父辛」の銘文がある。この徽号をもつものは北洞村の埋納遺跡や安陽の小屯（中国社会科学院考古研究所 1981）や陝西省礼村（陝西省考古研究所・陝西省文物管理委員会・陝西省博物館 1979）その他での出土が報じられていて、殷末から西周初期の時期の青銅彝器と想定されている。

「史」方罍は肩部に二条の凸弦文に挟まれて獣面をおき、その左右に渦文を配するやり方、肩部が丸みを帯びるなどの器制は、陳夢家が殷代と考定する円渦饕餮文方罍に近く（陳夢家 1960）、他の二つの罍よりも時期の遡上するものと考えられる。

　10点にも達する甗も二つの異なった時期に弁別することが可能である。まず直紋甗は容庚の209「戈」甗（容庚 1941）、陳夢家のA215、A196～198に類似していて、すべて殷器と考定されている（陳夢家 1960）。また「庚父戊」甗は陳夢家のA203に、雷乳紋甗はA151にそれぞれ相通じるものである。饕餮紋と「尺父甲」甗はいずれも殷器の作風に近く、うち「尺父甲」の徽号をもつ類例としては、古く孫壮の『澂秋吉金図』24にみることができ、近くは陝西省内出土の青銅器にみられる（陝西省考古研究所・陝西省文物管理委員会・陝西省博物館 1979）。以上の甗は従来の編年では殷末のものであるが、琉璃河の墓地の時期区分からすると、埋められた時期は西周初期の成王期であるとすることが妥当する。

　残り4点の甗のうち、「父乙」甗は陳夢家のA174に類似し、「倗万」甗は馬廠溝出土「蔡」甗に近い。「蔡」甗は郭宝鈞によれば西周初期に比定される（郭宝鈞 1981）。「尹」甗と雷乳紋甗は殷末よりは遅れる時期のものであり、「亶伯」甗も山湾子の報告者が述べるように降る時期のものである。

　このようにみてくると、用途不明の盤状器を除いて21点の山湾子埋納遺跡の青銅器群は次の二つの時期に分けることができる。

　　A群：鬲、饕餮紋甑、魚尊、提梁卣、史方罍、饕餮紋甗、尺父甲甗、庚父甗、直紋甗、乍宝尊彝、雷乳紋甗

　　B群：叔尹方鼎、戌甑、白矩卣、饕餮紋盂、渦紋罍、牛紋罍、乳乙甗、尹甗、雷乳紋甗、倗万甗、亶伯甗

　これら二つの群は、琉璃河燕国墓地の出土品と分期との対比から、前者を成王期に、後者を康王期に比定することができる。

　上述したように山湾子埋納遺跡出土青銅器が二つの群に分期できると、各期それぞれに青銅礼器のセットが完成する。北洞村では1号、2号が組み合わさ

る形で構成され、それらは12点の礼器で成り立っていることとも通じる。また北洞村と同時期の北京牛欄山で発見された埋納遺跡で、12点の青銅礼器が出土していることと似通う。このようにみてくると、青銅器が16点以上雑然と一つの窖蔵に放置されていたとする馬廠溝遺跡でも、二つの時期の異なった組合わせが混在していた可能性を物語るといえよう。凸弦紋簋や饕餮紋簋などは古く、匽侯盂などは新しい時期に属するものとみることができる。しかし、馬廠溝遺跡に関しては短い報告がなされているにすぎず、詳しく検討することはできないので、二つの時期にわたる組合わせがあることを指摘するに留めたい。

西周初期埋納遺跡の意味

　大凌河上流域ではきわめて接近した場所に、こうした西周初期の埋納遺跡が存在している。山湾子遺跡から大凌河を挟んで西4kmに馬廠溝遺跡が位置し、北7kmで北洞村遺跡に至る。また山湾子遺跡から20km以内の地に洞上村鈷嚕溝遺跡があり、近年「圉」簋や円鼎などを出土した小波太溝遺跡（遼寧省博物館文物工作隊 1978）、1941年に発見された南溝屯遺跡（陳夢家 1955）とも近い。このように半径が15kmにも満たない喀左県内の同一地域に6ヵ所もの西周初期の埋納遺跡が存在することは、征服時における支配領域の示威行為とは考え難いのである。次に、この点に関して青銅器に記された銘文を手がかりとして考えていこう。

　成王期の燕国による北方進出時に形成されたと考えられる北洞村の埋納遺跡でみることのできる徽号や氏族名には、亜微、叡、嬰、亜冀侯矣、冉がある。亜微については濬県出土と伝える盂と蓋に「微作康公宝尊彝」があり、康は康叔と考えられるので、これは成王期に比定される（唐蘭 1987）。北洞村では亜字形の徽号を有することから、殷民の系譜を引くものとしうるであろう。白川静はこれを「敞」と解し、卜辞にみられる「敞伯」と同一視していることから殷民の仲間としうるであろう。

　「叡」の銘文をもつものとしては、羅振玉の『三代吉金文存』7・21・1に、「叡易佳玉、用乍祖癸尊」

があり、このほかにも

「□钬易孝□、用作祖丁彝」「亜冀侯矣」（『三代』13・34・3）

「丁未、钬商征貝、用作父辛彝」「亜矣」（『三代』16・46・6）

「钬商小子夫貝一朋、用作父己尊彝」（『三代』11・31・7）

などがあって、殷末周初の人であることが知られる。

「钬」は「右正」という殷の官職を名乗っているが、唐蘭はこれを「有政」に解し、事物管理にあたる有力者と考えている（唐蘭1987）。これにより「钬」は殷の高官であり、その徽号から冀族に属することが窺われる。

「冉」については、陳夢家A565に「冉父辛」の銘があり、さらに陝西省出土品に「冉父丁」觚、「冉父丁」簋、小屯殷墓出土のものに「冉」爵があることからも殷民とすることに疑問はない。

山湾子遺跡では成王期の銘文には、魚、史、尺、舟、車、戉の徽号もしくは氏族名がある。「魚」はさきにも指摘したように殷民であることはいうまでもない。「史」は殷の史官であったとされるので、同様に考えることが可能であろう。「尺」は陝西省出土の殷器に「尺」卣を見ることができ、そのほかにも陝西・河南の殷代の墓から多数これまでに検出されている。殷の関係者とされるであろう。「舟」は「舟」爵にみられるように（『三代』16・34・5）、殷の高官と考えうる。「車」については王辰の『続殷文存』に、

「己亥、钬見事丂彭、車叔商钬馬、用作康宝尊彝」

の銘文が収録されており殷民である。「钬」は「𡨄」方鼎を介して殷の有力者であったことが窺える。また馬廠溝でもみられる「魚」、「史伐」、「戈」も殷との結びつきが強いとみることができよう。

康王期のものでは「戉」、「叔尹」も陳夢家は殷の高官であったとみているので、殷との関係があるとみられるが、「倗万」は類例がなく、その出自は不明とせざるをえない。「伯矩」は琉璃河の燕墓地で2点の帯銘銅器が出土している。このほかに「伯矩」の銘については、唐蘭が16点収録しており、殷末周初の人であったことがわかる。この「伯矩」銘をもつ青銅器の中に、

「癸伯矩作宝尊彝」盤

があり、「白矩矩」の氏族は「癸」であることが知られる。
　「亶伯」に関しては類例がなく不詳。
　小波太溝遺跡で出土した「圉」も河北省南部出土の殷末銅器にその名がみえることから（石家荘地区文化局文物普査隊 1977）、これも殷に近い存在であったことが窺われる。琉璃河燕国墓地の253号墓では、
　　「王□于成周、王圉易貝、用作宝尊彝」甗
をみることができ、また琉璃河253号墓出土鼎には、
　　「休朕公君、匽侯易圉貝、用作宝尊彝」
の銘文があり、圉は燕国と強いつながりがあったことが知られる（北京市文物研究所 1995）。
　馬廠溝出土の「蔡」については、
　　「王在魯、蔡易貝十朋、対揚王休、用作宗彝」尊
の類例があって、あるいは魯の支配下に組み込まれた東夷の一族かもしれない。
　「黽」銘銅器は北京劉家河遺跡や山西省の殷代後期の埋葬址でも出土し、殷墟でも類例がみられる。
　このように遼寧省や北京周辺の西周初期の埋納遺跡で知ることができる人名、もしくは氏族名あるいは徽号からすれば、すべて殷に関係するもののみで構成されていることがわかる。そして、これらの多くは「匽侯」と深いつながりをもっていたことは、匽侯銘銅器と伴出するほかに、より直接的には、
　　「亜𠀠侯矣」「匽侯易亜貝、用作父乙宝尊彝」盉
の銅器が示すように、匽侯の支配下にあったことを示す銘文により窺うことができる。このことは晏琬や町田の指摘と一致する（晏琬 1975、町田 1981）。この際、魯の建国時において殷民六族（條、徐、粛、索、長勺、尾勺）を衛が七族を分与されたことが参考になろう。燕侯が殷民を率いて北方への支配行動を起こした結果として、これら埋納遺跡が形成されたとみることができる。
　一方、北洞村、山湾子成王期、山湾子康王期、馬廠溝の4件の埋納遺跡で共通する人名、氏族名、もしくは徽号は「魚」だけである。ところが馬廠溝の「魚父癸」簋が「匽侯」盉などとともに康王期のものとすれば、4者に共通す

るものは皆無となる。このように銘文により知られる、時期により別々の集団が組織されていたことは、燕の支配下にある集団が同時多発的に軍事行動に出た結果であるのか、あるいは個々の埋納遺跡の年代に少しずつズレがあり、燕侯の指揮のもと長期間にわたっての持続的な北征事業であったのか考える必要があろう。

　北京市牛欄山遺跡で出土する銅器の銘文はすべて「匽侯」に関するもののみであり、北洞村でも「匽侯」を示す銅器が多いことは、第1次の燕による北方への展開は、まず「匽侯」を中心とした集団によりなされたと想定することが可能である。北洞村や牛欄山の青銅器の組成は古い色彩を帯びているからである。

おわりに

　燕の建国時の歴史的様相を示す琉璃河墓地においては、西周初期でも成王期と康王期では副葬品の組成に隔たりが認められる。成王期の墓の副葬品が殷的な礼器を中心とするのに対して、康王期のものでは礼器のほかに武器類を多くもつという違いを指摘することができる。その武器も、中国在来のものとは考え難い有柄式銅剣をもちはじめる（甲元1989）。

　有柄式銅剣はアルタイ以西に多く分布する型式の剣であり、殷末には山西省から遼寧省南部にかけての地域で点々と分布をみせるようになってくる。康王期の墓にこうした武器が保有されていることは、有柄式銅剣や遼寧式銅剣をもつ民族との対峙から、新しく武装化してこれに備えた燕の対応を読み取ることができる。北方有柄式銅剣や遼寧式銅剣を使用する民族との対決から、康王期には再度遼寧省南部地域に進出していかなければならなかった。北洞村の埋納銅器が窖蔵址に整然と据えられていたのに対して、山湾子や馬厰溝での時期の異なった銅器が雑然と放置されていたことは、この地域が北方民族により脅かされていた状況を端的に物語るものといえよう。

第4章　殷系氏族の動向
―冀銘銅器を中心として―

はじめに

　殷と殷を支えた、あるいは殷の勢力拡大過程で殷の支配構造に組み込まれた氏族（これを「殷系氏族」と仮称する）の動向の一端は、帯銘銅器の分析により窺うことができる。山西省や陝西省北部地域で出土する殷代後期の帯銘銅器には、「鬲」、「戈」、「黽」、「魚」といった殷の有力者とともに、「亜羌」、「並」、「辛」、「饗」、「卬」、「拜」、「邑」、「高」もしくは「亨」、「天」といったあまり類例のない氏族名もしくは族徽を有する集団が認められる。こうした珍しい族徽をもつ集団の中には、殷墟の墓地を構成する最下層の小型木棺墓集団の中で、リーダー的存在として位置づけられるものがある。このことは殷の北方への進出過程においては、在地では殷墟中型墓なみの青銅礼器の組合わせをもつものが、殷の勢力下に組み込まれるとその最下層に位置づけられ、やがては殷の内部に融合されてゆくことは第1章でみてきた。

　一方、西周代においても帯銘銅器の中にしばしば現れる族徽をもつ集団も存在する。それらはことに西周初期に山東省や河北省および遼寧省南部地域に広く分布が認められる。こうした西周初期における分布の状況は、召侯一族による征服活動の足跡と一致をみせることは、西周初期における殷系集団の動向を把握する点で重要な手がかりを与える資料となりうる。

　ここでは、そうした殷系集団の西周以降の動向を「冀」銘銅器を集成して、検討を加えてみたい。

　朝鮮の古代史を考えるとき、枚挙にいとまのないほどの論争がありながら、今日なおその実態が明らかにされていないものとして、「箕子朝鮮」の問題がある。「檀君朝鮮」、「箕子朝鮮」、「衛氏朝鮮」の三つを後の李氏朝鮮と区別す

るために、「古朝鮮」と一括されることがある。このうち衛氏朝鮮については、その内実についてはさまざまな意見はあるものの、実態として存在したであろうことは諸氏の認めるところである。他方、最古の壇君朝鮮に関しては、これを伝説として否定的に取り上げる人は多い。

　北朝鮮の学界においては箕子朝鮮の存在をそのまま受け容れ、その裏づけとして考古学資料を援用する。紀元前一千年紀、遼西から遼東および朝鮮北半部にかけては、琵琶形短剣（遼寧式銅剣）を指標とする特異な青銅器文化が展開していたが、この文化の担い手が古朝鮮の集団であって、それは中国東北地方から朝鮮にかけての広大な地域に君臨した古代国家の所産であるとする（金用玕・黄基徳 1969、李址麟 1963）。韓国の学者の中にも、燕に隣接する地域に箕子朝鮮が存在していたとする人もいないではない（千寛宇 1977）。また箕子朝鮮の存在は認めないものの、衛氏朝鮮以前に、箕子朝鮮の存在を思わせるような大きな政治的・文化的まとまりのあったことを指摘する学者もいる（李丙燾 1958、李基白・李基東 1982）。日本の学者の中には、箕子朝鮮を楽浪官人が中国王朝に対する相対的自立性を高めるために取り入れた説話とみる人もいる（井上 1973、武田 1985）。

　ところがここ十数年来、中国北方地域の考古学的調査研究がめざましい進展をみせ、西周初期における燕の北京封建とその勢力による燕山山脈を越えての北方進出が明らかにされてきた。それとともに燕と関係して出土する帯銘銅器の銘文解釈から、西周初期の頃、河北省北部や遼寧省南部にかけての地に、孤竹国や箕国が存在したと主張する中国の学者の論文が発表されるまでになってきた（晏琬 1975、曹定雲 1980、張博泉 1994）。その論拠となったのは、西周初期の燕の大規模な墓地である房山県琉璃河遺跡（中国科学院考古研究所他 1974・1984）や燕の北方進出を具体的に示す青銅器埋納遺跡に、「匽侯」やそれと関連する青銅器がみられることである。

　この中国の学者の見解に対しては、燕関係の帯銘銅器にみられる人名、氏族名もしくは徽号を手がかりとして、それらは殷との深い関連性をもつ民であり、燕の北京封建とそれに続く北方への展開期に、燕の支配下にあって行動したも

のであることを、私は別の論文で示した（甲元 1989a・b）。いわば、燕の北征事業という一時的な政治状況下での現象とみた。これに対して、卜辞の時代から冀は燕の部族の一つであり、西周初期に冀族は燕の氏族制度の中に組み込まれた有力者であるとみる見解もある（葛英会 1983）。

冀侯関係帯銘銅器

発掘資料による西周初期の帯銘銅器の中で、「亜冀侯矣」とそれに関するとみられる銘文をもつものとしては、次のような例を挙げることができる。

1．河北省蘆溝橋出土品

清朝の終わりに近い頃、北京郊外で出土したと伝えるもので出土状況は不明であるが、埋納遺跡での一括遺物と想定される（陳夢家 1955）。

「亜冀侯矣」に関連する帯銘銅器としては、

「亜冀侯矣」「匽侯易」「匽侯易亜貝作父乙宝尊彝」盉

「亜作父乙宝尊彝」觚

が挙げられる。觚は2点出土しているが、その器制も銘文も同一である。匽侯とするのは召公奭に替わって燕の初代領主となった召公旨のことであり、冀族の亜が燕侯に対して臣下の礼をとっていることから、亜は燕侯の支配下にあったことを示す。匽侯銘のある帯銘銅器は、琉璃河や他の青銅器埋納遺跡でもいずれも成王期の頃のものであり（甲元 1989a・b）、この蘆溝橋遺跡出土銅器もその時期に比定にできよう。

2．北京市順義県牛欄山出土品

北京市の東北、潮白河の上流にある牛欄山公社金牛大隊の農民が、金牛大隊東北にある角山という小山上での住宅建設中途で発見したもので、地下1mのところで銅器8点が検出された。他に陶器4点もあったそうであるが、後にこれは紛失したという。8点の銅器には鼎、卣、尊、觶が各々1点ずつ、觚と爵が各2点みられる。

円鼎は耳までの高さ23.3cm、口径18.4cm、腹の深さ11.3cm、足の高さ9.5cmを測る。やや外開きの環状把手が口唇につき、腹の下部が少し膨らむ。腹部には

雷紋を地紋として饕餮紋があり、柱足の上部には扉稜の饕餮紋が飾られている。この銅器内腹には、

　「麦作妣辛尊彝」「亜眞」

の銘文がある。

　提梁卣は梁までの高さ24cm、器の高さ16cm、口径11.7cmを測る（図25-2）。梁には蝉紋があり（図25-11）、梁の両端は獣首形をなす（図25-13）。蓋には椀形の摘みがつき、蓋の外周には夔紋がめぐる（図25-12）。本体は楕円形でやや下膨れをなし、腹上部にはやや幅広の夔紋帯が獣首を中心として配されている（図25-14）。圏足は短くそこには雷紋を地紋とした夔紋がめぐらされている（図25-15）。器の内側と器本体の内底にいずれも、

　「父己」「亜眞」

の銘をみることができる。

　尊は高さ20cm、口径17.5cm、底径は12cmで、急に外反する口縁に丸い腹、外開きする圏台をもち、肩と圏台にそれぞれ2条の凸弦紋がめぐる（図25-3）。腹上部には雷紋を地紋として小獣首を挟んだ夔紋帯が飾られている（図25-10）。器の内底には、

　「亜眞」「父己」

との文字の銘がみられる。

　觶は高さ12cm、口径6.2cm、底径4.4cmで、外反する口縁に細い頸、下膨れする腹、圏台をもつ。全体を通して無紋である（図25-5）。内底に、

　「亜眞」「父己」

の銘文が認められる。

　觚は2点あるが、器形も銘文も同一である。高さ21cm、口径9cm、底径5.5cmを測る。口部は喇叭状に開き、頸は細く、圏台がつく（図25-6）。腹部は饕餮紋で飾られ、圏足内部には、

　「亜□」「父乙」

の銘が陽刻してある。亜字形の内部は不鮮明で文字を読みとることはできないが、前三者と同様にそれは「眞」であった可能性が高いとみられる。

第4章　殷系氏族の動向　97

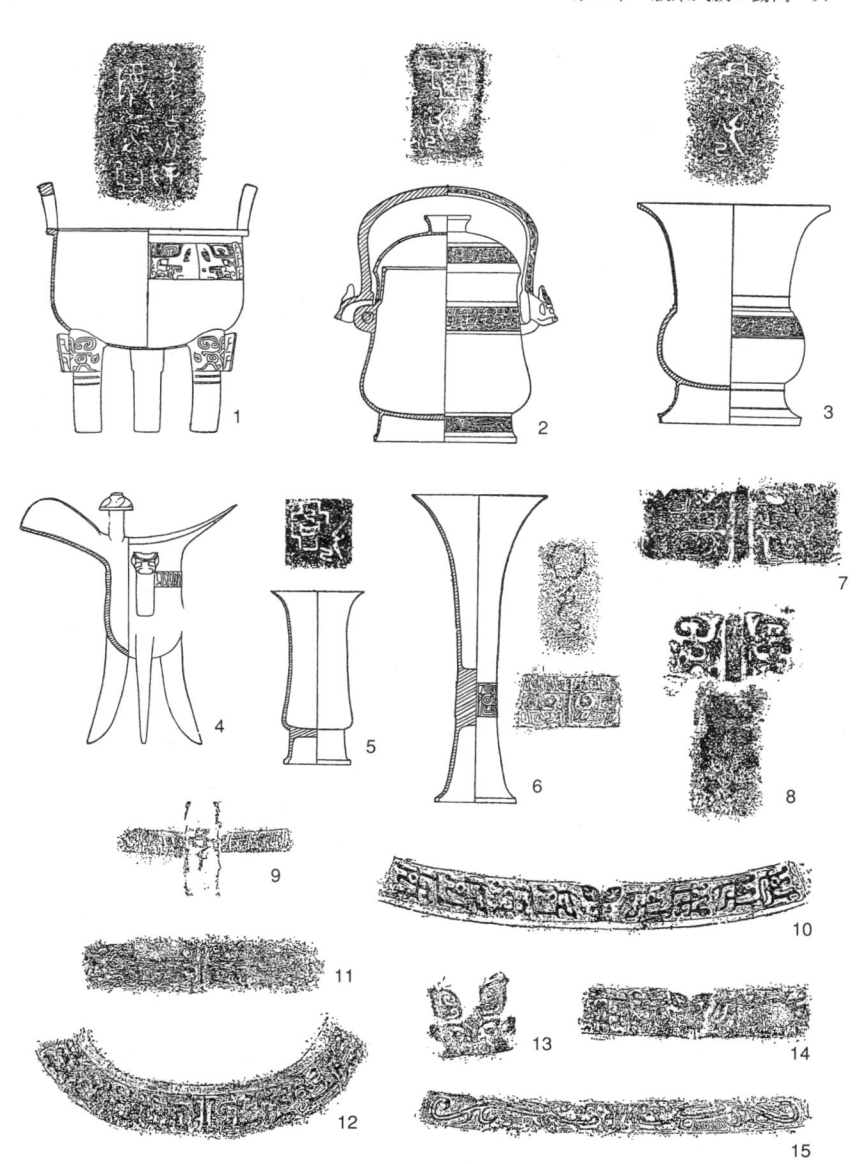

図25　牛欄山出土銅器（『文物』1983年11期）

このほか爵2点があり、器形はほぼ同一で各々銘文がみられるが、その判読は難しい（図25-4・9）。

ここで出土する銅器は、琉璃河遺跡での編年から成王期のものとみなすことができる（甲元 1989b・1990a）。このように牛欄山で確認できる銘文はすべて「冀族」に関するもので占められている。

3．北京市房山県琉璃河出土品

北京市の南西郊外にある琉璃河遺跡は、西周初期から中期にかけての時期の燕国に関係する大規模な墓地であり、これまでに数回に及ぶ発掘調査が行われている。54号墓では耳をもたないやや深めの盤が検出されていて、その圏台は雷紋で飾られている（中国科学院考古研究所・北京市文物管理処・房山県文教局・琉璃河考古工作隊 1974）。これには、

「亜矣妃」

の銘が認められる（図26-1）。盤は亜矣族からきた婦人の嫁入り時の持参器物とみることが可能で、同出した鼎の銘文から亜矣族から嫁をもらった「史」が墓主と想定できる。

4．遼寧省喀左県北洞村出土品

1973年に農作業中偶然に青銅器が6点まとまって発見された（遼寧省博物館・朝陽地区博物館 1973）。これを精査していたところ、3.5m離れてもう一つの青銅器埋納遺構が検出され、6点の青銅彜器が検出されたのである（北洞文物発掘小組・喀左県文化館・朝陽地区博物館・遼寧省博物館 1974）。第2次調査時に出土した青銅器には3点の帯銘銅器がある。

「嬰方鼎」は高さ52cm、足の高さ19.6cmとかなりの大型で、重量は31kgを測る。まっすぐな耳で、口唇は外折れする平坦部をもち、四隅には獣紋をもつ稜脊がある。縦部の腹上部には雷紋を地紋として獣面紋を飾り、側部と下部には雷乳紋を配する（図26-16）。また妻部には獣面紋を大きく描き（図26-11）、柱足には稜脊のある獣面紋を配する。腹の内部には、

「丁亥𠭰商又正嬰嬰貝在穆朋二百嬰揚𠭰商用作母己尊彜」「亜冀侯矣」（図26-8・9）

第4章　殷系氏族の動向　99

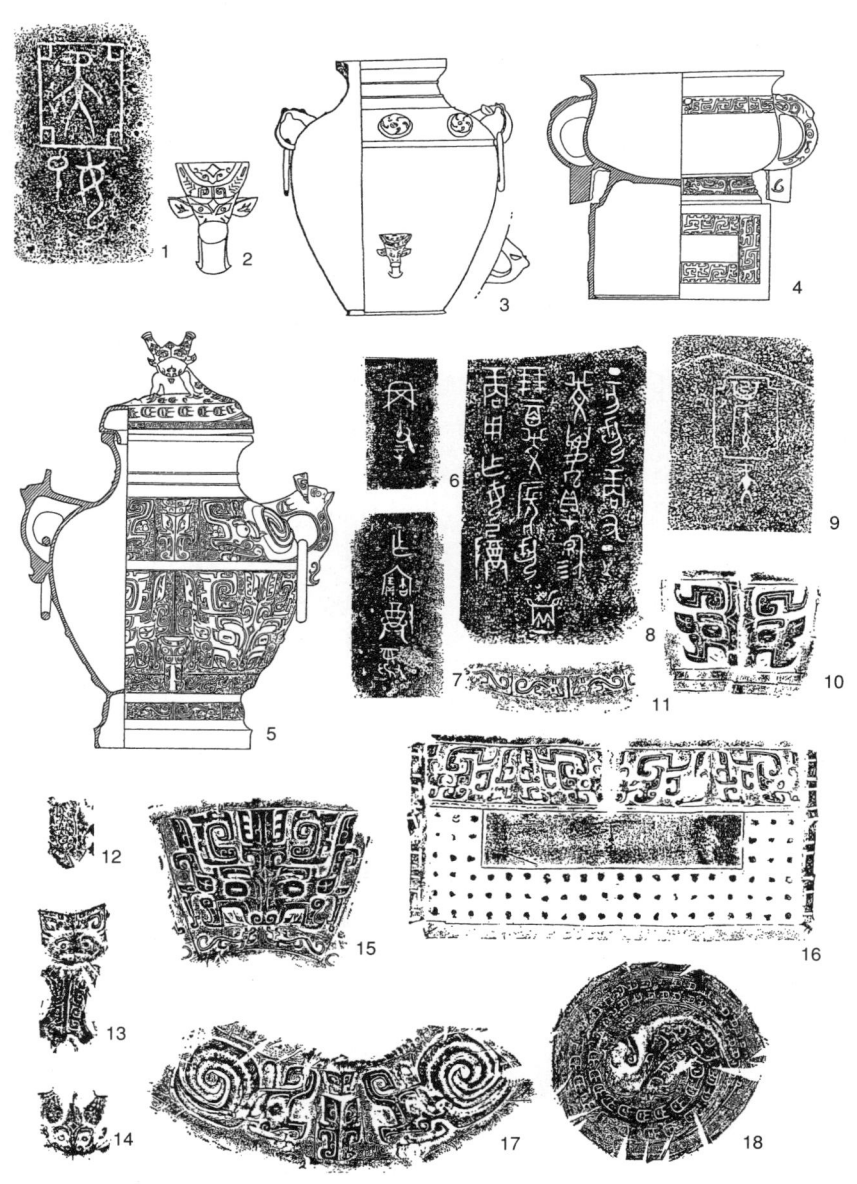

図26　琉璃河出土銘文および山洞村出土銅器（『考古』1974年5期、『考古』1974年6期）

と比較的長い銘文が刻まれている。このほかには鼎（図26-6）や獣面蟬紋鼎、龍風紋罍（図26-5・10・11～18）、「乍宝尊彝」甗（図26-4・7）、鉢形器など殷代後期の作風に近い礼器が出土している。また第1次出土品には瓿1点、罍5点がみられ、いずれもきわめて殷的な器である（図26-2・3）が、埋納された年代としては成王期と考えられる（甲元1989）。

5. 陝西省扶風県斉鎮出土品

陝西省扶風県黄堆公社と法門公社一帯は、西周時代の「岐邑」として知られており、宗周、成周と並んで西周時代の政治文化の中心地であった。また、この扶風県から岐山県にかけては「周原」と呼称され、ここ十数年来の発掘調査により殷後期から西周にかけての頃の多くの遺跡が明らかにされてきた。斉鎮村もそうした遺跡の一つで、殷後期から西周初期に及ぶ多くの墓地が発掘された斉家村の北東約8kmにあり、これまでに2回の発掘が行われている。しかし、調査の内容に関してはいまだ充分に報告されてはおらず（羅西章1980）、青銅器の図録集に言及されているにすぎない（陝西省博物館1980）。

「冀女」鼎とするのは、斉鎮村1号周墓から発見されたもので、高さ23cm、口径20cm、腹の深さ12cmで重量は2.7kgを測る。丸みを帯びた口唇にまっすぐに環状の耳がつき、腹は下部がやや膨らみ、円柱足がつく。腹上部には3列の帯状饕餮紋が配されている。銘文は内腹にあって、

「冀女尊彝」「亜矣」

と記されている。同出の銅器に象紋鬲があり、いずれも西周初期の作品と考えられている。

以上5遺跡より出土した銅器は、西周初期の成王期のころに比定できる。このうち山洞村と牛欄山の器物はいずれも殷後期の器制に近く、成王期でも古い段階のものとみることができる。このようにみると、それとさほど隔たりがない時期の所産として、河南省上蔡県の青銅器群を取り上げることができよう。

河南省上蔡県田荘村では、1956年村の西北にある頭土崗で井戸掘りの折に、まとまって青銅器が発見されている（河南省文化局文物工作隊第1隊1977）。報告者はこれらを墓の副葬品と捉えているが、窖蔵址とも考えることが可能で

第4章　殷系氏族の動向　101

ある。ここでは9点の礼器と5点の陶器が地下60cmの所からまとまって出土したという。

　青銅の礼器には爵2点、卣、觶、觚、方鼎、簋、甗、尊各1点がある。觚は上部に4点の蕉葉紋が四周し、その下には2組の夔龍紋がめぐる（図27-3）。觚の中位には4稜脊で区画された中に夔龍紋が4組配され、圏足には紋様はみられない。銘文は圏足の内部にあり、

　　「作父辛尊」「亜矣」
の5文字が記されている（図27-1）。

　觶はやや外反する口縁に下腹が膨らむ器形をなし、頸部と圏台には饕餮紋が帯状に配置されている（図27-10）。爵は器高の異なるものが2点で、いずれも把手の内側に銘をもつ（図27-3・4）。提梁卣の蓋は放射状花紋をもつ傘状の紐がついていて、蓋の外器面に3段にわたり饕餮紋が施されている（図27-6）。身は中下位がやや膨らむ腹となり、そこに獣首を挟んで饕餮紋が配されている（図27-7）。簋は口縁が外反し下腹部がやや膨らむ器形で、獣形の把手と圏台がつく。腹上部と圏台にはそれぞれ饕餮紋がみられる（図27-8・9）。また簋底には細線による紋様がみられる（図27-14）。尊は腹があまり大きくないもので、口縁は大きく外反し、頸は長い。腹部には大形の饕餮紋帯がめぐらされている（図27-16）。

　甗は外反する口縁に環状の耳がつき、腹の下部が窄まって袋状の空足鬲に続くもので、口縁下部に饕餮紋が、袋部に獣面紋が飾られ（図27-12・17）、腹底に十字型楼孔4個、長方形楼孔2個が空けられている。口縁内部に銘文が認められる（図27-13）。方鼎の口縁は外折し、底部が垂直に狭まるもので、四隅は稜角が着き円柱足となる。側面上部には首を共用する龍紋がみられ、両側と下部は乳雷紋で飾られる（図27-15）。円柱足の上部分には獣面各一つがみられる。

　これら田荘村でみられる青銅器はいずれも殷後期に属するものであるが、後期でも古い段階のものではない。山洞村の銅器とはさほど隔たらない時期のものと考えられる。

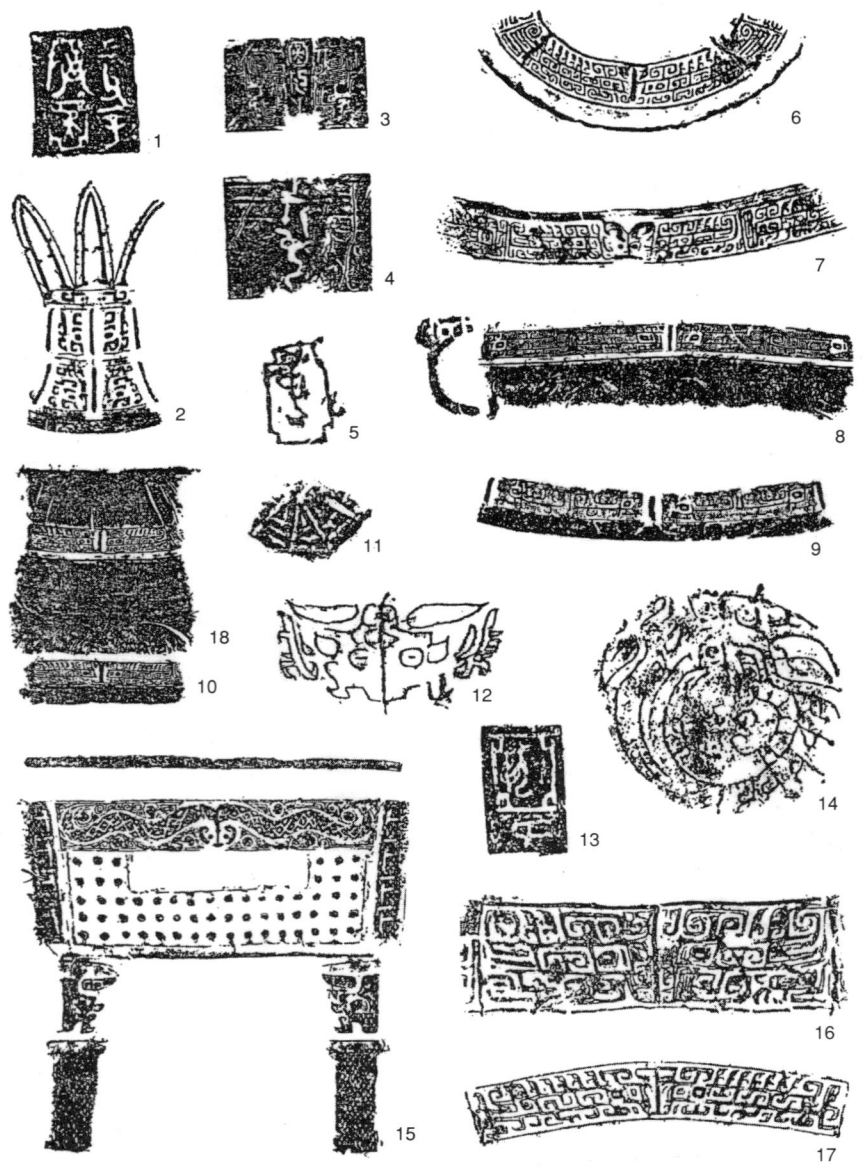

図27　田荘出土銅器（『文物参考資料』1957年11期）

「亜𣄰」「亜疑」の解釈について

　これまで出土地の明らかな青銅器に記された「亜𣄰侯疑」関係の銘文をみてきたが、いずれも殷末から西周初期にかけてのものであり、同一世代か二世代ほどのきわめて短い期間に属するものと認めることができよう。それら銘文を細かくみてゆくと、亜中に𣄰もしくは𣄰侯（以下、亜「𣄰」、亜「𣄰侯」とする）と表現する蘆溝橋、牛欄山、山洞村の事例と、亜中に疑（以下、亜「疑」とする）と記される琉璃河、田荘村の例、亜疑と連署する斉鎮村の場合の3類型に分けることができる。

　これら亜𣄰侯疑に関するものの中では扶風県斉鎮村出土の銘文にみられるように、𣄰と亜疑が何らかの関係があり、また蘆溝橋出土の盉により亜𣄰侯疑の中に亜がいることが知られる。そこで、亜、𣄰、疑についてもう少し立ち入ってみることとしよう。

　これら三つが密接に結びつくことは早くから知られており、陳夢家はこれらの徽号を次の4組に分類した（陳夢家1960）（図28）。

　　甲：亜と疑が連続するもの
　　乙：亜と疑が分離するもの
　　丙：疑が亜の中にあるもの
　　丁：亜と疑が分離され、亜の中に其、𣄰、あるいは𣄰侯とあるもの

　王献唐はこれらのうち、甲と乙は武丁期から祖庚・祖甲の時期にかけてつくられたものとみなしたが（王献唐1960）、胡平生も新たな発掘資料を加えて再検討し（胡平生1983）、武丁期に遡ることを指摘して、王献唐の説を検証した。また続いて、疑という本来は祖先の名字が後に氏族名に転化したものであると主張したのである。

　疑については『西清古鑑』では虡につくり（図29）、劉心源や白川静は疑と解して疑の初文とする。そして疑事を定める殷の聖職者の徽号とした（白川1983）。しかし最近の中国では、疑は燕であるとする見解が多くみられる。それらを手短にまとめると、『説文解字』には「燕は玄鳥であり、また燕燕とも

図28　「夨」関係銅器徽号集成（葛英会 1983）

乙鳥ともいう」とあり、『詩経』「邶風」に「燕燕于飛」で「燕燕劍也」とみられることから、そのもとが夨で燕の飛ぶ姿を形象しており、燕の祖字にあたるとするのである。葛英会は夨、亜夨についての図像を集成して（図28）、うち1～7は燕の国族徽号であり8～16は燕国の各分族の徽号と想定した。そして図28にみられるような各徽号はいずれも燕に関連する部族であり、燕自体が大きな部族連合であったとするのである（葛英会 1983）。

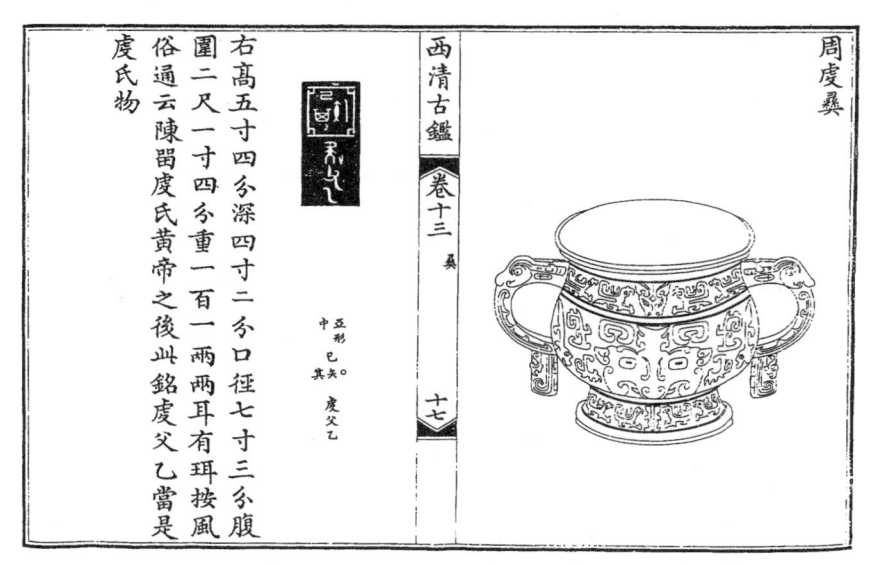

図29　『西清古鑑』収録亜量侯矣銅器（『西清古鑑』）

　ところが図28-3のように、この徽号の初期段階のものでは左下か右下に棒状の紋様が付加されていて、燕の飛ぶ姿とは考えがたい。また図28にみるように、この種の徽号をもつものの変差が多く、16・17のように、中には独立して使用される徽号もあり、これら変差の組合わせをすべて加えると、殷の徽号の多くは燕に関係することとなる、という問題が出てくる。また何よりも西周初期燕の領主は召氏であり、召氏は殷代にはこうした徽号とは無関係であることから、これら徽号を燕と結びつける考えについてはにわかに従いがたい。現在のところ白川が唱えるように、殷の職官名かあるいは人名と解するのが適切であろう（白川 1980）。

　曹定雲はこの問題を別角度から検討している。曹は亜「其」、亜「矣」亜「冀侯」矣について、卜辞や金文にみられる時期別の出現表（図30）を作製し、これら徽号が同時期に使用された併存関係を示し、3徽号の関係につき次のようにまとめている（曹定雲 1980）。
　① 亜其は武丁期の第1次卜辞からみられる重要な諸侯であったこと

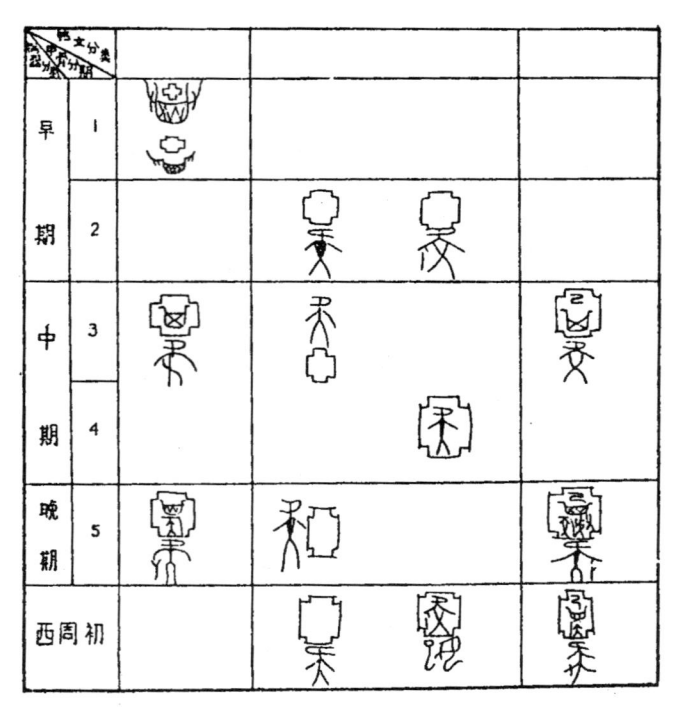

図30　亜其、亜䇂、亜䇂侯矣編年表（曹定雲1980）

② 亜矣は其国の侯爵かまたは殷の王の近くに仕える貞人もしくは貞人の所有者
③ 䇂は祖甲の後期に新たに封じられたものである
④ 䇂と其は、もとは同一家族であっても別個に分封された別の国を示すこと

曹定雲は矣については積極的には触れないが、其と矣は別の封建領主とみていることからも、矣をすべて燕一族とのみ解することはできない。
　このように卜辞でみる限り、亜「其」、亜「矣」、亜「䇂」は別の徽号として存在するのであり、西周期においては別の集団であったとみるべきである。たとえ同一の集団であったとしても、意識的に使い分けを行っていたと考えうる。其と䇂はそれぞれ「紀国」「箕国」を示すものであることは諸氏の一致をみる

が、其＝紀＝賏＝箕とみる郭沫若説（1932）と、これとは別とする王献唐（1960）と白川（1973）説がある。しかし矢についてはこれが燕と同一視できぬ現在、別の存在かあるいは殷の官職か、あるいは人名となり、資料上からは別に取り扱わなければならない。

こうした検討を加えてくると、殷末西周初期に賏＝箕の存在を物語る青銅礼器として最終的に挙げられるのは、蘆溝橋、牛欄山、山洞村の3ヵ所の埋納遺跡と、斉鎮村の墓地出土品に限られることとなる。それでは西周初期以降の賏に関する帯銘銅器を検討しよう。

西周から春秋にかけての賏関係銅器

西周前期以降の時期の賏に関する青銅器の発見例は多くはない。そうしたなか、もっとも遡る帯銘銅器としては師衰簋がある。身と蓋にそれぞれ113字、117字と長い銘文が記されている。その中途に、

「今余肇令汝、率齋師・賏萊・僰尼・左右虎臣、征淮夷」

とあり、西周晩期宣王2年に東南地域での反乱に対して、周勢力の一翼を担って征討作戦に参加したことが窺える。西周晩期にはかなり有力な、周の宗室に信頼された諸侯であり、賏は斉や萊の近国であったことを示している。

次に出土地が明らかな資料として山東省南埠村と上斉村の2例がある。

山東省黄県南埠村で1951年村民が掘削中に銅器が出土し、のちに文物管理委員会の手に納められた（王献唐 1960）。発見された場所は膠東半島の萊陰河の上流にある灰城の外城中であり、灰城は春秋時代萊国の都城とも想定されている。

8点の青銅器は盨4点、匜、盤、甗、鼎各1点であり、うち盨と匜それに盤に銘文が記されている。盨には蓋と器本体の両方にみられ、4点とも同一の銘文である。また匜と盤にも1字を除いては同じ銘文となっている。盨の蓋と身に記された銘文（図31-3）は、

「賏伯子㚸父、作其征盨、其陰其陽、以征以行、割眉寿無疆、慶其以藏」

また匜には、

「異伯娙父、滕姜無頪匜」

とあり、盤では匜が般となるものである。これら青銅器はいずれも春秋前期頃のものと考えられる。

山東省煙台上夼村では、1969年市内を流れる河のほとりの黄土台地で工事中に1基の木槨墓が発見され、棺内から鼎2点、壺、匜各1点計4点の青銅礼器が出土し、そのほかに戈、鈴、鐘、釣針などが発見されている（山東省煙台市文物管理委員会 1983）。木棺墓底には犬を埋葬する腰坑があり、殷の墓制の流れを汲むものであることが知られる。そのうち鼎には次のような銘文がみられる。

「異侯易弟叟辭、弟叟作宝鼎、其万年子々孫々永宝用」（図31-1）

「己華父作宝鼎、子々孫々永用」

報告者はこれら銅器の年代を西周末から春秋初期においている。「己」と「異」の銅器が伴出したことは、「己＝紀国」と「異国」は本来別々であったことを示唆する。

以上のほかに銘をもつものは、いずれも出土地が明らかではない類例である（王献唐 1960）。

「異公匜」は古く宋代に発見されたもので、銘文のみが伝わっている。

「異公作為子叔姜□盥壺、眉寿万年、永保其身、也々熙々、受副無期、子々孫々、永保用之」

とある。□は人名が入ると思われるが判読できていない。

「異仲壺」は現在上海博物館に収蔵されている礼器で、身と蓋に同一の銘文が記されている。

「異中作朋生飲壺、匃三寿□徳万年」

西周中期から後期のものと想定されている。

「異甫人匜」と称され、現在行方不明となっていて銘文だけが伝わっている礼器がある。その銘文は次のとおりである。

「異浦人余、余王□戲孫、茲作宝尊匜、子々孫々永宝用」

また「王婦異孟姜匜」には、

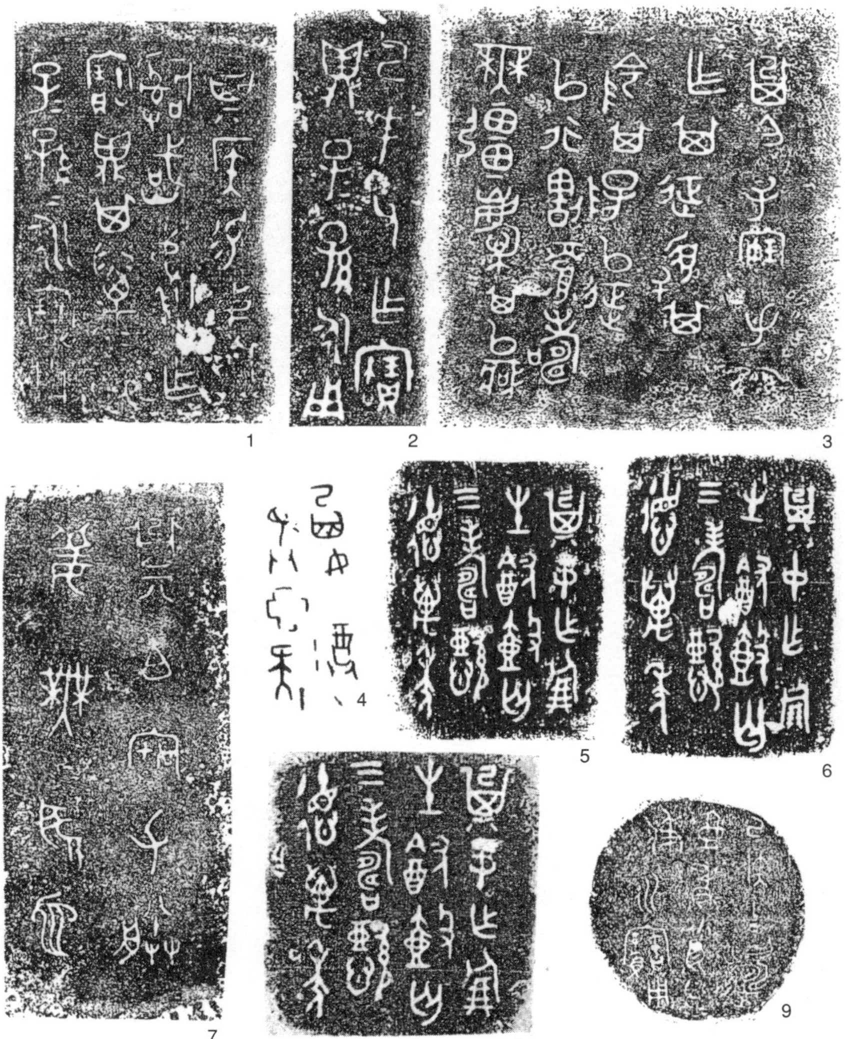

第４章　殷系氏族の動向　109

図31　量侯関係銘文集成

「王婦眞盂姜、作旅匜其万年、眉寿用之」
さらに「安伯眞生壺」には、
「安伯眞生、作旅壺、其永宝用」
との銘文が記されている。

これら青銅器に記された眞に関する銘文を少し詳しくみてゆくと、まず「眞伯子宨父」盨について王献唐は、「父」を「左」とみて宨は姓、字は左とし、現在は眞伯子（略して眞伯）と称されるとし、姜姓である眞に嫁いできたものと解釈している。同様に「眞伯宨父」匜と「眞伯父」盤も一連のもので、宨左が他家へと継ぐ娘の姜無のために、媵器をつくって与えたものとなし、黄県出土の青銅礼器は姜無の墓であると考定している。しかし、父は左とは判読できず、眞伯の宨父が一方では旅匜をつくり、他方では姜無のために匜や盤をつくったとみなさざるをえない（白川 1973）。したがって、これを根拠に眞国は黄県にはなかったとする王献唐の考えは成り立ちえない。

「眞侯鼎」では眞国の最高統治者として登場し、弟叟に何かを与えているが、「己華父」鼎との関係は今知りえない。「眞公匜」では眞が公としてみられているが、公は国君であって、周代においては一国の君主に対する最高の尊称であり、眞国の存在を裏づけるものである。「甫人匜」の甫は、王献唐によると眞の夫人で殷代には「婦」としたものが周代には「夫人」になるとする。すると眞国の夫人「余」のことを示すこととなる。この文自体文法的にそぐわない点があることや、書体の点から戦国期のものと王献唐はみなしている。「王婦眞盂姜匜」の王は、春秋期には天子のみを指す言葉であり、これによって周との通婚関係があったものと王献唐はみている。さらに「安伯眞生」では安国もしくは安氏に嫁いだ眞国の生が壺をつくったとする。

白川静は眞仲壺について、これは眞仲が朋生に贈ったものであり、壺は媵器としてつくられるのが一般的であるから、眞族と朋の通婚関係があったかもしれないと述べる（白川 1968）。

このようにみてくると、西周末から春秋期にかけての眞は有力な国としての存在が認められることとなる。これら銅器のうち眞仲壺は山西省の晋地から、

第 4 章　殷系氏族の動向　111

安伯壺は河南省からの出土が伝えられるが、確証はない。しかし、銘文にみるように、異の存在は示すものでも異の所在地を考えるうえでの資料とはなりえない。王婦異盉姜匜のみ山東省出土品とみられている（王献唐 1960）。

異公匜の出土地が不明なのは残念であるが、西周末から春秋期にかけての異国の存在を考えるうえでの資料となる「異伯子㝰父」盨、「異伯㝰父」匜、「異伯㝰父」盤、「異侯」鼎がいずれも山東省東部の墓地で発見され、莱国の近辺に存在していたことは、異国の所在地を考えるうえではきわめて重要である。

箕国の所在地の検討

以上のように箕の祖を異に限り、矣や其を別な者とすれば、それと関連する銅器を出土した遺跡は、陝西省、河南省、河北省、遼寧省それに山東省となる。このように偏在して認められる異について、諸氏の考えをまとめると次のようになる。

① 　山東古族説
② 　3 地域移動説
③ 　2 地域移動説

①の説は王献唐が唱えたもので、異は山東に居住する古族で、殷の有力者であったとする。王献唐が異を分析した頃には異に関する出土資料は河南省と山東省に限られていたために、そうした結論も可能だった。しかし今日、その分布範囲が拡がったために、その理由を説明できない。また李白風も山東の有力な氏族集団であり、殷代には殷勢力の圧迫を受けていたが、周代になり山東一帯で活躍したものとする（李白風 1981）。李白風は莱も矣も異の支族であり、異は後の紀であって「亜異侯矣」は紀国の社を守る巫祝であるとする。

②の説は、中国の多くの学者が新しい資料をもとに想定するものである。まず晏琬の説を取り上げてみよう（晏琬 1975）。

晏琬は亜「異侯」矣の矣は𠅃として異侯の一支族であり、殷代後期に河北省沙河県あたりに封ぜられたものであるとする。さらに「異」と「其」は相通じる借字で、指すところは同一であり、殷代後期以前には山西省の箕城鎮にその

本拠があったとの考えを提示した。これが後に山東省に移封されたとみる（晏琬 1975）。他方曹定雲は、冀は本来陝西省に近い山西省隰州蒲県にいたとするのが、後の文献に出てくる箕とうまく呼応すると述べ、武丁の死後、新たな北方への備えとして其族から亜冀が分出されて、殷代後期に河北に封ぜられたとみる（曹定雲 1980）。そして春秋期には山東省南部に移されて箕国となったとの説を唱えた。

山東省内における箕国の存在地について王献唐は、黄県出土青銅器の分析から、墓の主人は姜無という女性であり、随葬された青銅器に媵器があることから、箕国の無が黄県の灰城に都城を構えた国に嫁いできたとして、箕国本来の所在地は山東省南部の莒県であったとみる（王献唐 1960）。

一方李学勤は、郭沫若が指摘するように「其」＝「冀」、「紀」＝「箕」とみて、煙台市出土の銅鼎にみられるように、己鼎と冀鼎が同出することはその好例であり、山東省寿光県を都としたものとする。そして春秋期を境として、己や冀の銘をもつ青銅礼器が出土しなくなるのは、紀元前690年に斉の襄公により紀国が滅ぼされたにほかならないと論じるのである（李学勤 1983）。しかし、煙台市一帯の冀銘銅器の出土した地所こそ冀国の本拠地であるとみる研究者もいないわけではない（山東煙台地区文物管理委員会 1983、斉文濤 1972）。これらの想定からは当然のことながら「冀は紀ではない」とする考えが下地にある。

③の移動説は白川静の説であり（白川 1968・1973）、姜姓である冀は本来殷の西方に居住する氏族であり殷の有力者であったが、周の克殷の後、山東省に移封されたとみる。殷代の冀に関する出土資料は安陽に集中しており、卜辞の分析から殷のきわめて重要な地位に就いていた氏族であったことがわかる。しかし、そのことはけっして河南省に本貫地があったことを意味するものではない。1例ではあるが冀の銘文をもつ銅器が陝西省の墓地から出土することは、その近隣に箕の故郷があったことを指し示すものと考えられる。山東省東部は殷代には東夷に世界であり、姜姓の氏族がこの地に及ぶのは西周初期「践奄の役」後の大規模な氏族移封時期であった可能性が高いからである（白川 1971）。

②と③の論での明確な差は、西周初期に河北省から遼寧省にかけての地域で

出土する冀と関係する青銅礼器をどのようにみるかの違いに還元できる。西周初期の時期に冀と記す銅器が出土したのは、前述したように蘆溝橋、牛欄山、山洞村の3ヵ所であり、いずれも青銅器埋納遺跡である。埋納遺跡の性格について張懋熔は建築祭祀、墓葬祭祀、山川祭祀の三つに分類する。また西周初期に埋納遺跡の数が増加し、周原では墓副葬品よりも埋納遺跡出土品が多いことを指摘して、略奪品の下賜もありうることを示した（張懋熔1985）。しかし、蘆溝橋出土品の中に匽侯が冀族の亜に臣下の礼をとらせた銘があることから、これら埋納青銅器は匽侯の燕国封建と密接に関係するものであって、略奪品とは考えがたい。戦勝記念や征服祈念を含めた山川祭祀であったことを意味している。すなわち、北京に封建された燕の北方への勢力拡大の一翼を担った「亜冀侯矣」を中心として営まれた征服祈念の山川祭祀であったと考えるのが妥当である。

　箕が殷代後期に河北省や遼寧省に移封されたという考古学的証左は現在のところ皆無である。房山県琉璃河遺跡で西周初期以前に遡上する古城址が発見されていることから（文物編纂委員会1979）、あるいは殷の版図がこの地域に及んだことも考えられないわけではない。しかし西周によって冀がこの地に封じられたと考えることはできない。牛欄山や蘆溝橋出土銅器には冀に関するものがほとんどで、しかも匽侯に従事しているからである。もし、仮に殷代の箕国が北京周辺から大凌河上流域にあったとすれば、上述した埋納遺跡の性格からして召氏燕と結んだ冀が冀を滅ぼすという事態を仮定しなければならない。すると、今日考古学的資料に即して考えられるもっとも合理的な解釈は、西周初期に匽侯に従って北方地域の征服活動に従事した冀一族は、後に山西省から山東省に移封されたということになろう（甲元1989a・b）。むしろ時系列的には、「践奄の役」時期に周公や匽侯に従って山東方面の征討作戦に参加し、次いで北方への周の勢力拡大作戦に加わった冀が結局は山東東部地域に封建されたとみられる。

おわりに

　山東省で「己＝紀」に関する銅器の出土は少なからずあり、「異」よりも数が多い（李学勤 1983）。また己の銅器は山東省黄県や莱陽県から寿光県にかけてと分布は広く、一部で異の銘をもつ銅器と分布に重なり、また同出することが認められる。これから「異」と「紀」は近い関係にあったことが考えられる。紀と異が同一とするとその分布範囲は斉にくらべ領域が広すぎること、斉の臨淄と紀の寿光があまりにも近いことが疑問として残る。今後黄県から莱陽県一帯にかけての考古学的調査をまつしかないであろう。現在のところ、紀と異は同族で異国とするのが妥当であろう。一方箕については、箕子は殷帝乙の後であることから姓は「子」である。異は「王婦異盂姜匜」にみられるように姓は「姜」であり、氏姓のうえから箕と異が同族ではありえない。結局「亜異侯矣」は殷代からの名族で山西省あるいは陝西省付近から山東省に周代初期に移封された集団であるとみるのが適切である。河北省や遼寧省南部からの西周初期の出土事例は、燕侯に従っての殷勢力の掃討作戦に参加した一時的なものであったとみなすことができる。

　このように、これまでは「亜異侯矣」の銘をもつ銅器が箕と関係しているとの暗々裡の前提で論じられてきたが、同族ではありえないことから、異＝箕説は成り立ちえない。異は山東省東部に存在していたことは確実であり、黄県出土の異器に示されるように、春秋中期にまでは細々とその余脈を保っていたことが知られる。その後、異に関する記憶が薄れ、「異は姜姓で箕は子姓」という事実が忘れ去られ、「異」が「箕」と通音から同一視されるに及んで、史書に記された伝説の箕子が異と結びつけられたのではないか。『漢書』「地理志」によると琅琊郡に箕県がある。楽浪王氏の本貫地が山東省東部の琅琊であり箕県に近かったことは、箕子朝鮮説成立と朝鮮での流伝を考えるうえでみのがすことのできない点である。また箕と同様に「魚」、「鬲」、「戈」、「史」、「囲」など多くの殷系氏族が西周初期に山東省に封建されている（李白鳳 1981、張博泉 1994）ことに関して、「魯」や「斉」が大国としてこの地に封建された意味

第4章　殷系氏族の動向

も自ずから了解されよう。

　本文は1988年10月に脱稿したものである。出版を急いだことにより校正を経ることなく発刊されたために、文字の誤りが多い。ここではその間違いを訂正することに留めたが、不充分な論旨であることは不明のいたりであり、以下「䎽」に関する資料を掲げて再検討を行いたい。
　「䎽」に関する銘文は中国社会科学院考古研究所が編集した『殷周金文集成釈文』で容易に集成することが可能になった。これにより時期別に「䎽」に関する資料を挙げると以下のようになる（番号は『殷周金文集成釈文』に準じる）。
　これらに「䎽」関する青銅葬器の出土地をみても、殷代後期には河南省・山西省が中心で、西周初期には山東省・河北省に拡がり、春秋期には山東省に限定されてくるのであり、上述した論旨と変わるところはない。

殷代後期

2262：亜䎽矣□乍母癸　鼎　　□は高＋考　伝安陽1941　亜「䎽」以下同じ
5295：亜䎽矣□乍母癸　卣　　□は高＋考
5888：亜䎽矣□乍母癸　尊　　□は高＋考
7297：亜䎽矣□乍母癸　尊　　□は高＋考
7298：亜䎽矣□乍母癸　尊　　□は高＋考
9075：亜䎽矣□乍母癸　爵　　□は高＋考
9245：亜䎽矣□乍母癸　と　　□は高＋考
5377：丁亥䫏錫孝貝用乍祖丁彝　亜䎽侯矣　卣

周代初期

1745：亜䎽矣　鼎
2035：亜䎽矣乍彝　鼎
2146：䎽母尊彝亜矣　鼎
2702：亜䎽侯矣　鼎
3504：亜䎽侯矣父乙　簋
3505：亜䎽矣乍父乙　簋

3513：亜眞侯炙父戊　簋

3689：亜眞炙乍母辛彝　簋

4146：唯十又一月初吉辛亥公令䢼伐于伯伯蔑曆賓□○廿貝十朋䢼対揚公休用乍
　　　祖癸尊彝　簋　　○は隷の扁＋皮

5078：亜眞父己　卣

5742：亜眞父乙　尊

5923：乍父丁宝亜眞侯　尊

5924：乍父丁宝亜眞侯　尊

6402：亜眞父乙　觶

6464：亜眞侯炙妣辛　觶

9298：仲子眞引乍臥文父丁尊彝　觥

9439：亜眞侯炙、匽侯亜貝賜乍父乙宝彝　盉

10351：乍父丁宝旅彝亜眞侯　破片

西周晚期

2638：眞侯易弟叟辭、弟叟乍宝鼎、其万年子々孫々永宝用　鼎

9156：虎伯生乍旅壺其永宝用　壺

10240：王婦眞孟姜乍旅彝其万年眉寿用之　匜

春秋早期

4120：眚仲之孫為尋率樂諸子眞父作其伯聯宝簋其萬年無窮子々孫々永保用享　簋

10261：眞甫人余余王塩飽祖孫茲作宝彝子々孫々永宝用

春秋中期

4442：眞伯子□父、乍其征盨、其陰其陽、以征以行、割眉寿無疆、慶其以藏　盨

4443：眞伯子□父、乍其征盨、其陰其陽、以征以行、割眉寿無疆、慶其以藏　盨

4444：眞伯子□父、乍其征盨、其陰其陽、以征以行、割眉寿無疆、慶其以藏　盨

4445：眞伯子□父、乍其征盨、其陰其陽、以征以行、割眉寿無疆、慶其以藏　盨

6511：眞仲乍朋生飲壺、匈三寿□徳万年

10081：眞伯子□父賸姜無耳盤　盤

10211：眞伯子□父賸姜無沬　匜

第5章　遼西地方における青銅器文化の形成

はじめに

　中国の東北地方、とりわけその南部地域における青銅器文化の動向は、東北アジア全体の歴史の展開に大きな意味をもっていたことは、おおかたの学者の認めるところであるが、その文化の内容、系統、所属年代、加担民族などに関しては諸説あって、明確な見通しがたてられているとはいい難いのが実情である。東北アジアの青銅器を論じるときに重要な「鍵」となる、内蒙古自治区の南山根遺跡の年代についても、主として中国製青銅器をもとに西周後期と比定する説から、土器や青銅製武器とりわけ鏃を取り上げて、戦国期にまで下げて考える説まで多様であって、論争がかみ合わないことが大きな問題となり、研究の進展に支障を来しているともいえるであろう。

　この地域における青銅器研究に混乱をもたらした原因の一つには、中国の青銅器起源に関して、西方起源説と中国独自説の対立の中で、この地域の青銅器をオルドス青銅器に一括して、いわば他律的に把握しようとしてきたことに求められよう。中国中原地域とイェニセイ河中流域のミヌシンスク地方の間に横たわる広大な地域を一纏まりにして、オルドス青銅器研究上の地位は、中国対西方の起源論争における単なる道具建にすぎなかったといえよう。

　ギリシャやスキタイ文化の研究を行ったロストフチェフは、最初、中国青銅器にみられる動物紋のうち、典型的なものはスキタイを介してアッシリア－バビロニア工芸の影響とし、中国青銅器文化の西方起源説のはしりとなって（Rostovtzeff 1929）、論争が開始された。のちにこの想定を彼は否定したが、クリルやエック、キューンにより西方起源説は踏襲されてきた。

　第二次大戦後になると、カールグレンは中国出土の動物紋をもつ刀子を儀礼

的（ritual）製品と、具象的（fresh-naturalisum）製品に区別し、殷においては祭祀的用途と日常的用途の青銅器が共存していることを指摘して、それらは一連の青銅器群を構成していると主張した。さらに彼は殷の年代のうち安陽期（盤康から帝紂）をBC1523年から1028年と考え、オルドス地方やミヌシンスク盆地出土遺物よりも古く位置づけたうえで、青銅器物の型式学的序列を考慮して、中国的な青銅器の北方への拡散を唱えたのである（Karlgren 1946）。これに対してレールは、ミヌシンスク青銅器の年代を紀元前二千年紀後半として、殷の年代より遅くはないことを挙げ、さらに具象的動物紋の中にトナカイなどの中国には存在しないものがあるとし、北方から中国への影響説に加担した(Leohr 1949)。イエットマールは南シベリアから中国にかけての青銅器文化時期の埋葬、土器、装飾、住居、人骨などを含めて青銅器文化全体の再検討を行って、カラスク文化自体が南シベリアでは特異なものであり、中国的な青銅器文化を担った集団のミヌシンスクへの移動の結果として類似した青銅器の成立を唱えたのである（Yettmar 1950）。

　1960年代以降、中国の考古学的調査研究の進展に伴い、いわゆる北方系青銅器、とりわけ有柄式銅剣をめぐる年代的位置関係が次第に明らかにされるようになってきた。こうした流れの中で、南シベリアの青銅器を本格的に研究したキセリョフは中国留学後、カラスク文化よりもさらに古く想定されていたセイマ文化を研究の対象に取り上げて、それとの比較研究へと研究の視点を移していったのである（Киселев 1960）。烏恩（1978・1985）や高浜秀（1983）は中国北部に分布する青銅短剣を分類し、中国的青銅器遺物と共伴関係にあって年代が確実な資料を軸にして、中国周辺地域に分布する青銅短剣の年代的序列を明確にした。

　一方、南シベリアにおいてもチェレノヴァ（Челенова 1967・1972）やマクシメンコ（Максименко 1961）、ノブゴロドーヴァ（Новгородова 1970）などにより、中央アジアや南シベリアのアンドロノヴォ文化、カラスク文化、タガール文化の青銅器遺物についての総合的な分析が行われ、中国北方地域と類似した遺物を出土するのは、カラスク文化の後半期であることが明らかとなった。

その結果、中国北方地域では南シベリアとは無関係に、単独に研究が進めうることが示されたのであった。さらに1980年になり、イェニセイ河上流のアルジャンにおけるタガール前期の墓の報告（Гразнов 1980）がなされ、シベリアでの有柄式銅剣の年代が従来よりも新しくなることが考えられるようになり、中国中原地帯と長城以北の青銅器文化との関係の検討へと論点が変化していったのである。

1980年代以降になると山西省、河北省、遼寧省、内蒙古地域での発掘調査の進展に伴って、青銅器を含む諸文化の地域的な細かな検討がなされるようになり、中国中原地域と密接な関連はあるものの、それとは異なって、この地方で生成された独特の青銅器文化として、地域の独自性が主張され始めてきた。そして、この地方の青銅器を分析するさいに必ず民族論がつけ加わるようになり、民族の変遷移動の中に歴史的展開をみていこうとする傾向が顕著になってきたのである。考古学的遺物と民族を結びつける研究方向は是認されるものではあっても、今日得られた資料の大部分は墳墓の副葬品であり、生活全体を物語る資料はほとんどないので、具体的な遺物の民族比定には困難が伴うのであり、また文献より推定される民族の居住地の比定も一致した見解がないために、論争は必ずしもかみ合ってはいないのも事実である。

最近の中国研究者の見解

中国の学者はいわゆる『オルドス』系青銅器の一群を「北方系青銅器群」あるいは「北方青銅器」と呼んで、中原地帯に典型的にみられる青銅彝器を中心とする青銅器群と区別して取り扱うことが多い。ここではまず、最近の中国の研究者による、北方系青銅器に関する論旨を検討してみよう。

烏恩は中国北方に展開する青銅短剣をⅠ型の曲柄剣、Ⅱ型の柳葉剣（有柄式）とⅢ型の曲刃型に大別し、それぞれを型式的に細分した後、まず分布上から曲刃剣文化と遼西の夏家店上層文化とは区別すべきであることを提唱した（烏恩 1978・1985）（この考えはその10年ほど前に、既に韓国の李康承により論じられていた。李康承 1979）。また銅剣の年代から北京市白浮村出土の有柄式銅剣は、

カラスク文化よりも古いことなどを挙げて、中国青銅器文化の北方への展開により、独特な「北方系青銅器文化」形成されたとした。さらに1985年には、中国北方地域にみられる青銅器全体の来歴を問題にして、それら北方系青銅器は南シベリアよりも中国北部地域が年代的に遡上し、また北方系青銅器の基本的要素は中国の殷商文化の中に見出すことができるとして、1978年に提示した論説を補強したのであった。

これに対して林澐は、烏恩の年代比定については同意するが、「商文化の青銅器と商代北方系青銅器は、彼我独立の二つの系統に属するものであり、それぞれが密接に混じりあってはいるものの、それぞれに豊富な独自の文化内容をもって、独自に発展していった」ものと理解する（林澐1987）。すなわち中原地帯の青銅彝器を中心とした青銅器群とは区別される獣首刀子、鏡、銎口式の戈などの一群を、北方独自の文化遺産と想定するものである。このような考え方は、今日の中国の学界では多くみることができる。それは北方青銅器文化の担い手は、夏家店上層文化の住民であるとして、夏家店上層文化の分析を通して、中原とは異なったこの地方独特の文化であることを指摘することに示される（朱永剛 1987）。しかし、いわゆる北方系青銅器と夏家店上層文化とはイコールではない。少なくとも殷代後期には北方系青銅器は存在するのに対して、夏家店上層文化は西周後半期以降の時期に比定されることは確実であり、年代的なずれがみられることもからも容易に指摘できる。

北方系青銅器群をいわゆるオルドス青銅器に限る見解もないわけではないが、最近における中国の学者の多くは、北方系青銅器を「中国の北方地域に分布する（非中原的）青銅器」と解して、その時代的変遷と分布問題を中心として研究が進められている。

靳楓毅は中国長城以北に分布する青銅器群を、主として短剣の型式的把握を中心として、細かな地域的な差異を検討した。彼はこの地域の短剣をA型－曲刃有柄式銅剣、B型－曲刃短茎式銅剣、C型－曲刃匕首式銅剣の3類に分類した。A型とC型の分布は遼西に限られ、夏家店文化南山根類型の分布地域と一致するに対して、B型（遼寧式銅剣）は古い型式のものは遼西にしか分布せず、

最古式の銅剣の鋳型が出土する（遼寧省朝陽県黄花溝遺跡）こと、また出土量も多いことを示して、B型銅剣はこの地方独自の産物であり、夏家店上層文化十二台営子類型の文化に帰属させたのである（靳楓毅 1982・1983）。

この靳論文では秋山進午によって初めて型式学的検討がなされた曲刃短茎式銅剣、いわゆる遼寧式銅剣（秋山 1963・1964）を遼西型式（B型式）と遼東型式（BS）に分離し、それぞれが独立的に展開したと想定したとの見解を示した。これにより中国北方地域の青銅器文化は、曲刃銎口式銅剣と曲刃匕首式銅剣を伴う夏家店上層文化南山根類型、曲刃短茎式銅剣を伴う夏家店上層文化十二台営子類型、それにBS式の曲刃短茎式銅剣を伴う類型に分けられることになる。こうしたさまざまな類型の文化も、その担い手は等しく「東胡」と想定されることから、東胡族の地域的差異に帰着させているが、烏恩の民族を明確に区分する考えに対する見解はみられない。南山根類型の代表的な遺跡とする内蒙古南山根遺跡での出土銅剣をみてゆくと（遼寧省昭烏達盟文物工作站・中国科学院考古研究所東北工作隊 1973）、有柄式銅剣の出土点数が曲刃短剣よりも多く、むしろ有柄式銅剣を中心とする青銅器文化とみなさざるをえない。有柄式銅剣をも東胡が使用した武器であるとすると、その分布のうえから「匈奴の東に住む」という東胡の地理的位置から是認はできない。民族論は別にして分析の手続きのうえからも区別して取り扱う必要がある。

翟徳芳は烏恩や靳楓毅の銅剣の分類を基本的には踏襲しながらも、分布を中心とした分析を行った。翟は北方地域の青銅短剣を、西群－オルドス式銅剣、東群－曲刃剣、中群－銎柄式剣と獣柄式剣に分けて、それぞれの型式変化と年代の比定を想定した（翟徳芳 1988）。その中で、彼は曲刃剣を5段階に分類し、剣身が小さく、剣身中程の尖起部より先端が短く、後葉の大きな遼寧省土口子遺跡や李家堡遺跡出土の銅剣を最古式に位置づけ、起源的にも分布上でも遼東が曲刃剣の中心であることを論じた。こうした考え方は北朝鮮の研究者黄基徳によっても提示されている（黄基徳 1989）。中群の銅剣類は夏家店上層文化の所産であるとして、その生成にあたっては各地域の影響を混じえたものであることを指摘している。すなわち銎柄式銅剣は、北京市白浮村出土の有柄式銅剣

の影響を受けて西周の中頃かやや早いころ成立し、後に西群の影響を受けて石拉山遺跡のような鐔付の剣が、東群の影響を受けて小黒石溝遺跡のような曲刃剣が出現したと考えている。また中群の獣柄式剣は東西両群の相互影響の結果であるとした。

千葉基次が述べるように（千葉1989）、銎柄式銅剣が夏家店上層の独自の銅剣であることは認められても、銅剣相互の年代観においては他の中国の研究者との間にかなりの食違いがみられるために、その出現の契機については依然として検討を要するのである。

このように中国の学界においては、北方系銅剣を夏家店上層文化との関係に求める見解が多くみられるが、その内実に関してはさまざまであり、これら青銅器のもつ性格に関しても一致をみない。

西周初期の青銅器群

長城以北の東北アジアにおいて、時代と性格が明確に示される青銅器の一群は西周初期の燕による埋納銅器である。北京以北に分布するこの種の埋納遺跡と考えられるものとしては、次の諸遺跡が挙げられる。

　　北京市蘆溝橋
　　北京市順義県牛欄山
　　内蒙古赤峰市牛波羅
　　内蒙古克寧什騰旗天宝同
　　内蒙古昭盟翁牛特旗解放営子村敖包山
　　遼寧省喀左県北洞村
　　遼寧省喀左県山湾子村
　　遼寧省喀左県馬廠溝村
　　遼寧省喀左県鉆嚕溝村
　　遼寧省喀左県小波汰溝
　　遼寧省朝陽県木頭城子
　　遼寧省朝陽県大廟

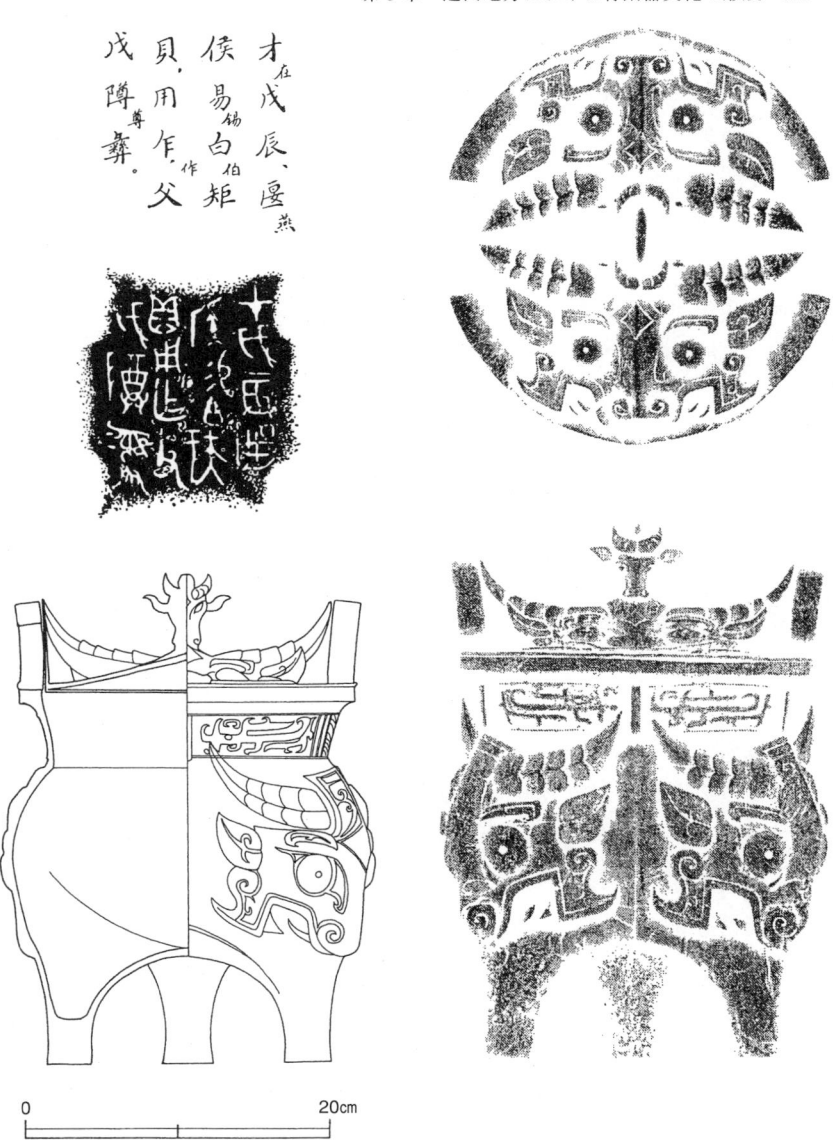

第5章　遼西地方における青銅器文化の形成　123

才在戊辰、匽侯
易錫白矩
貝、用乍父
戊障尊彝。

図32　琉璃河251号出土遺物（北京市文物研究所『琉璃河西周燕国墓地』1995）

遼寧省義県花爾楼

以上が中原的な青銅彝器を主体とした青銅器を出土する埋納遺跡であるが、このほか墓地遺跡から殷周青銅器を出土した例として、遼寧省喀左県和尚溝があり（郭大順 1987）、出土地不詳の殷周銅器も少々ある。また青銅製の武器を中心として出土する埋納遺跡関係の遺跡としては、

　　河北省興隆県小河南村
　　河北省青龍県沙道溝
　　遼寧省興城県楊河
　　遼寧省建平県二十家子
　　遼寧省朝陽県波拉赤
　　遼寧省義県稍戸房子村
　　遼寧省撫順市
　　遼寧省新民県大紅旗
　　遼寧省法庫県柳湾

などが挙げられる。

　青銅彝器を中心とする埋納遺跡群については、青銅器の様式判定から殷の中期から後期にかけて営まれたものであると想定され、東北地方は殷のかなり早い段階から関係をもっていたことの証左とされている。ところが遼寧省山湾子出土の銅器に「伯矩」の銘をもつものがあり、これは西周初期の燕の墓地である北京市琉璃河村251号墓出土の「伯矩」鬲と同一人物と考えられることから、これら埋納遺跡は克殷後、召公奭中心とした燕の勢力によって形成された可能性が高いことは別稿で論じた（甲元 1989）。埋納青銅彝器の分布に示されるように、シラムレン河流域以南、遼河流域以西の地は、たとえ成王・康王期の一時的なものであったとしても、燕の実行支配する領域に組み込まれたのであり、戦勝記念や征服祈念を含めた山川祭祀を通して、確実に中原的な青銅器文化の波が及んだのである。

　一方、青銅製武器を中心とする埋納遺跡と、これら青銅彝器を主体とした埋納遺跡の関係はどのように考えられるであろうか。従来、これら青銅製武器の

年代の比定においては、殷代後期とするのが一般的であり、それによれば青銅彝器の埋納遺跡よりも年代的に遡上することとなり、殷代にすでに遼西地方は広く中原的な世界に組み込まれていたこととなる。その根拠の一つにされる例は、山西省霊石県旌介村で殷の墓地が発見され、殷代後期の中原製青銅器とともに、この種の青銅製武器が出土したことにある（山西省考古研究所・霊石県文化局 1986）。しかし燕山山脈以北の地域においては、殷的な青銅彝器と武器が伴う遺跡としては、遼寧省小波汰溝遺跡で鈴首匕が銅器と共伴したくらいで、しかも量的には少なく件数も多くはないのであり（郭大順 1987）、山西省地域のように副葬品として墓地内で多数の青銅彝器を伴うあり方とは異なっている。このような事例からすると、山西地域と遼西地域での青銅器のあり方はまったく違っていたと推定され、相互に異なった現象として取り扱う必要があろう。

燕山山脈以北でみられる殷的な青銅製武器が、武器だけでまとまって出土する状況を理解するために、河北省興隆県小河南村の埋納遺跡を取り上げて検討を加えて行こう（王峰 1990）。

小河南村遺跡は1984年に採石工事に伴って発見された。偶然の発見であるため遺構の状況は不明であるが、一括発見遺物であることは疑いえない。出土した青銅製武器には、刀子2点（図33-1・2）、矛1点（図33-3）、戈4点（図33-4～6）、剣1点（図33-7）、鉞1点（図33-8）があり、銅器としては喇叭形に開く把手をもつ蓋が採集されている。これら青銅器のうち刀子や戈、矛などの形態は旌介村出土のそれと類似して、殷代後期の遺物とも考えられる。とりわけ牛頭首刀子は河北省藁城台の殷代のものに近い（河北省文物研究所 1985）。ところが、刀子のうち鈴首をもつものは北京市白浮村木槨墓出土鈴首匕に似て、西周初期に降る可能性がある。さらに器蓋にみられる紋様は殷後期のものと想定されるが、そこに刻まれた銘文は、山湾子出土の父乙簋の銘文に等しいことから、山湾子遺跡と同様に、殷代の青銅器がある種の具体的な意味をもって埋納されたのは、西周初期であるとすることができる。

この小河南村遺跡と同様の遺物の組合わせをもつ遺跡に河北省青龍県抄道溝

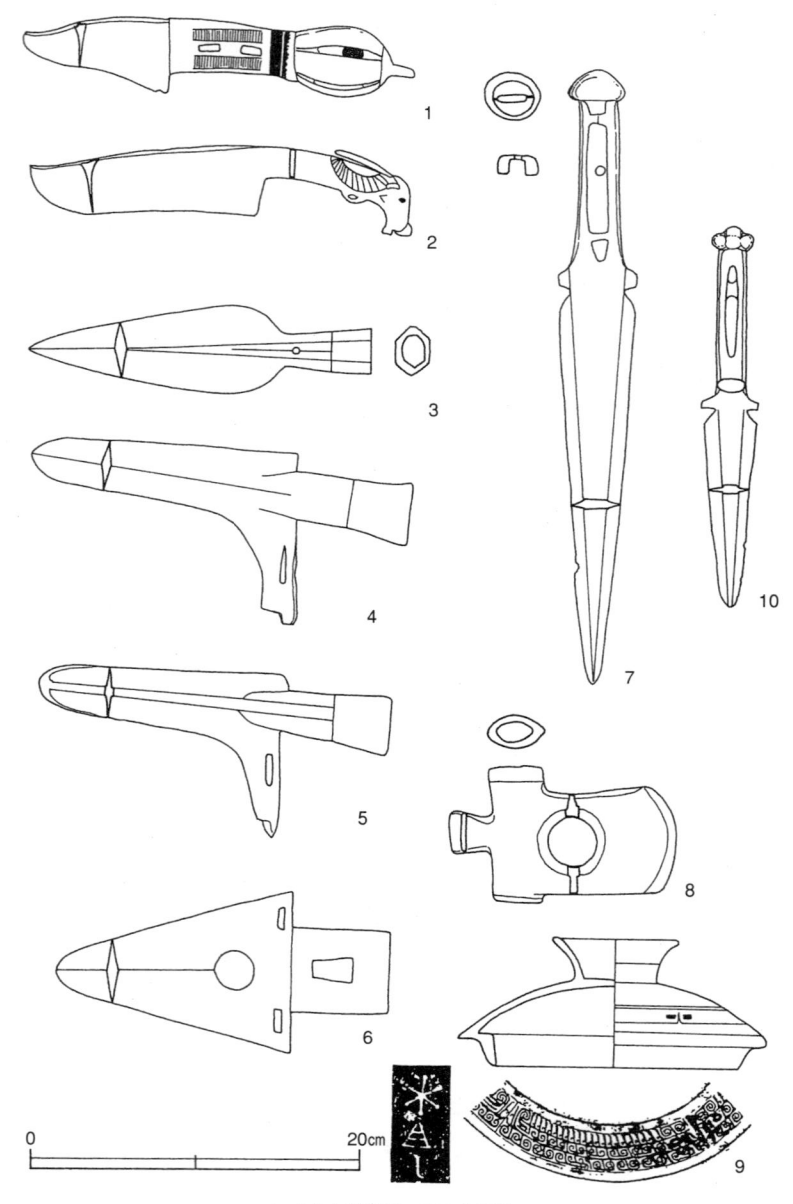

1〜9：小河南村　10：大荒地

図33　小河南村・大荒地出土遺物（王峰 1990、建平県文化館・朝陽地区博物館 1983）

がある（河北省文化局文物工作隊 1962）。ここでは羊首をつけた曲柄剣 1 点（図34-3）とともに、鹿首、鈴首、素環頭刀子、銎口をもつ戈、銎内啄戈などが出土している。これと同様な銎口戈は遼寧省法庫県湾柳街（曹桂林 1988）（図34-7～10）、遼寧省新民県（林澐 1987）（図34-11～13）でもみることができる。これら青銅製武器は小河南村遺跡とほぼ同じ時期のものと比定できる。青銅彝器埋納遺跡と同様に、青銅製武器の中には製作年代が殷後期に遡上する可能性のある遺物も含まれているが、青龍県抄道溝のような明確な墓の副葬品は除いて、殷的な遺物が西周時代に埋納された点で、青銅彝器類と同じ性格を備えたものとみることができよう。すなわち、埋納遺跡の中には青銅彝器のみで構成されるものと、青銅製武器のみで構成されるものとがあり、両者の遺物の組合わせは、琉璃河燕墓地の副葬品を通してつながりのあることから、同一の歴史的条件下に出現した現象とみることができる。その歴史的性格に関しては、山湾子遺跡のあり方を媒介として、これら殷的な青銅武器を埋納した遺跡は、西周初期に召公奭一族により燕山山脈以北への進出時期に形成されたものと推定できる（甲元 1988a）。

こうした埋納遺跡が形成されるきっかけとなった、召氏一族による北京での燕国封建と長城以北への北伐は、銅器に刻まれた銘文の分析によって、そのほとんどが殷系の人々であったことが知られるのであり、殷的な青銅器が克殷後に東北アジアへ展開する状況が用意されていたとみることができる。召氏一族による燕山山脈以北への進出は、青銅器の様式と銘文を手がかりにすると、2段階にわたるものであったらしい。そのうち青銅製武器が中心となるのは、「燕侯」の銘をもつ新しい段階のものであった。するとこうした青銅製武器は紀元前11世紀の後半期、第 4 四半期以降に使用されていたと推定できる。

中国北部地域における青銅短剣の生成

北京市白浮村の西周墓は 3 基の木槨墓で構成されている（北京市文物管理処 1977）。うちM1号墓は小型で副葬品もほとんどみられなかったが、中年の女性が埋葬されていたM2号墓と中年の男性が葬られていたM3号墓では、大量の遺

128

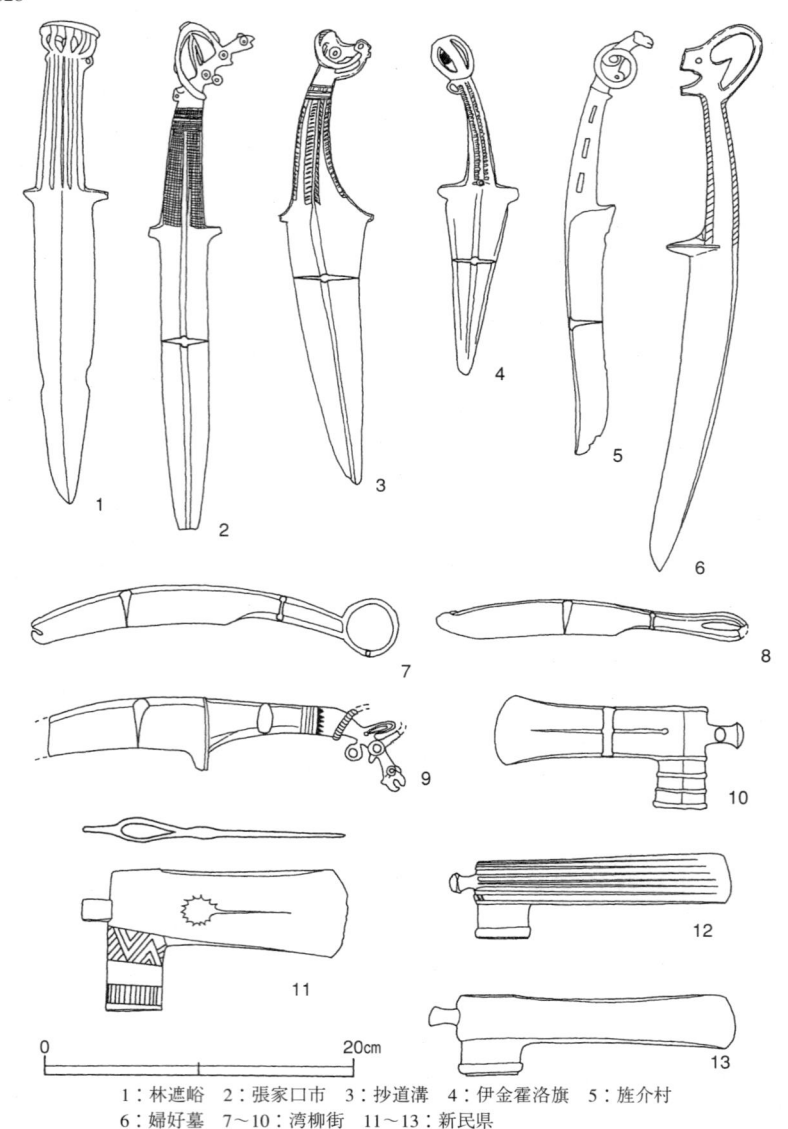

1：林遮峪　2：張家口市　3：抄道溝　4：伊金霍洛旗　5：旌介村
6：婦好墓　7～10：湾柳街　11～13：新民県

図34　林遮峪・張家口市・抄道溝・伊金霍洛旗・旌介村・婦好墓・湾柳街・新民県出土遺物（河北省文化局文物工作隊 1962、曹桂林 1988、林澐 1987、社会科学院考古研究所『殷墟婦好墓』1980、山西省考古研究所・霊石県文化局「山西霊石旌介村商墓」1986、内蒙古自治区文物工作隊『顎爾多斯式青銅器』1986）

物が発見されている。主な青銅製武器の副葬品としては、M2号墓では、鳥首刀子（図35-1）、剣（図35-2）戈（図35-10・11）矛があり、他に銅斧、銅盔（ヘルメット）、玉製品がみられる。M3号墓には有柄式銅剣4本と鈴首匕（図35-3〜7）、戈（図35-8・9）、戟、矛があり、そのほかに斧、鉞、銅盔がある。青銅彝器の出土はないが、これらの墓の年代は西周初期に比定され、青銅製武器の中で型式的に古く遡上するものがあったとしても、具体的に副葬品として埋葬された時期には差異のなかったことが知られよう。

この白浮村M3号墓出土の鈴首匕を、それと類似する小河南村の鈴首刀子と比較すると、2件の刀子の背部をつなぎ合わせることで、白浮村の匕が形成されたことがわかる。匕の脊の部分が断面方形になることも、本来、刀子の背部の「T」字形稜から来たものであることを物語っている。曲柄銅剣の中では最古と考えられている内蒙古伊金霍洛旗の鈴首剣（図34-4）の剣身部分は短い三角形をなし、方形脊をもつことは刀子の変化発展したものが曲柄剣であったことが想定できる。さらに横方向に走る棒状の鐔は、刀子の鐔の折返しとみれば容易に理解できよう。従来はこの種の銅剣はオルドス式銅剣の仲間に分類されて、非中国的な青銅器として扱われてきたが、オルドス地方にはかえって類例が少なく、中国北部地域に多くみられることからも、その来歴については再考を要しよう。中原地帯では点々と獣首刀子がみられるが、婦好墓の副葬品の中に獣首刀子の初源的なタイプが出土していること、鈴のような蜜蠟を伴う技法で製作された銅剣などは、中国の伝統的な技術より生まれてきた蓋然性が高い。

白浮村3号墓では、3タイプの銅剣が出土している。すなわちⅠ類：動物の頭を柄頭につけ、柄の中程は中空となり、レンズ形剣身となるもの（図35-4・6）、Ⅱ類：半球状の柄頭、中空の柄、棒状の鐔をもち、剣身は鎬とならず断面が方形の脊となるもの（図35-7）、Ⅲ類：半球状の柄頭で、柄には3段の斜線紋が施され、「ハ」字状の鐔をもって剣身断面が方形をなすもの（図35-3）に分けられる。Ⅲ類の柄は中空の柄に紐を巻いた状態を模倣したものであり、型式的には遅れるものとすることができる。「ハ」字状に開く鐔（匕首式）も曲柄剣に照らして、時期の下るものであることを示している。Ⅰ類とⅡ類の剣柄の部

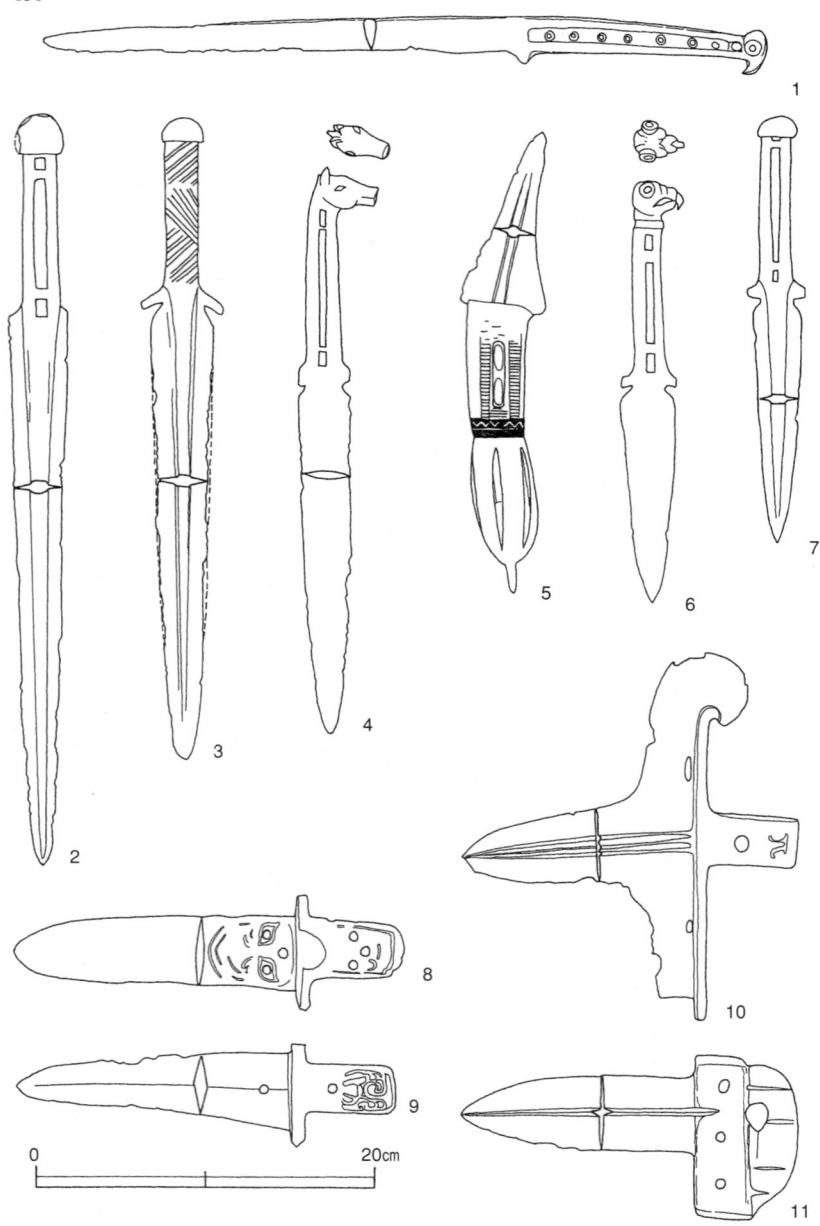

図35　白浮村出土遺物（北京市文物管理処1976「北京地区又一重要考古収穫」）

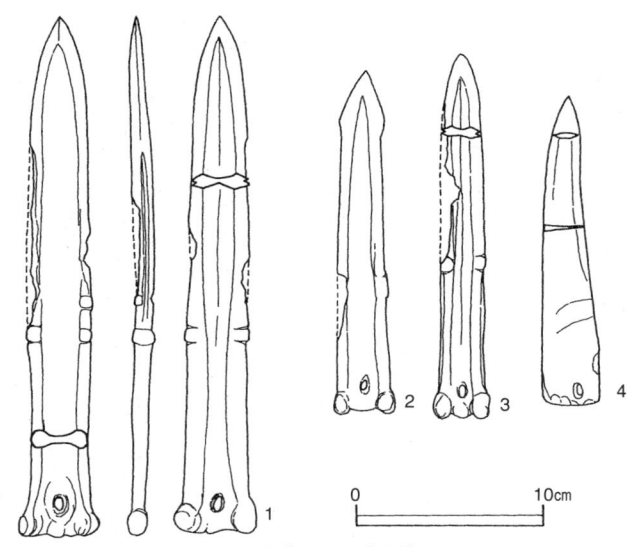

第 5 章　遼西地方における青銅器文化の形成　131

1〜3：小営子　4：朱開溝
図36　小営子・朱開溝出土遺物（筆者実測、内蒙古文物考古研究所『朱開溝』2000）

分が中空になる点は、その前身である骨製の柄の作りを模倣したものであり、より古いタイプとすることができる。

　青銅製剣が真似たと想定される骨製剣には二つのタイプがあり、一つは骨柄の両側に石刃を埋め込んで剣としたもの（図36-1〜3）と骨の両側を削って刃部を形成したもの（図36-4）が考えられる。このうち、後者の骨製剣の場合には剣身の横断面はレンズ形になり、石刃を埋め込む骨製剣の場合には石刃と骨柄を区別することから、横断面方形の脊背と刃部がつくり出される。このことから、Ⅰ類とⅡ類は模倣の対象が異なっていたことを示していることが知られる。しかし、Ⅱ類の半球状柄頭が骨の関節部に似せて表現され、したがって、より骨製剣に近い形状をもつとみることができるのに対し、獣首を表出するレンズ形断面のⅠ類は、獣首を柄頭につける刀子から変化した銅剣との関係が近い。すると青銅製刀子から出自する銅剣とⅡ類剣の相互影響のもとにⅠ類剣がつくられた、と想定することができる。このように類推を重ねてくると、中国北部地域にみられる青銅短剣は、石刃を嵌め込んだ骨製剣に出自をもつ型式の

ものと、青銅製刀子に出自を求めることのできる型式のものとが存在するとみなすことができる。

　石刃を挿入した骨製剣に来歴を求めることのできる青銅短剣の中で、もっとも型式的に遡上するものと考定されるのは、遼寧省建平県焼鍋営子大荒地第1号墓出土の青銅短剣である（建平県文化館・朝陽地区博物館 1983）。長方形竪穴土壙に石製装飾品、銅錐、銅飾り骨製紡錘車などとともに副葬されていたもので、剣全体の長さ23.3cmと短い（図33-10）。柄頭は瘤状となり、剣柄は楕円形をなして中空となり、鐔は棒状に開き、剣刃と鐔の間は切込みが顕著である。剣刃の全体は三角形の形状をとり、楕円形の柱脊があって研磨されず、柱脊は剣先まで到達している。靳楓毅は白浮村の銅剣と比較して西周前期に比定しているが、白浮村木槨墓3号墓の有柄式銅剣は、半球状の剣柄頭をなしていて、瘤状柄頭が骨の関節部分を取り込んだ骨製短剣により接近していることから、白浮村の例よりも時間的にも古く想定できる。

おわりに

　殷代の中国北方地域では、夏家店下層文化が展開していた。炭素14年代を基礎として、この文化は紀元前二千年紀の初めから後半にかけての時期のものと比定されている。また夏家店下層文化には青銅器を模倣した土器が伴い、その形態的類似から殷の二里頭期の段階に並行するとも考えられている。ところが夏家店下層文化と総称される内容には、時期の異なったものが含まれている可能性があり（千葉 1986）、一律には考えにくい。

　この地方での殷代のもっとも古い足跡として想定されていた北京市平谷県の劉家河遺跡の墓は（北京市文物管理処 1977）、その後の検討で殷代後期のものであることが明らかとなり（陳公柔・張長寿 1990）、この地域に殷の勢力の及ぶのは、殷が安陽に遷都して以降である可能性が高いこととなった。北京市房山県琉璃河の夏家店下層文化の墓は、盉の形態から殷後期と並行する時期のものと考えられ（北京市文物管理処・中国科学院考古研究所・房山県文教局・琉璃河考古工作隊 1976）、また盉を副葬する習慣自体から夏家店下層文化におけ

る殷的な要素が強くあったことを物語っている（町田 1981）。さらに夏家店下層文化の代表的な墓地である大甸子遺跡での墓の構造や副葬土器の類似から、その影響の大きさを知ることができよう（中国科学院考古研究所遼寧工作隊 1975）（以上図37参照）。

　こうした殷後期の青銅器文化の影響を強く受けた夏家店下層文化の人々が、青銅器の製作技術を取り入れて、在来の骨製短剣をモデルとして製作した青銅短剣が焼鍋営子大荒地にみられるものと考えられよう。一方、克殷後の周の勢力は召公奭に率いられた殷の遺民を中心として遼西に展開し、有柄式銅剣を使用する民族集団との対峙から青銅刀子に起源をもつ曲刃剣を製作した。茎づくりであることを念頭におくと、獣を柄頭にもつ曲刃剣は遼西における召氏一族の展開過程で生まれた中国的な青銅短剣とすることができる。山西省方面では、殷代の後期には刀子から変化した鈴首柄の有柄式銅剣を保持していることから（山西省保徳県、柳林県高紅遺跡など）、刀子から短剣への移行はさほど無理のないことであったであろう。その後、半球状の柄頭をもち、剣柄の中空が消失して剣身が長大化する傾向が生まれ、鞘に収めやすくするために棒状の鐔が「ハ」字状のいわゆる歯状鐔となり、以後青銅短剣としての独自の発展過程をたどるようになり、こうしてこの地方独特の有柄式銅剣が発達するようになる。

　夏家店上層文化期の古い段階に伴う遺跡（南山根遺跡など）では多くの場合、車馬具が伴う（中国社会科学院考古研究所東北工作隊 1981）とともに、バックルの留め金の一部と推察される製品の一部に描かれた騎馬の図形から（遼寧省昭烏達盟文物工作站・中国科学院考古研究所東北工作隊 1973）、中国的な車馬と非中国的な騎馬を併用するものであったことを物語っている。このことからも長城以北においては在来的な生活様式の面に中国的な文化も影響を及ぼしたことが想定できる。最近の中国の学者が論述するように、遼西地方の青銅器文化がこの地方独自の色彩が濃いものであっても、その形成過程においては中原の青銅器文化が、召氏一族の燕国封建を契機として強力に影響を与えたことはみてきたとおりである。この地方の独自性は燕の勢力の衰退する西周末から春秋期のオルドス式短剣を具備する集団の登場を待たなければならない。

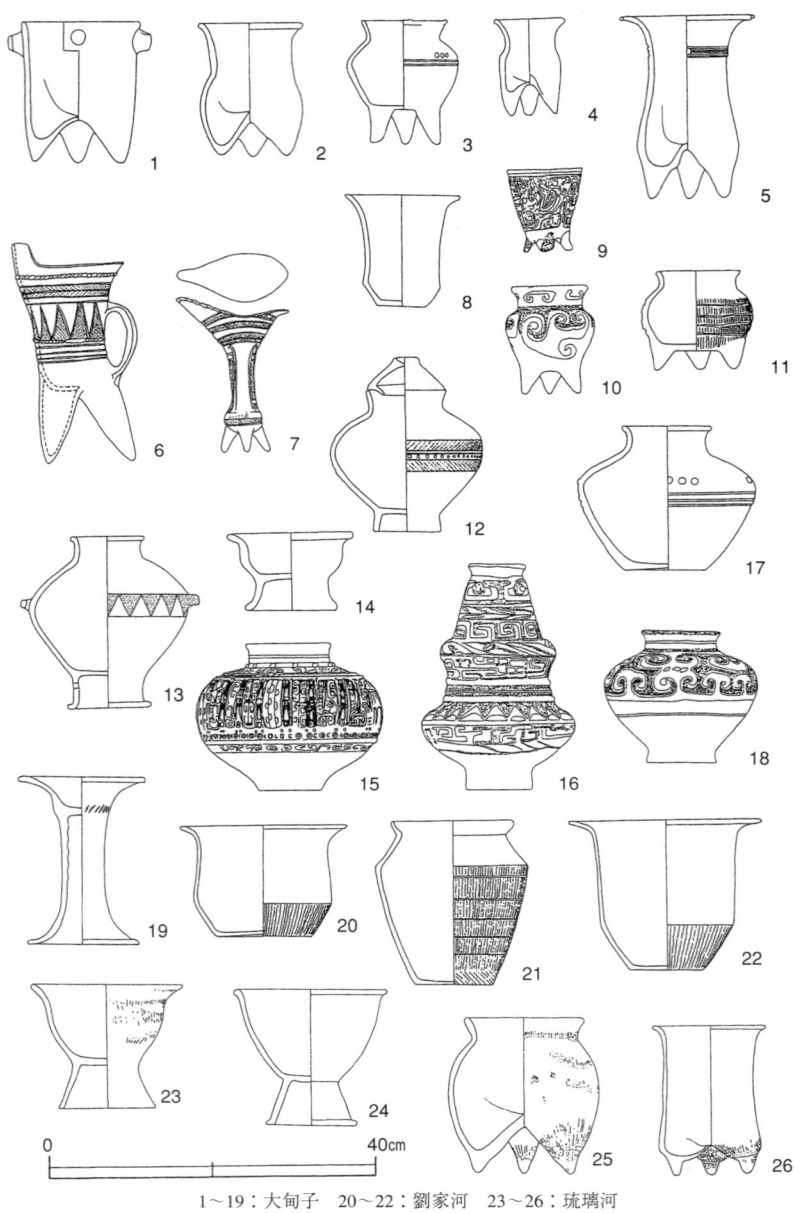

1〜19：大甸子　20〜22：劉家河　23〜26：琉璃河
図37　大甸子・劉家河・琉璃河出土遺物

付論　東北アジアの青銅短剣

　東北アジアに展開する殷周時代の青銅短剣は、従来から「柄」の形状で区分することを通例とする。すなわち柄と剣身を同鋳する筒型銅剣と有柄式銅剣と別鋳の遼寧式銅剣や細形銅剣の 3 種である。有柄式銅剣には鐔の部分が「ハ」字状に開く（匕首式）オルドス銅剣が含まれる。

　この 3 種の銅剣の中で最古型式と想定されるのは烏恩の曲柄剣（烏恩 1978）、高浜の分類ではA類（高浜 1983）にあたる。またこの型式の短剣の特徴は、鐔の部分が棒状に横に突き出ることであり、オルドス式青銅短剣の「ハ」字状鐔につながっていくことが想定できる。柄頭（首）に鈴をつけたものが、山西省保徳県林遮峪（呉振録 1972）、石楼県曹家垣（楊紹舜 1981a）、柳林県高紅（楊紹舜 1981b）、吉県上東村（吉県文物工作站 1985）、延川去頭村（劉軍社 1991）、内蒙古伊金霍洛旗（内蒙古自治区文物工作隊 1986）、内蒙古敖漢旗水泉村（邵国田 1993）、張家口（鄭紹宗 1984）などでこれまでに出土が知られている。林遮峪や曹家垣では殷墟後期の青銅礼器を伴っていることから、それらの所属年代を推定できる。また、柄頭に動物の頭を象り棒状の鐔を備えるものは河北省青龍抄道溝（河北省文化局文物工作隊 1962）にあり、中国外ではモンゴル南部ゴビ（Волков 1967）やシベリアのウスティ・カルスキー、コト・ケリ、ウスティ・トゥルタイなどでの出土（Новгородова 1970）が報告されている。青龍抄道溝で発見された短剣と共伴した青銅刀子は柄頭に鹿や羊を表出しており、同巧の刀子は殷墟婦好墓（中国社会科学院考古研究所 1980）や殷墟 5 号墓（中国社会科学院考古研究所 1994）、その他で10点近く検出されている。これら古式の青銅刀子はいずれも棒状の突起を有している点に共通性が認められる。さらに青龍抄道溝では棒状突起をもつ鈴首刀子が検出されていること、綏徳鞠頭村で殷墟後期の青銅器に伴って鹿首刀子が出土していることなどを念頭におくと、この種の獣頭武器は殷墟後期の年代を賦与することが可能である。

このように高浜A類に関しては殷墟での出土事例から、オルドス地域よりも中国中原地域での出現が早いことがわかり、南シベリアでのこの種の青銅短剣は、中国製品の北方への拡大過程で出現したことが窺われる。鈴首の短剣や刀子は蜜蝋を使用して製作しなければならず、この点でも中原が起源地であることを匂わせている。ところが欧米の学者はレールの学説（Leohr 1949）を信じるものが多く、有柄式銅剣や刀子はすべて中央アジア起源説、あるいはアルタイ起源説が今日なお一般的である（Watson 1971）。

最近はオルドス式短剣の出現に関して、内蒙古地帯内部での生成を強調する考え方が提示されてきている。それは内蒙古朱開溝での発見例にもとづいて提起された。すなわち朱開溝第 5 段階になり、「ハ」字状の鐔をもつ短剣と素環頭刀子が出現し（図38-3・4）、伴出した土器の型式や青銅戈（図38-5〜8）との比較検討から、殷代二里崗期と並行期であるとされた（田広金・郭素新 1988、1995、田広金 1997）。すると「ハ」字状鐔を強調するとオルドス式青銅短剣と分類できるが、柄部分が中空で一面が「C」字形の溝がない点で異なりが認められる。柄部分が中空で一面が「C」字形となるのは、鹿などの長管骨を半裁してつくられた骨剣や石刃嵌込み骨剣を模したものとも想定でき、その他のオルドス式短剣と朱開溝出土短剣の年代の差が大きいことから、今のところ朱開溝例は別扱いとしたい。

朱開溝を除くと、もっとも古いオルドス式銅剣は、すでに上記で論じたように、殷後期から周初にかけて燕山山脈の南北地帯で発見されている。興隆県小南河村（王峰 990）、北京白浮村（北京市文物管理処 1976）、遼寧省大荒地（建平県文化館・朝陽地区博物館 1983）がそれで、以後連綿としてこの地域でその存在を確認することが可能である。このことは夏家店上層文化南山根類型の鎏式短剣や曲刃短剣よりも年代が早く、オルドス式短剣を有する集団が早くからこの地域に出現したことを示している。その後、春秋時代から戦国前半期にかけて、ハート形の鐔をもつ典型的なオルドス式短剣が、東北アジア南部地域で展開しているが、彼らは銅鍑をもつことから、この地域のオルドス式短剣を具備する集団は牧畜民であったことが窺える（甲元 1992）。

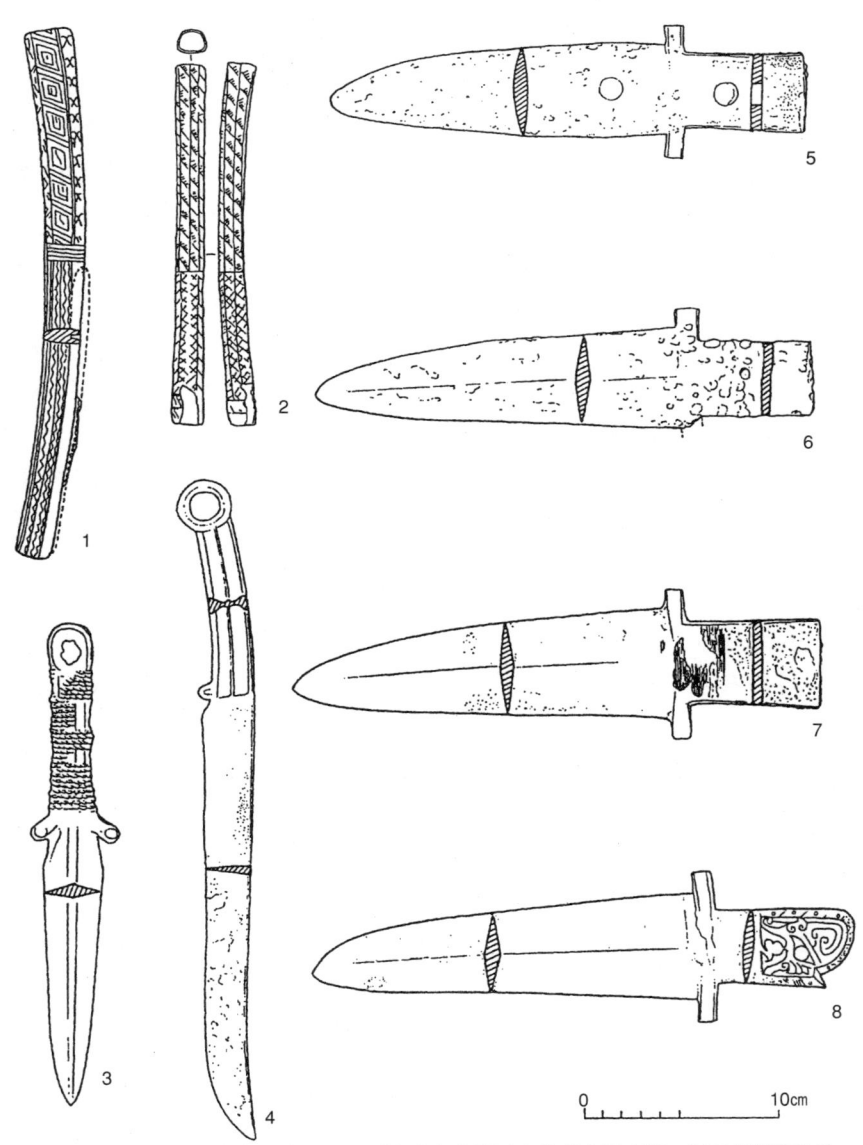

第 5 章　遼西地方における青銅器文化の形成　137

図38　朱開溝出土骨剣と青銅武器（内蒙古自治区文物考古研究所・顎爾多斯博物館『朱開溝』2000、文物出版社）

翟徳芳は、内蒙古東部から遼寧省西部に分布する筒状柄を有する剣を銎式類型とし、これを5型式に分類し、第1型式の翁牛特旗大泡子遺跡出土のものを西周中期かやや遡上する時期に、第4型式である遼寧省建平県老南船石拉山出土品を南山根101号墓と同一時期とみて春秋初期におき、したがって銎式銅剣の終焉を春秋中期とした（翟徳芳1988）。劉国祥は銎式銅剣を4形式に分類し、新たに発見された龍頭山や千斤営子出土銅剣を最古形式とし、小黒石溝で採集されたものを最新式とみなして、西周後期から春秋前期と年代を賦与した。そして銎式銅剣も遼寧式銅剣を「ハ」字形鐔を具備しながらオルドス式銅剣に融合していったとみなしている。龍頭山出土銅剣の年代推定については、銎式銅剣を出土した木棺にもとづく炭素年代に依存する点もみられ（3240±150BP）、必ずしも的確とはいえない（内蒙古自治区文物考古研究所・克什克騰旗博物館1991、斉暁光1991）。

　これらに対して朱永綱は短剣の形態の類似性を強調して、遼寧式銅剣やオルドス式銅剣の影響を受けて成立したものとみなし、剣身に「ハ」字状に添えられた鐔の有無で2類型に分群したのちに、西周中期から春秋戦国の交あたりまでの存続期間を設定している（朱永綱1992）。持続期間はともかく、翟や劉国祥の場合、銎式銅剣の祖形をオルドス式銅剣に求めているが、椀形柄頭や鐔の形状など、柄の構造上では型式的な推移が十分に説明しきれない点があり、また朱の場合は遼寧式銅剣が西周中期まで遡上するという根拠が示されていない点が問題として残るし、龍頭山遺跡の銎式銅剣との時期的関係はどのようになるであろうか。

　同様のことは遼寧式銅剣についてもあてはまる。劉国祥は遼寧式銅剣を木柄が装着されたと想定できる茎式の類型と銅製のT字形柄が装着された類型に分け、それぞれを西周末期から春秋前期に出現したとし、その最終段階は中国北方地区では春秋後期に比定した（劉国祥2000）。そのため遼寧式銅剣の出現経緯についても考慮しなければならないこととなる。最近、岡内により主張されている（岡内2004）遼寧式銅剣の最古型式とされる寧城県小黒石溝出土銅剣は、共伴する青銅礼器の年代からは西周末から春秋初期にまでしか遡上しえ

ず、銎式銅剣の祖形問題は依然として未解決である。

したがって銎式銅剣は別にして、青銅短剣の出現に関しては新石器時代の石刃嵌め込み式の骨剣から青銅刀子が生まれ、青銅刀子から青銅短剣へ変化したものと、両刃嵌め込み式骨剣から青銅短剣が出現したものとの両方を考慮しておく方がいいのかもしれない。朱開溝遺跡から骨剣が発見されていることは（図38-1・2）、そのことを強く示唆するものであろう。

【補注】中央アジアにおける青銅器時代から鉄器時代の変化は、Гразновによりアルタイ・スキト段階、マイエミール段階、パジリク段階、シベ段階に区分され、アルタイ・スキト段階は紀元前9世紀に比定されてきた。その後、樹輪校正年代が発表され、アルタイ・スキト段階のもっとも古い遺跡と考えられるアルジャンの木材による数値では、その推定が正しいことが明らかにされた（Hall 1997）。したがって朱開溝例を含め、中国の青銅短剣の年代が中央アジア出土のそれと比較して、今日もっとも遡上することには変わりはない。

第6章 東北南部地域における青銅器文化の展開

はじめに

　中国東北地方南部（河北省北部、遼寧省南部、内蒙古東南部）は、中国北部地方（陝西省北部や山西省中・北部）と同様に、少なくとも殷代後期から中原的青銅器文化の影響を受容して、社会の変化を導き出してきた。中国北部地方においては、「族徽」に示されるように、殷代後期には在地の首長層が殷との擬制的関係を結ぶ形で殷的世界に組み込まれ、やがて周代以降中原的世界に吸収されていく。一方、東北地方南部でも殷代後期には殷との社会的関係ができ上がったことは、「天黽」銘をもつ青銅礼器が出土した北京市劉家河の木槨木棺墓の存在（北京市文物管理処 1977）により窺うことができるし、北京市琉璃河では西周に先立つ殷代古城址の発見は、従来想定されていた以上に、東北アジア青銅器文化の殷とのつながりの強さを物語る。その後、北京市琉璃河に西周燕国が建設され、その強力な支配権の拡大過程で、東北アジアは本格的な青銅器文化を開花させることとなった（甲元 1991・1997）。
　殷的な青銅器文化の特徴を強く具備した召氏一族を中核とする燕国の影響を受けて形成された東北アジアの青銅器文化も、やがて燕国の勢力衰微にあわせて、独自の色彩を強く表現するようになってくる。
　東北アジアの青銅器文化研究においては、これまでは、東北アジアに独自に発達した青銅武器の編年を中心として展開されてきた（秋山 1968・1969、高浜 1983・1995、千葉 1992、近藤 1997、村上 1997、宮本 2000、李康承 1975、黄基德 1989、烏恩 1978・1985、林澐 1980・1997、靳楓毅 1982・1983・1987、鄭紹宗 1984・1994、翟德芳 1988、朱永剛 1987・1998、劉国祥 2000）。それら特色ある青銅器文化の時期決定においては、多くは中原青銅器の編年に依拠してきたが、

異なった時期に属する青銅礼器の一部を取り出し、それを基準として論じられることが多分にみられ、しかも「交差年代」より導かれたものではないことも問題として残る。そこで、ここでは青銅器を一括で出土した遺跡を取り上げて、改めて東北アジアにおける青銅器文化の展開過程をみてゆくことにする。

小黒石溝石槨墓

内蒙古寧城県は燕山脈の北縁、老哈河上流に位置する。石槨墓は東を門面山、西を鶏冠山により遮られた南北に長い谷間に面した台地上で、土取作業中に発見された（赤峰市博物館・寧城県文物管理処 1995）。付近には南台子、東山、北台子などの夏家店下層から上層にかけての遺跡が存在し、多数の土器や石器が採集されているという。

墓葬は長さ3.1m、幅2.3m、深さ2.1mを測る石槨墓で、内部には木棺が据えられていた。埋土中では石製装身具や牙骨が発見され、中原的な墓制とは異なることが示唆される。副葬品は400点余り採取され、中でも青銅礼器が20点と際立った出土量を誇っている。

青銅器には、食器として鬲と鼎、簋、豆、甗、酒器として尊、卣、壺、盉、水器としての匜があり、そのほかに甑の蓋もあることから、ほぼ完備された礼器の組合わせであることが窺える。

簋は方座で口径が21.2cm、夔龍を象った両耳がつく。頚部と胴部、それに台座は特徴的な凹稜紋で飾られる（図39-1）。底部には次のような16字が3行にわたり記されている。

「許季姜作尊簋其万年子子孫孫永宝用」（許は無と皿に従う）（図40-6）

盉は、両耳がなく頚部から急速の外反する器形で、頚部には鳥紋がめぐり、胴部と台座には凸弦紋が施されている（図40-4）。盉は子母口式の蓋付きで片方に注ぎ口が、他方には耳があり、耳上部から蓋をつなぐように猿を象った接具が備わっている。蓋腹部と身の全体は粗い凸弦紋がめぐらされている（図39-3）。蓋の内部中央には未出の族徽が記されている。尊は下腹部が膨らみ、口縁部が大きく外開きとなる器形で、腹部は二段に分かれて夔紋が描かれてい

第6章　東北南部地域における青銅器文化の展開　143

図39　小黒石溝出土青銅礼器（赤峯県博物館・寧城県文物管理処 1995）

る（図39-6）。腹部内底には、「亜𠭯父丁」の 3 文字が刻まれている（図39-4）。壺は胴部が長く肩部に素環耳がつく。肩部には二段に分かれて夔紋がみられ、胴下部は凹状波紋がめぐらされている（図39-8）。鬲は 1 点ある（図39-7）。獣頭を象った両耳がつく以外は無紋で、胴部の膨らみ具合は南山根出土の器形に類似する。方鼎はいわゆる「奴隷守門」と呼ばれるもので、高さは19cmを測る。4 側面に凹状の耳が付設され、四隅の稜部と足部には獣形が張りつき、台座の扉には人物と獣頭が配されている（図40-1）。匜は 7 点、高さ19cmの大型 1 点（図39-9）、高さ9.3cmの小型 6 点（図40-3）の 2 種がある。把手は獣頭を象り、口縁部には鱗紋が胴部には凸弦紋が施され、三足は馬蹄形となっている。豆は 4 点みられるが、特殊なのは「六連豆」と呼ばれるもので、浅い盤の周囲に 6 点の豆が脚状に付設されている（図39-5）。素紋鬲とともに、この地方独特の器形とされる。また鳥文で飾られた盨蓋が採集されている（図40-2）。

　このほかにも青銅容器として各種の罐があり、長胴円底で子母式の蓋をもち、胴部に馬や鳥を 3 段にわたって描くもの（図40-7）や壺形で口縁部に小さな連孔をあけるもの（図40-8）などの、この地域に独特な器形のものもみられる。

　青銅武器類には有柄式短剣、遼寧式銅剣、剣鞘、刀子、刀子鞘、戈、盔、鏃などがみられる。有柄式短剣は環状の柄頭をもち、柄部分には 3 匹の鹿を描き、刃部は菱稜形をなす。先端部をやや欠き、長さ13.5cmを測る（図41-9）。遼寧式銅剣は 5 点あり、T字形の柄が装着されている。図示された 1 点には柄頭石が残されている（図41-10）。全体の長さは48.7cmとすこぶる大きい。他の 1 点は前者と比較して刃部両側の突起がなだらかな形式である（図41-11）。剣鞘も 2 点出土している。二連式と四連式で、写真に掲げられた四連式の鞘には筒状（銎式）柄をもった剣 3 点が挿入されているので、二連式剣鞘は図示された遼寧式銅剣のものとなる。二連式剣鞘には両端部は山形紋が描かれ、鞘の片面には三角形の透かしがみられ、鞘の中ほどに装着するための環状把手がつけられている（図41-8）。こうした剣鞘は南山根101号墓でも出土していて、三角形透かしは高浜秀により、モンゴルの鹿石に描かれた図形との類似が指摘されている（高浜 1995）。刀子は17点出土している。大きさはほぼ同じで、柄頭が環状

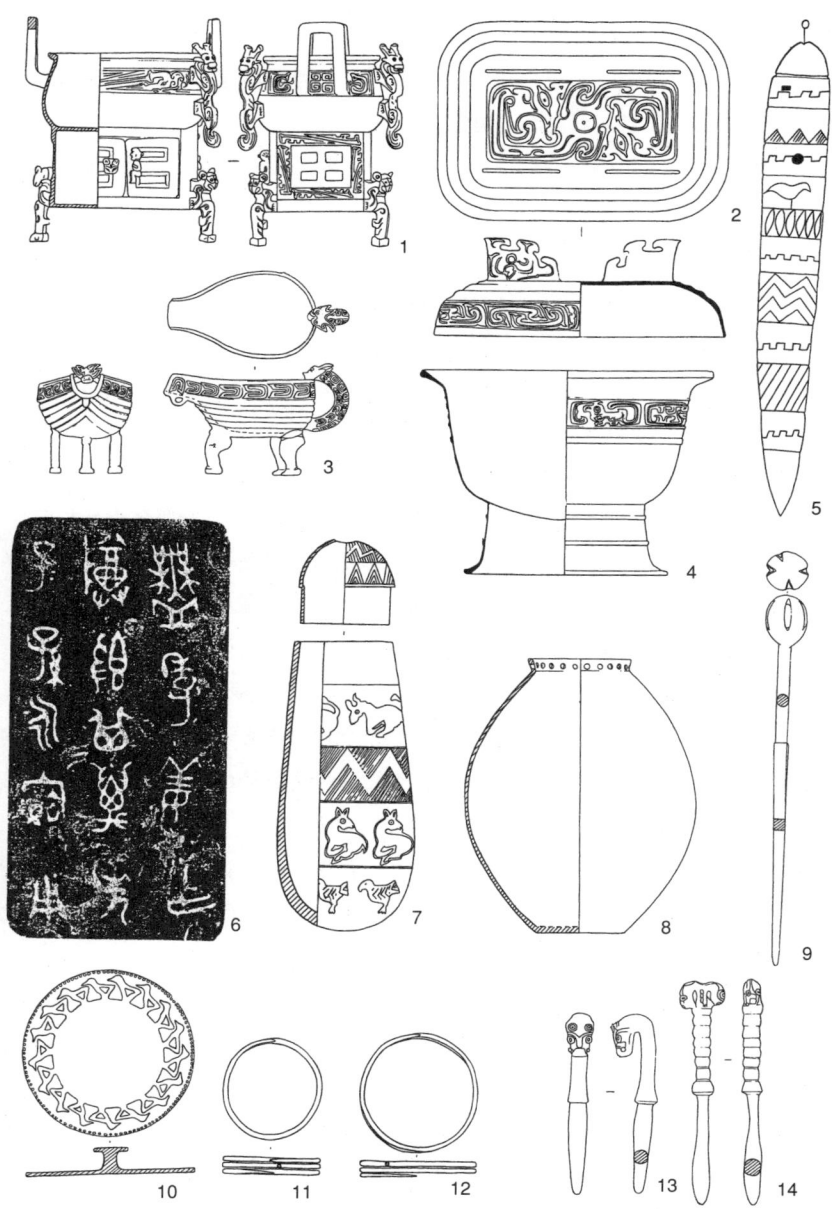

第 6 章　東北南部地域における青銅器文化の展開　145

図40　小黒石溝出土青銅器（赤峯県博物館・寧城県文物管理処 1995）

で羽状紋が施されたもの（図41-2）、鈴首で柄が中空になったもの（図41-3）、柄に9匹の馬を連続して描いたもの（図41-4）、無文の柄のものなどある（図41-5）。どの刀子に供されたか不明であるが、表面に三角紋を入組み状に配し、裏面には三角透かしを施したものが1点発見されている。側面には2個の環状把手が付されている（図41-1）。鏃は16点あり、援が尖る型式の戈が1点出土した。

車馬具は70点余り採集されている。高さ21cmを測る馬当盧1点、端に虎を象った環飾りをつけた2節の銜2点（図41-6・7）、軛1点、馬冠2点のほかに、車の器具先端部に取りつける部品が各種みられる。

工具には斧28点、錘1点、鑿2点、錐2点（図40-9）、錐形器3点（図40-5・13・14）などがある。斧は中空になり、中央部孔を有するもの（図42-1）以外は、口縁下部に節帯をもち、刃部先端が銀杏の葉状に広がる形態を基本とする。節帯もしくはその下部に鋸歯紋や三角紋が施されるのもみられるが、多くの斧には紋様はみられない（図42-2〜14）。鑿は2点あり、節帯に接して孔がある。

青銅製飾りも各種みられ（図42-15〜17・19・22〜27）、そのほかに石製装身具もある（図42-20・21・28〜33）。金製品は20点余りで、装身具とその部品である。

これら青銅器は報告者により夏家店上層文化段階のものと位置づけられ、南山根101号墓との類似が指摘され、所属年代は西周中期から春秋期に相当するとされる（赤峰市博物館・寧城県文物管理処 1995）。

1975年には青銅鼎、豆などの礼器を含む、短剣3点、刀子1点、盔2点などの武器類が一括して発見されているが（項春松 1984）、鼎の図示がないために確実とはいえないが、上記の年代とほぼ同じ西周末期から春秋初期であろう。

さらに1980年には1基の石槨墓から青銅武器とともに、車馬具や装飾品が発見されている（寧城県文化館・中国社会科学院研究生院考古系東北考古専業 1985）。青銅武器には銎式の曲刃剣、盔、鏃があり、装飾としては「兀」形をなす青銅鈴2点、各種の青銅釦、管玉、金製釧があり、鹿首鑣2点も出土している。

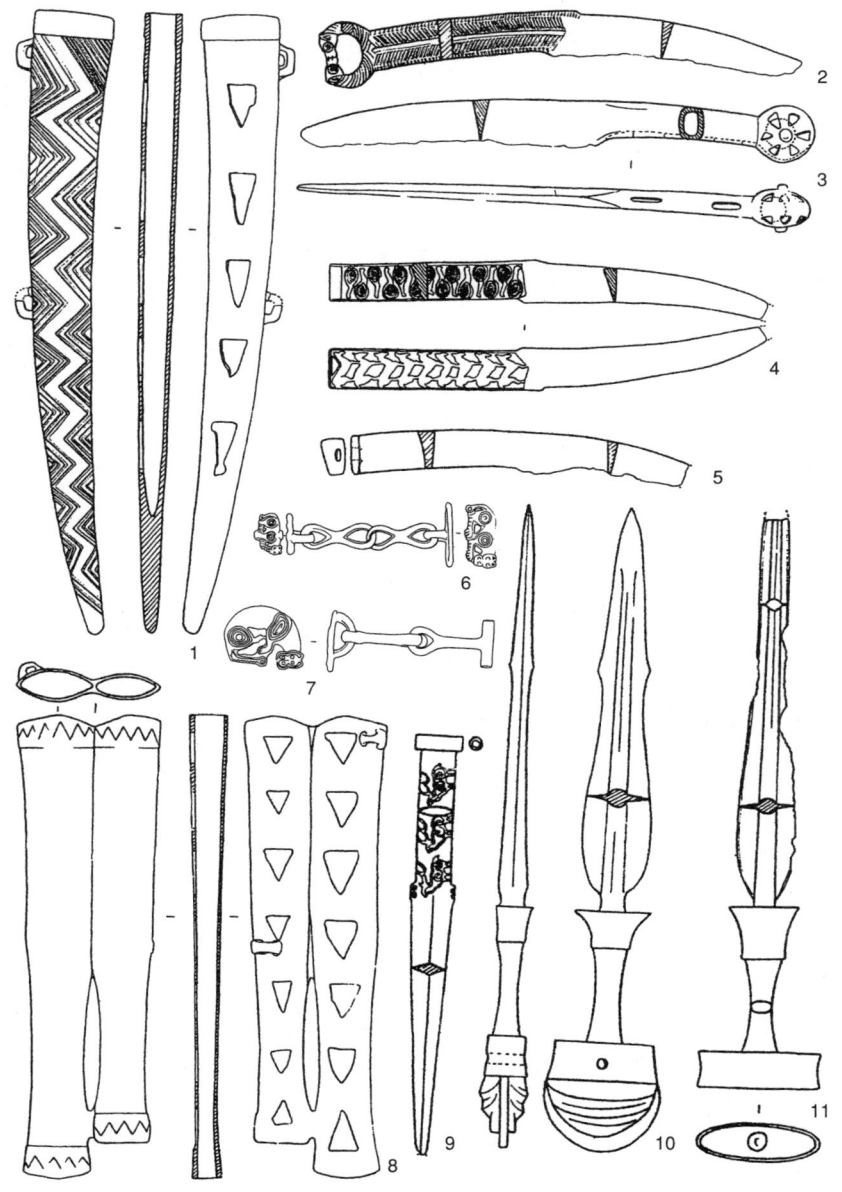

第6章 東北南部地域における青銅器文化の展開　147

図41　小黒石溝出土青銅器（赤峯県博物館・寧城県文物管理処 1995）

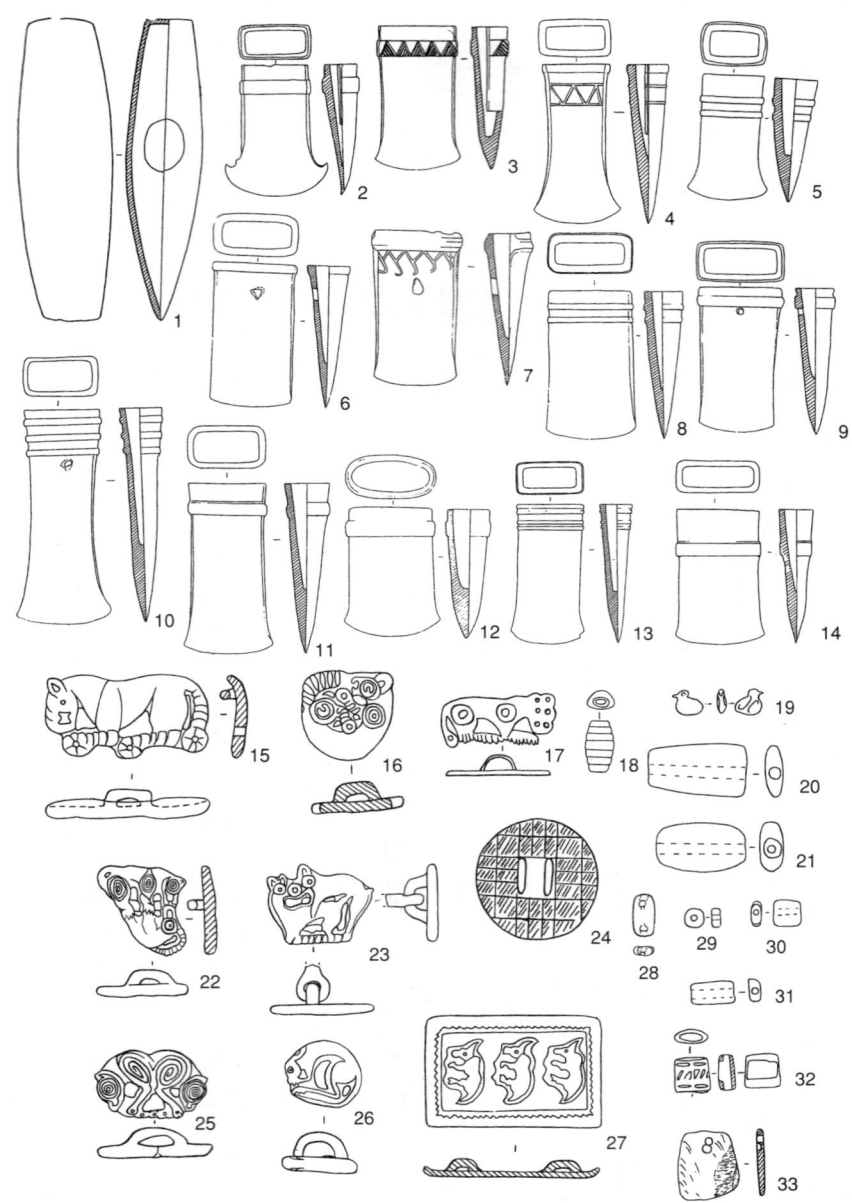

図42　小黒石溝出土青銅器と石器（赤峯県博物館・寧城県文物管理処 1995）

小黒石溝遺跡の年代検討

小黒石溝遺跡で検出された青銅礼器群は、方鼎1、鬲1、甗1、盂1、罍1、壺1、盉1、尊1、卣1、豆3、匜7で、豆と匜が多く食器に簋がない点で、西周中期段階での青銅礼器の組合わせとしては異様である（項春松1984、赤峰県博物館・寧城県文物管理処1995）。実際西周中期を代表する中型墓として陝西省扶鳳県強家1号木槨木棺墓を取り上げると（周原扶鳳文管所1987）、鼎4、鬲4、甗1、簋5、壺2、盉2、盤1の組合わせである。また西周後期になると甗はなくなり、簋や匜が増加し、卣が現れてくるようになる。小黒石溝の場合、青銅礼器の組合わせからみると、西周後期以降の年代が想定できよう。

劉国祥は夏家店上層文化を検討する中で、東北アジアの青銅器文化の流れを次のように概括した（劉国祥2000）。

  第1期：龍頭山M1－西周前期
  第2期：大泡子－西周中期前半
  第3期：水泉城子－西周中期後半
  第4期：大板南山－西周後期前半
  第5期：小黒石9501、南山根M101、老南船石拉山－西周後期後半～春秋前期
  第6期：東井墓、北山嘴－春秋中期前半
  第7期：周家墓－春秋中期後半
  第8期：孫家溝M7301－春秋後期

こうした考えは中国の研究者のあいだでは一般的な説となっている。しかし、絶対年代を確定する場合はいささいか機械的であり、その年代的根拠は交差年代からもたらされたものではないために、とりわけ第1期から第4期までの年代比定の根拠が薄弱となっている。また第5期が西周後半から春秋前期と大きい時間帯で括られているために、年代を論じるときには適切ではない。

小黒石溝遺跡に関しては、また日本でも遼寧式銅剣の起源問題、東北アジアにおける青銅器の年代問題とからめて論じられるときに常に引用されてきた。

岡内三眞は東北アジアの青銅短剣を編年する中で、その絶対年代の根拠として小黒石溝を取り上げ、簋の銘文、方鼎などの型式を根拠として、紀元前9世紀初め（岡内 2004）、あるいは上限を紀元前10世紀初め、下限を紀元前9世紀初めとしている（岡内 2005）。しかし銘文にみられる「許」を許国に充てるとすると、許国は紀元前719年河南省昌許県で建国した後、576年に南陽遷都、さらに533年城内に遷都して、504年に鄭に滅ぼされるという歩みをたどっている。すると許国に関係する青銅礼器の実年代は紀元前8世紀第4四半期以前には遡上しないこととなる。岡内は小黒石溝の墓から出た青銅器を一括として取り上げているが、仔細にみると、青銅器の製作年代には相互に大きな隔たりがあることがわかる。したがって、ここでは林巳奈夫の周代青銅器の編年に則って（林 1972・1984・1989）、改めて個々の青銅器の検討を行うこととしよう。
　「亜」字形の徽号をもつ青銅器は殷から西周前期にかけての頃にみられるものであり、殷の官職の徽とされ、殷と関係が深い集団が所持する青銅器に刻まれるのを通例とする。尊器自体も胴部の膨らみがやや狭く、胴部上下に分けて饕餮紋帯を配し、2条の凸弦紋で区切るなどの様式は、「父乙」尊と類似し（陳夢家 1960）、西周初期に遡上するものである。
　罍にみられる胴部の三角饕餮紋は殷墟後期から西周中期にかけて用いられる紋様であり、陝西省（鳳翔県勧読村出土「対」罍）や湖北江陵などの地方においても（王毓彤 1963）変わりはない。全体が小型化している点で西周の中期頃の年代が考えられよう。
　「奴隷守門」鼎の類例は陝西省鳳翔県荘白家1号窖蔵址から103点の青銅器と共伴した中に求めることができる（陝西省考古研究所・陝西省文物管理委員会・陝西省博物館 1980）。西周中期の所産である。
　凸弦紋で胴部と台座を飾る方座簋は陝西省蔡家河（陝西省考古研究所・陝西省文物管理委員会・陝西省博物館 1980・1981）で数器みられ、周の孝王から厲王期のものであることが青銅器に刻まれた銘文で知ることができる。こうした凸弦紋で器面を飾る作風の青銅器は、陝西省や河南省それに山西省南部で多く認めることができる。しかし口縁下部と台に饕餮紋を配していて、これを欠く

第6章　東北南部地域における青銅器文化の展開　151

小黒石溝の例は、これら陝西省出土品とは後出するものである。西周から春秋時代にかけての晋の塋域である曲村でも、晋の穆侯（811～785）に比定される（黄錫全 1998）第64号墓でも1点検出されている（山西省考古研究所・北京大学考古学系 1994）。これは小黒石溝出土品と同様に凸弦紋だけで器面を飾り、類似性が高いが、把手の形状が64号墓の場合は四角無紋で小黒石溝のものとは異なる。曲村64号墓を穆侯に比定した場合、共伴する編鐘が楚の熊咢のものとすれば、年代が符合しないことが問題として残るが、凸弦紋を重視すると紀元前8世紀初頭以降の年代が想定できよう。

　壺は無紋で肩部に半円形の把手をつける点で、曲村93号墓出土品や虢国墓M2001号墓やM2011号墓出土方壺（河南省文物考古研究所・三門峡市文物工作隊 1999）よりも時代が下降するものである。林の編年では西周ⅢBか春秋Ⅰ期に相当する。

　盂も形態と凸弦紋を有することからみて西周末期か春秋初期の所産であろう。同様に盉や匜も西周末期から春秋Ⅰ期に属するものであり、小黒石溝で一括発見された青銅礼器群は西周初期から西周末期、あるいは春秋前期までの時期の異なる組合わせであることが知られる。小黒石溝で発見された青銅器群に対しては、近藤も年代的ばらつきがあることを指摘していて、銅剣の年代比定の根拠とはなりえぬことを既に説いている（近藤 1997）。

　小黒石溝で発見された青銅器群が墓の副葬品として一括発見遺物ではあっても、それらの製作年代が同一時期の所産ではないことは明らかである。これら青銅器が本来的な場所で検出されたものではなく、二次的移動物であったことを示唆するものに、簋に記された銘文がある。これには、
　　　「許季姜作尊簋其万年子々孫々永宝用」
と、許の末娘が嫁いだときの記念品であることを記述している。「従無従皿」で表現される銅器には西周前期の2器（『三代吉金文存』3.16.1、11.31.3）を除くと西周後期に属する青銅器である。すなわち、長安馬王村出土鼎（珠榮 1984）、洛陽出土匜（蔡運章 1996）、『金文大成』3－575が挙げられる。このうち洛陽出土の匜の銘文「仲原父作許姜宝匜」、「仲原父」は伝世の「鄭饔原父」鼎（『三

代』3・27・4）と簋（『三代』6・42・6）に記された「鄭饔原父」と同一人物とされ（蔡運章 1996）、仲原は周宣王の弟「友」で鄭に封じられた人物であり、西周後期に比定される「従無従皿」銘の許関係青銅器は、西周末期に属することがわかる。したがって宣王の時期に、鄭に封建された友（垣公）のもとに姜姓許の末娘が嫁いできたことの記念に製作された銅器であることを示す。姫姓の鄭と姜姓の許は近接するが、小黒石溝の存在する近隣に許があったことは考え難い。西周早期の 2 点の青銅器を除いて、「無」と「皿」に従う「許」の銘を有する青銅器は、いずれも西周末期に属する。したがって、この銘をもつ青銅器は春秋時代前期に建国された許国とは無関係である。そこで注目されるのは、『古本竹書紀年』にみられる「申侯、魯侯及許文公立平王於申」という記事である。この時期「許文公」という有力者が登場し、周の東遷を助けている。したがって「従無従皿」で表現される「許」は、許文公かあるいはその父親と関連する青銅器とみなければならない。この頃の「許」一族は周の封建制を支える周王の幕閣の有力者の一人であった。

　同様に内蒙古扎魯特旗で出土した簋に記された銘文には（張柏忠 1982）、
　　「井姜大宰它鋳其宝簋子子孫孫永宝用享」
とあり、「井」は「刑」と古通することから、周代の刑国のことと想定され、刑国に嫁いだ姜の子供である大宰の地位にある「它」の記念品であることを示している（図43）。刑国は周公の子供が西周初期に陝西省槭林に封建され、ついで河南省刑丘に移封されて、河北省刑台に転封した後に、紀元前635年に衛により滅ぼされた。当時の「井」は河北省刑台が根拠地である。この刑国に関係する青銅礼器が実際に出土した地点は、中原からははるか僻遠の地であり、銘文に記された内容からは、この青銅器が二次的に移動したことを物語っている。このことは近藤喬一が主張するように、これら青銅器は略奪品か、あるいは交換のための見返り品とすることができよう（近藤 1997）。見返り品とすれば時期的に同じ頃の製品が揃うのが普通であり、異なった時期の青銅器が混在すること、姜族の娘が嫁いだという特別の記念品であることなどを念頭におくと、略奪品と想定するほうが理にかなっているといえる。『春秋』によれば、

図43　扎魯特旗出土簋の銘文と拓本（張柏忠 1982）

紀元前7世紀中頃、邢はしばしば「狄」の侵入を被り、最初は斉などの援助を受けていたが、ついには「狄」の軍門に降り、「狄」と結ぶことで、かえって衛による滅亡を余儀なくされたのであった。内蒙古扎魯特旗で出土した簋は、器それ自体は春秋前期の様式の青銅器ではあるが、こうした歴史的経緯の中での二次的移動を考慮する必要があろう。内蒙古扎魯特旗出土品が最終的に墓に納められたのは紀元前7世紀中頃以降とすることが可能である。

　以上の検討を通して、小黒石溝で発見された青銅器群は西周末期から春秋前期頃と比定することが可能で、中原的青銅器組合わせでみられる「中原的礼制」の世界とは無関係な、内蒙古の一隅で墓に副葬品として納められたものとすることができる。

その他の青銅礼器群

　小黒石溝遺跡以外でも、中国東北南部地方では在地製青銅器と組み合わさって中原で製作された青銅器を伴出する遺跡が存在する。寧城県南山根の101号

石槨石棺墓からも多数の青銅製武器類や在地産青銅容器に混じって、中原産と考えうる青銅の簋と簠があり、それらは上村嶺虢国墓1820号墓出土品（中国科学院考古研究所 1959）ときわめて類似する。また戈も三穿で先端部（援）が尖り、身の中央に3条の凸脊をもつ点など虢国墓出土品（河南省文物考古研究所・三門峡市文物工作隊 1999）と同じ形式とみてよい。すると小黒石溝石槨墓と南山根101号墓はほぼ同一の時期に比定することができる。ただし短剣類は多様な型式をその中に含み、春秋前期に降る可能性が高いことも考えられる（高浜 1983）。

内蒙古寧城県汐子北山嘴7501号石槨墓では短剣、鉞、盔、銜、金製釧に混じって、簋が1点出土している（寧城県文化館・中国社会科学院研究生院考古系東北考古専業生 1985）。外側に向いた獣頭の把手を対に配し、頚部に龍紋の崩れた追廻紋がめぐり、獣頭と獣脚による足がつけられている。これと類似した簋は虢国墓でみることができ、春秋前期と時期比定することができる。

このほかに、同じ寧城県内では春秋前期頃の埋葬址が集中して発見されている（寧城県文化館・中国社会科学院研究生院考古系東北考古専業 1985）。瓦房中791号墓では「ハ」字形の鐔を有する短剣や刀子、盔などとともに、先端部（援）が尖り、三穿で方形の内が長い戈が出土している。また同様な戈は劉家南溝や河北省平泉県東南溝でもみられる（河北省博物館・文物管理処 1977）。このほかにも南山根東区の石槨墓、石拉山741号などは、小黒石溝や南山根石槨墓と武器や装身具に共通性がみられ、西周末期から春秋前期の年代に収まるものと考えられている（高浜 1995）。

以上の西周末期から春秋前期にかけて、この地域にみられる青銅器群は盔式銅剣や有茎式銅剣などを武器として具備する集団であるのに対して、春秋前期以降、「ハ」字状（匕首式）の鐔をもつ有柄式短剣に代表される青銅武器を所持する集団墓が出現する。その始まりは北京市の西北、軍都山南麓一帯に分布する葫蘆溝、西梁垙、玉皇廟の3ヵ所の墓地であり、いずれも木棺土壙墓で構成された集団墓を形成する（北京市文物研究所山戎文化考古隊 1989）。前者が石槨墓を中核として、青銅礼器などの副葬品の多寡においても質においても、

著しい差を示しながら墓域が構成されるのに対して、後者の場合は青銅礼器をほとんどもたず、等質的な木棺土壙墓で共同墓地を構成するという明確な集団構成の差異がそこに認められる。

玉皇廟遺跡では頭位を東に向けた350基の墓が整然と列状に配置されていて、墓相互には規模の格差はみられない。またほとんどの墓には人骨頭部にイヌ、ヤギ、ウシ、ウマの部分もしくは全身を随葬する習俗が認められ、その数は玉皇廟墓地で60％に、葫蘆溝墓地と西梁垱墓地では25％に達している。こうした習俗は中原地帯にはみることができない。

副葬品は陶製の容器が基本で、青銅礼器はあまりみられない。主要な青銅容器には、鼎、豆、罍、簋、鍑、盤、匜、杯などであり、またその数量は少ない。武器には「ハ」字状の鐔をもつ有柄式短剣が特出し、素環頭刀子も多くみられる。鏃には両翼式と三翼式の両種があり、戈は三穿で援が尖り、内の長い型式が出土している。工具では斧や鑿が、馬具には銜や節約、轄がある。そのほかには銅製の装身具が各種発見されている。戈の形態が洛陽中州路の第1期（中国科学院考古研究所 1959）や辛村M17号墓出土品（郭宝鈞 1964）と類似することから、もっとも古い時期は春秋前期に収まる。

ここで出土する数少ない青銅容器は、燕を始めとする各地から齎されたもので、ほぼ春秋前期の所産である。調査報告書では詳しくは述べられていないが、靳楓毅と王継紅の論文においては（靳楓毅・王継紅 2001）、葫蘆溝、西梁垱両遺跡を含めての未発表の資料が一部公開されていて、それによると林編年での春秋中期に降る資料もみられることから、軍都山一帯に築かれたこれらは、春秋前期から中期にかけて営まれた墓地とすることができる。また文章中では尖首刀に言及されていることから、戦国初め頃まで墓が継続構築されたのかもしれない。

こうした簡素な木棺土壙墓で構成される墓地は、春秋中期から後期にかけての例としては、延慶県別埪区墓地（北京市文物研究所 1994）と宣化県小白陽墓地（張家口市文物管理所・宣化県文化館 1987）、灤平県梨樹溝門墓地（承徳地区文物保護管理所・灤平県文物保護管理所 1994、灤平県博物館 1995）が挙

げられ、春秋後期には環来県甘子堡山墓地（賀勇・劉建中 1993）があり、北辛堡山墓地（河北省文化局文物工作隊 1966）、灤平県虎什哈砲台山墓地（河北省文物研究所・承徳地区文化局・灤平県文物管理所 1983）、遼寧省凌源県五道河子山（遼寧省文物考古研究所 1989）の戦国期の墓地とこの地域では連綿としてこの種の墓地が継続築造されている。

　以上のように、河北省北部から遼寧省西部にかけての地域では、春秋時代前期から戦国期にかけて、墓の構造と副葬品の品目において、相互にさほど差異を見出せない共同墓地を形成する集団の隆盛をみる。墓自体は不明確であっても、「ハ」字状（匕首式）の鐔をもつ有柄式短剣は、内蒙古東南部から河北省北部、遼寧省西部一帯にかけてこれまでに膨大な数の出土が報告されており（江上・水野 1935、鄭紹宗 1975・1984・1994）、安定した文化的伝統を形成していたとみることが可能である。またこうした青銅短剣を具備している春秋前期の玉皇廟遺跡、春秋後期の環来県北辛堡遺跡や戦国前期の河北省李家荘墓から青銅製の鍑が発見されることは（河北省文化局文物小作隊 1963）、ヤギ、ウシ、ウマなどを随葬することと併せて、その出現の当初から最終段階まで、非中原的な牧畜を主要な生業とする民族の残した遺産であることを物語っているといえよう（甲元 1992）。

　このように西周末期から春秋時代前期にかけて、中原の青銅礼器をもちながらも非中原的な多数の武器類を備え、装飾品にみられる中原とは異なった出で立ちの集団が埋葬された石槨墓と、春秋前期以降戦国中期まで青銅礼器はあまりもたず、簡素なオルドス青銅器群を具備した等質的な木棺土壙墓で共同墓地を構成する集団という、明確に異なった二つの民族集団が存在していたことは明らかである。前者はやがて後者に押されて遼西地方から遼東地方へ居を移し、オルドス青銅器群は北アジアを席巻するようになる。これら二つの民族集団をそれぞれ東胡と山戎に該当させる研究者は少なくない。

　こうした民族集団が従来居住していた北方の地から南下してくる要因は何であったのか。

環境変化の研究

　西周末期から春秋前期に東北南部地域において、中国製青銅器を保有する石槨墓が階層差をもって出現したが、これらの石槨墓が所持する青銅礼器の多くは略奪品と考えることが妥当であることは先にみた。また燕山山脈とその周辺においては、春秋時代前期から石槨墓に代わり木棺土壙墓という簡単な構造で、相互にさほどの階層差が認められない集団墓を営む人々が戦国期まで安定して居住していたことも確かめた。西周末期から春秋時代にかけてこうした非中原的な集団が河北省北部から内蒙古東南部地域に出現したのであろうか。

　内蒙古の考古学研究に永年従事してきた田広金は、花粉分析にもとづく環境変化と考古学的事実を組み合わせて興味深い論を展開している（田広金 1997、田広金・史培軍 1991、田広金・史培軍 1997）。それによると、今から8000～7000年前、気候の温暖化に併せて内蒙古地方に初期農耕文化が出現した。興隆窪文化や大地湾文化がそれである。6500～6000年前になると高温多湿環境となり、農耕文化が最盛期を迎えた。東部地区の趙宝溝文化、紅山文化、中部地域の仰韶文化王墓山下層文化、海生不浪文化、西部地方の仰韶文化半坡類型と馬家窯文化の時代である。今から4500～3500年前と2500～1500年前には内蒙古の東西では気候の違いが明確となる。中西部では湿潤となるが、東部では乾燥状態となり、古土壌層の上に風成砂層が覆うようになる。しかし3500～2500前には反対に東部地域が湿潤で、小河沿文化や夏家店上層文化などの農耕文化が隆盛を迎えるのに、中西地域は乾燥状態となり砂層が形成され、西部地方は3500年前から、斉家文化、辛店文化、寺窪文化で牧畜業が盛んとなる。内蒙古中西部地方が農耕に適した時期に二里頭文化と同様の文化展開がみられる。

　こうした田広金の想定は、必ずしも提示された湿度と気温変化の数値と一致しない側面がある。すなわち乾燥化はBP5000年とBP3000年にピークを迎える（田広金・史培軍 1991）。温度はBP5000年からBP3000年に向かって徐々に低温下する傾向を示す。このことは徐々にヒツジが増加し、農耕以外に牧畜が生業に取り入れられたという考古学的事実と即応する。しかしBP3000年の急速な

寒冷・乾燥化は、上記の田広金の想定とは嚙み合わない。むしろ大甸子遺跡での花粉分析にもとづく報告では（中国社会科学院考古研究所 1996）、夏家店上層文化段階で乾燥化が著しいという結果、あるいは北京周辺地区でも寒冷・乾燥化現象がみられるという指摘（孔昭宸・杜乃秋・張子武 1982）や内蒙古ではタデ科やヨモギ属の草本が優勢となり、北京周辺では二次林としてのマツ属が大部分を占めるという研究（周昆叔・陳碩民・陳承恵・葉永英・梁秀龍 1984）、西遼河流域での夏家店上層文化出現と歩を合わせるように風砂活動が活発となるという調査結果（楊志栄・索秀芬 2000）などを加味すると、炭素年代で示されるBP3000年の寒冷・乾燥化は考古学資料との対比からは、西周末期から春秋前期にかけての頃であることを示している。このことは夏家店遺跡でウマ、ヒツジの数が増加し、モウコノウサギなどの草原性動物が登場することと良く符合する（甲元 1989c）。朱開溝遺跡の段階ではいまだ寒冷・乾燥化がピークを迎える以前であり、殷文化の北進がありえた時期であるとみることができる。

　気候変化は高緯度地方にはより明確な形で現れてくる。北緯46度に位置する黒龍江省東翁根山遺跡では、砂丘の断面観察から砂層とクロスナ層が交互に認められ、冷涼乾燥期と温暖湿潤期が交互に訪れたことを示しているという（葉啓堯・魏正一・李取生 1991）。

　クロスナ層形成期は砂丘生成期に比べ温暖湿潤であることが、4枚のクロスナ層から検出された花粉の解析から明らかにされている。放射性炭素による年代では第1クロスナ層は7000±100BP、細石器を伴う第2クロスナ層は4400±80BP、白金宝文化期の第3クロスナ層は2900±80BP、隋唐渤海期の第4クロスナ層は1400±100BPと測定されている。

　内蒙古東南部においても花粉分析による気候変動が試みられている。それによると、

① 8000〜5000BP：最温暖化＝興隆窪文化、趙宝溝文化、紅山文化（6660〜4870）

② 5000BP：気候悪化＝小河沿文化（4915〜4667BP）

③ 4100～3500BP：環境好転→北方への進出＝夏家店下層文化（4100～3500BP）
④ 3000BP：気候冷温化＝夏家店上層文化

であり（孔昭宸・杜乃秋・劉顕民・楊虎 1991）、ヨーロッパの気候帯にあてはめると、①はアトラント期、②はサブボレアル期、③はサブアトタント期に該当する。

こうした気候変動の研究は、最近では遺跡の発掘調査と相応して行われている。天馬曲村は晋の一大墓地群であり、遺跡隣接地での鉱物組成にもとづく気候分析がなされている（北京大学考古学系商周組・山西省考古研究所 2000）。それによると、次のような変化が看取できるという。

　　第8層：仰韶文化＝温暖湿潤、後期は黄土堆積やや寒冷乾燥
　　第7層：龍山文化以降＝比較的湿潤
　　第6層：黄土堆積、第8層よりも寒冷乾燥
　　第5・4層：晋文化＝比較的寒冷乾燥
　　第3層：戦国＝気温上昇しかし湿度は低め
　　第2層：漢代＝気温低下

これまでも龍山文化から夏・商代までは温暖湿潤であったことが確かめられているので、8層後期の黄土が堆積してやや寒冷乾燥化した段階は廟底溝第2文化期に相当することは間違いない。また第6層が内蒙古東南部での3000BP頃の寒冷化に相当し、この時期世界的に認められる急速な寒冷化と良く符合する。

中国の研究者による遺跡報告を仔細に検討することで、遺構の切込み層の把握から、土壌の形成との関係を窺うことが可能である。

軍都山墓地群の遺構切込み層については、『北京文物与考古』第3輯に簡潔な記載がなされている（北京市文物研究所山戎文化考古隊 1992）。それによると次のようにまとめられる（図44）。

　　葫蘆溝墓地：第1層；耕作土　20～30cm　戦国時代土器
　　　　　　　　第2層；砂混じり褐色土　20～45cm　この層から掘り込む

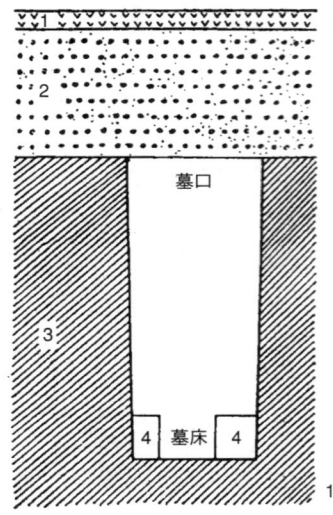

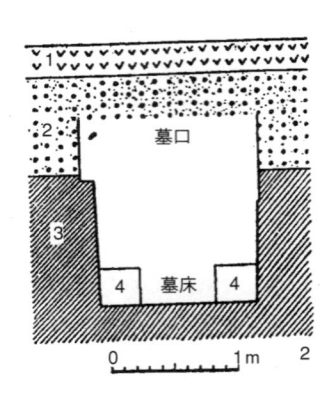

1：271号墓　2：174号墓
図44　玉皇廟遺跡における遺構断面図（北京市文物研究所山戎文化考古隊 1992）

　　　　　　　　第3層；黄土と砂の互層
　西梁垙墓地：上　層；紅褐色土あるいは砂層と礫が混じる紅褐色土
　　　　　　　下　層；細黄土　この層から掘り込む
　玉皇廟墓地：北区の土層
　　　　　　　第1層；褐色土　12cm
　　　　　　　第2層；砂と礫が混じる層　35cm
　　　　　　　第3層；黄土層　2m以上　この層から掘り込む
　　　　　　西区の土層
　　　　　　　第1層；褐色砂混じり層　30〜35cm
　　　　　　　第2層；大粒の砂礫層　60〜90cm　この層から掘り込む
　　　　　　　第3層；黄土層　40cm
　　　　　　　第4層；砂と石混じり黄土層
　　　　　　東・南区
　　　　　　　第1層；褐色土　20〜25cm

第2層；砂と石粒混じり褐色土　80cm　この上部から掘り込む
第3層；黄土層　1.04m

　砂礫混じりの層を手がかりにすると、この層から遺構が掘り込まれたものと、この層の下部に認められる黄土層から掘り込まれたものとに弁別することが可能で、西梁垞墓地と玉皇廟墓地北区墓地の形成時期が古く、葫蘆溝墓地と玉皇廟墓地西区、東・南区が遅れることを意味する。玉皇廟墓地西区を例にとれば、山麓の高い場所から墓地の形成が始まり、低地に及んだことを物語る。先に軍都山墓地群の紹介で記した、春秋中期に降る遺物を副葬する類があることを指摘したが、この切込み層位の違いからも裏づけることができる。このことは砂が堆積する前か堆積し始める頃に春秋前期の墓がつくられ、砂の堆積中に春秋中期の埋葬址が営まれたことを物語る。

　以上の遺跡の状況から推察される考古学的事実は、西周末期から春秋前期にかけて寒冷乾燥化し、砂が堆積する環境にあったことを示すものであるといいうる。この点は中国の文献上でも確認することができる。『太平御覧』が引用する『史記』は本来『竹書紀年』にあったと推定されているが、この周孝王7年条には、

　　「厲王生、冬大雨雹、牛馬死、江・漢倶凍」

とあり、ひどく寒い時期であったことが知られる。また今に伝わる『竹書紀年』の記事から、この頃晋の領域で寒冷乾燥化した状況であったことを窺うことが可能である。紀元前9世紀後半から8世紀にかけての頃には、きわめて劣悪な環境が展開していたことがわかる。北方民族の南下現象は寒冷・乾燥化に起因する環境悪化がもたらしたものと考えることができよう。

　こうした現象は中国だけでなく汎地球的なものであり（安田1993・1994）、ヨーロッパやアジアを問わず醸し出されたことは既に指摘したことである（甲元2004）。日本列島における砂丘の形成時期である縄文時代前期と中期の間、縄文時代晩期山の寺式段階は、それぞれ中国の仰韶文化廟底溝段階と西周末期から春秋初期の寒冷期に相当する（甲元2005）。

おわりに

　東北アジアの青銅器文化の開始は山西省北部地域と同様に殷後期に遡上する。青銅器に記された銘文によると、殷的世界の重要な構成員であった「天黽」、「鬲」、「戈」などの族徽をもつ集団が中心となって、北方世界へ進出することによりもたらされた。山西省一帯では、その後殷周革命を経て中原的世界に吸収されていったが、東北地方南部においては数回にわたる燕国の召侯一族による平定活動が持続的に行われたことが知られている（甲元 1991・1997）。これは践奄の後、西周に加担した勢力による殷の同盟者による抵抗を排除するものであり、その活動範囲は山東省から河北省、遼寧省南部に及んだ。

　その後、燕勢力の衰退と寒冷化現象に伴う、有茎式銅剣保持者である農耕・牧畜民の南下が頻繁にあり、その過程で中原的青銅礼器を多数保有する南山根類型の石槨墓を中核とした埋葬址が、内蒙古東南部から遼寧省西部に出現するようになる。それは西周末期から春秋初期のことであった。ところが、春秋前期になると有柄式（オルドス式）銅剣を具備した集団墓地で示される民族集団の墓制が河北省北部の地域で顕著になり、一方では有茎式銅剣を保持する集団を遼西、次いでは遼東に追いやるとともに、河北省中部一帯以北の地域では、戦国中期までその確固とした足跡をたどることができる状況が醸し出されている。南山根文化十二台営子類型に属する集団は鄭家窪子遺跡出土の4頭立ての車にみられるように殷周的な性格を具備しているのに対して、オルドス式短剣を装備した集団は埋葬址から出土する各種の馬具の卓越性から明らかに騎馬民と想定され、さらに銅鍑をもつことで牧畜を生業としていたことを窺わせる。南山根類型の担い手が「東胡」とすると、「軍都山類型」を担った集団は、文献にいうところの「山戎」であった可能性は高い。

　東北アジアにおいては、殷代後期に青銅器文化の洗礼を受け、周代には燕国の支配を通して独自の青銅器文化が開花したが、中原的世界と関係しながらも独特な歴史的世界を構成していたとすることが可能であろう。

第7章　単鈕鏡小考

はじめに

　東北アジアを代表する青銅器として遼寧式銅剣と多鈕鏡を挙げることに異論はない。これらは東北アジアの初期青銅器文化を特徴づけるだけでなく、以後のこの地域に展開する青銅器の性格をも規定した重要な製品である。遼寧式銅剣に関しては秋山進午が本格的に論じて以来（秋山 1968・1969）、東アジアの青銅器文化研究者により多様に論じられてきたし（靳楓毅 1982・1983、朱永剛 1998、翟徳芳 1988、劉国祥 2000、宮本 2002・2004、岡内 2004・2005）、多鈕鏡についても少なからず取り上げられてきている（宇野 1977、全栄来 1991、甲元 1990）。しかし、その祖形とも想定される単鈕素紋鏡については、最近は中国鏡の起源問題に関連して考察論文が提示されているだけで（樋口 1979、宋新潮 1997）、これまでに多鈕鏡との関連において言及された論攷はほとんどない。これに関して一部論じたことがあり（甲元 1988c）、ここでは改めて中国出土単鈕素紋鏡を対象として分析し、併せて鏡のもつ意味について論及してみることとする。

単鈕素紋鏡の出土事例

　中国出土単鈕素紋鏡はこれまでに以下の遺跡から出土が報告されている。調査報告書では単鈕素紋鏡はしばしば「器蓋」として紹介されている例も少なくない。図や写真を欠く場合には、こられ以外にも類例が増加することが想定されるが、極端に数が増すことは考えがたい。

1. 殷墟およびその周辺地域

　殷墟では婦好墓から4面出土している（中国社会科学院考古研究所 1980）。

3点は大型で6圏を単直線の凸弦紋をめぐらす直径が11.8cmのもの（図45-2）と外区を乳釘紋、内区は十字形の空白部を挟んで綾杉紋を飾るものである（図45-1）。直径が12.5cmを測る。その他は綾杉紋鏡を一回り小さくしたもので、紋様も類似するが一部に空白部を設けている（図45-3）。直径は11.7cm。1点の小型鏡は直径が7.1cmで内区に二条の綾杉紋をめぐらすが一部に紋様の欠損がみられる（図45-5）。綾杉紋をめぐらす大型鏡は槨内より出土しているが、具体的な位置は記されていない。そのほかの3面は槨外出土である。墓主は武丁の妻でシャーマンとして知られている。

侯家荘M1005号墓から1点出土している（梅原 1959a）。直径が6.7cm、鏡面はやや凸面を呈し、鏡背の中央に「コ」字形の鈕をつけ、内区には弦紋による充填鋸歯紋を、外区には弦紋による二つの孤線をつなぐ形が表されている（図45-6）。墓は小型に属するが、6人の殉葬者を伴い、副葬された青銅器も多く、他の小型墓とはやや性格が異なる。

大司空村南地25号墓出土した鏡は直径が7.5cm、鏡背には3圏の同心円状の凸弦紋が施され、中央には「コ」字形の鈕がある（図45-7）。25号墓は二層台を有する小型木槨木棺墓で、鏡は頭部付近に置かれた瓢の下から検出さている。所属時期は殷墟編年2期の中頃で、婦好墓よりもやや古い年代が推定される（中国社会科学院考古研究所安陽工作隊 1989）。

浚県辛村42号墓から1点出土がみられ、郭宝鈞の報告には記載がないが（中国科学院考古研究所 1964）、梅原により紹介されている（梅原 1958b）。直径は約10cmで無紋、中央に大きめの鈕がある。鏡面は平坦で周辺部は薄くなる（図45-4）。郭宝鈞は西周後期に比定するが、戈の形状は殷から西周前期の型式であり、「成周」銘は燕国墓地でも出土が確認されていること、また燕国墓地では戟も既に登場していることからも（北京市文物研究所 1995）、西周後期とする説には左袒できない。西周前期に相当する時期と考える。この鏡は中原地域では異例で、むしろ後でのべる青海省あたりの卡約文化の鏡との共通性が高い。

上村嶺虢国墓では3面の鏡の出土が報告されている（中国科学院考古研究所 1959）。鏡面は平直で鏡背には双鈕がつけられ、虎、鹿、鳥紋などが描かれて

第 7 章　単鈕鏡小考　165

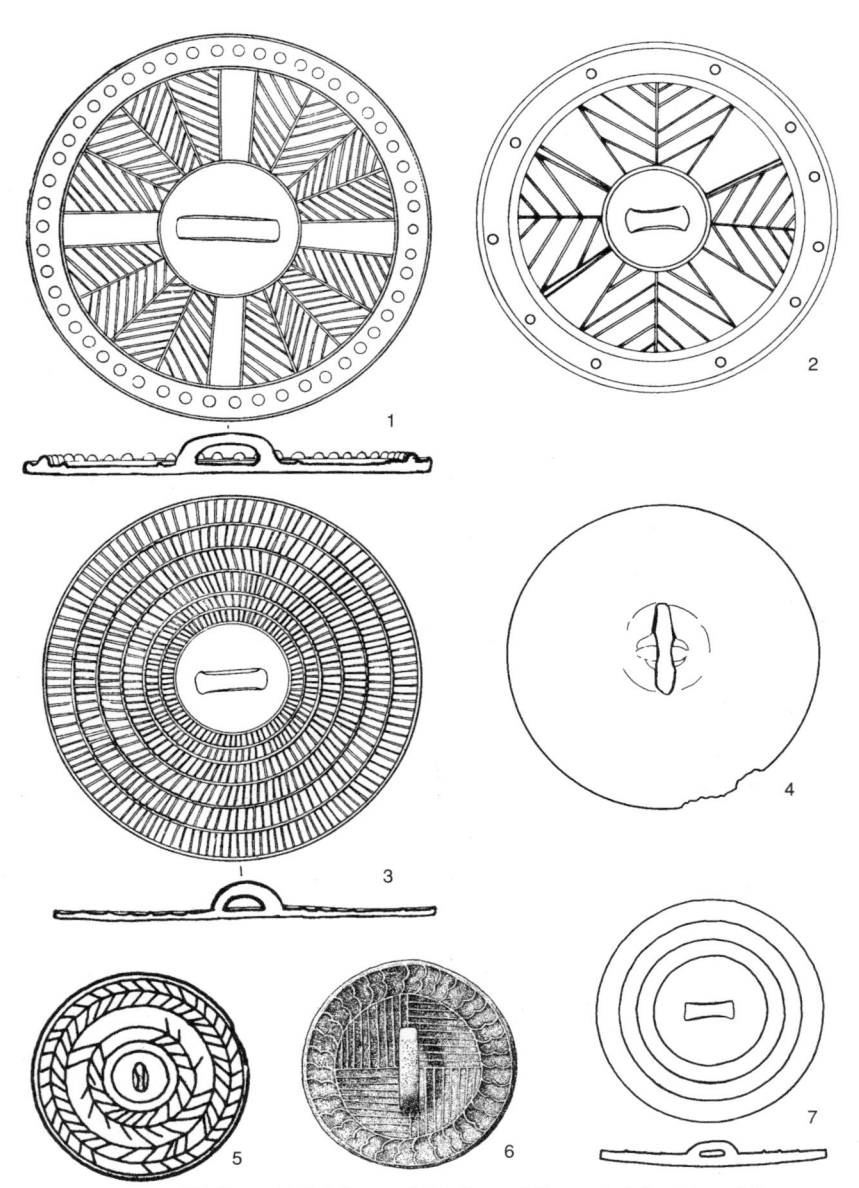

1〜3、5：婦好墓　4：浚県辛村　6：大司空村1005号墓　7：大司空村南地25号墓
図45　単鈕素紋鏡集成図（縮尺1/2.3）（中国社会科学院考古研究所 1980、梅原 1959）

いる（図46-1）。直径は6.7㎝。他の 2 面も大きさは5.9㎝、6.4㎝と類似しており、鏡面は平直で鏡背には紋様を欠く。梅原はオルドス地域の青銅器に描かれた紋様との類似を説いている（梅原 1959）。1650号墓出土品の周辺は凸帯による縁取りがみられる。

長安長家坡178号墓では「銅器蓋」として紹介された鏡がある（中国科学院考古研究所 1962）。直径が10.5㎝で無紋、周辺部が厚くなっている。共伴する青銅器から西周前期でも古い年代が想定できる。

陝西省淳化県趙家荘村では殷墟後半期の地方産青銅鼎とともに鏡が 1 点採集されている（姚生民 1986）。直径が5.5㎝と小さく、凸弦紋で区画された外区には、4 点の乳釘紋の間に 7 本の凸弦紋がそれぞれ配されている（図46-10）。

陝西省扶鳳県劉家水庫で窖蔵址が発見され、1 面の鏡が採取されている（羅西章 1980）。外区に重圏紋を配し、内区には半円の凸弦紋を 4 個めぐらせる（図46-2）。直径は 8 ㎝。この種の紋様は西周後期の青銅器に多くみることができ、その頃の製品と思われる。

宝鶏市郊区と鳳翔県新荘河でそれぞれ 1 点の無紋の鏡が発見されている（王光永・曹明檀 1979）。宝鶏市郊区出土品は墓の副葬品で、4 点の鼎と1点の簋と伴出した。青銅礼器は西周初期の様式である。直径が6.5㎝で、鏡面は平直、粗い造りであるという（図46-5）。新荘河で採集された鏡は直径が7.22㎝、無紋で鏡面はかすかに凸面をなす（図46-6）。この発見以後、この遺跡では乳釘紋鼎などの青銅器が発見され、西周初期の墓群に関係する遺物とみられている。

鳳翔県では南指揮西村で副葬品として鏡が 2 点出土している（雍城考古隊 1982）。直径は7.2㎝を測る無紋鏡で鏡背には長条形の鈕がつく。鏡面は平直である（図47-2）。

陝西省旬邑県崔家河東村でも墓の副葬品として 1 点の鏡が発見されている（曹発展・景凡 1984）。直径が9.5㎝で無紋。写真では鏡の縁がやや盛り上がったようにみえる。また白龍村でも直径が8.8㎝の無紋鏡が土取り作業中に 1 点発見されている（高西省 1993）。鏡面はかすかに凸面をなす（図47-3）。共伴した青銅器には三穿の戈があり、西周前期とみられる。

第 7 章　単鈕鏡小考　167

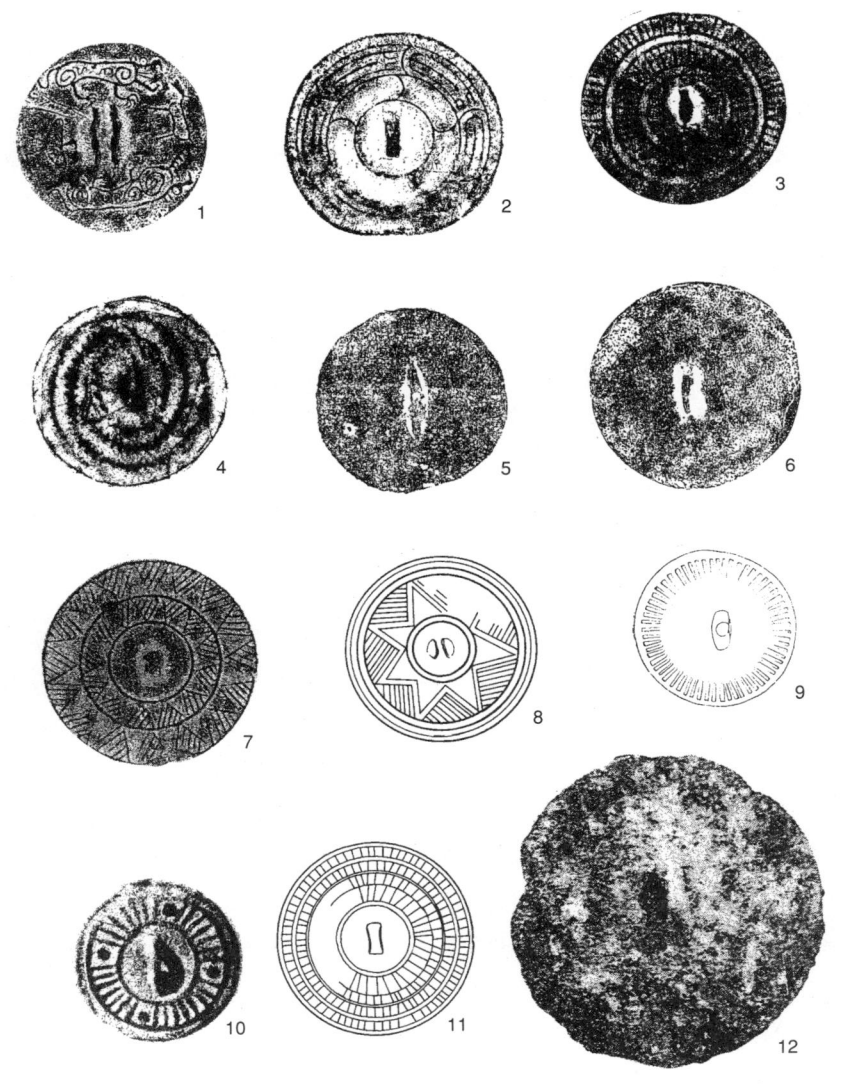

1：上村嶺虢国墓　2：劉家村　3：平涼　4：漳県　5：宝鶏市郊区　6：新荘河村　7：伝臨夏
8：尕馬台　9：道虎溝　10：趙家荘　11：伝内蒙古　12：南山根101号墓

図46　単鈕素紋鏡集成図（縮尺1/2.3）（中国科学院考古研究所1959、姚生民1986、
　　　　羅西章1980、王光永・曹明檀1979、高阿中1991、李海栄2003、郭大順1987、
　　　　遼寧省昭烏達盟文物工作站・中国科学院考古研究所1973、Anderson 1932）

岐山県王家嘴では直径が8.7cmの無紋鏡1点が出土している（陝西省考古研究所・陝西省文物管理委員会・陝西省博物館 1979）。写真でみると鏡面はやや凸面となり、鏡背には板状の鈕がつく。

これらのほかに陝西省では隴県湯原村で1点の鏡が収集されている（肖琦 1993）。直径は7.7cm。無紋で鏡は全体的に薄いという。鏡背中央には鈕がみられる。

2．甘粛・青海地域

甘粛・青海省の斉家文化や卡約文化に属する鏡がかなりの数出土している。青海省貴南県尕馬台では凸弦紋で区画された内区に充填鋸歯紋をめぐらせた小型鏡が1点報告されている（安志敏 1981）。鏡の周辺部は半円形の縁取りがみられる（図46-8）。ただし正式報告は皆無のために、委細は不明である。このほかに安志敏論文には、甘粛省広河県斉家坪でも両耳付きの銅斧とともに1点鏡が発見されているという。游学華の論文によれば直径が約6cm、無紋であるという（游学華 1982）。

青海省中湟県前営村では銅鉞とともに2点の鏡が採集されている（李漢才 1992）。1点は直径が6cm。鈕座と外区は凸弦紋で区画され、周辺部も盛り上がった縁取りが認められる。他の1点は直径が5.5cmと小さく、内区と外区は凸弦紋で区画され、それら内部には短い直線紋で飾られている。

青海省湟源県大華中荘では118基の木棺土壙墓が発掘され、34点の鏡が検出されている（青海省湟源県博物館・青海省文物考古隊・青海省社会科学院歴史研究室 1985）。図示された実測図によると、鏡2点は足元から、1点は木棺外部からの出土である。図と文章によると、鏡面は平直で鏡背は無紋、鈕のつくり方にやや違いが認められる程度、大きさも10.5cmと9cmで、ほぼ類似している（図47-1・5）。鏡面が平直となる点に共通性がみられる。

甘粛省漳県では農牧作業中に1点の鏡が出土した（陳俊峰 1994）。直径が6.5cmと小さく、周辺部は山形の縁取りがあり、鏡背には2匹の蛇がとぐろをまいている状態が描かれている（図46-4）。また平涼県での廃品回収の折に完形の鏡1点が収集されている（高阿中 1991）。直径が6.8cmを測り、無紋の円圏帯に

第 7 章 単鈕鏡小考　169

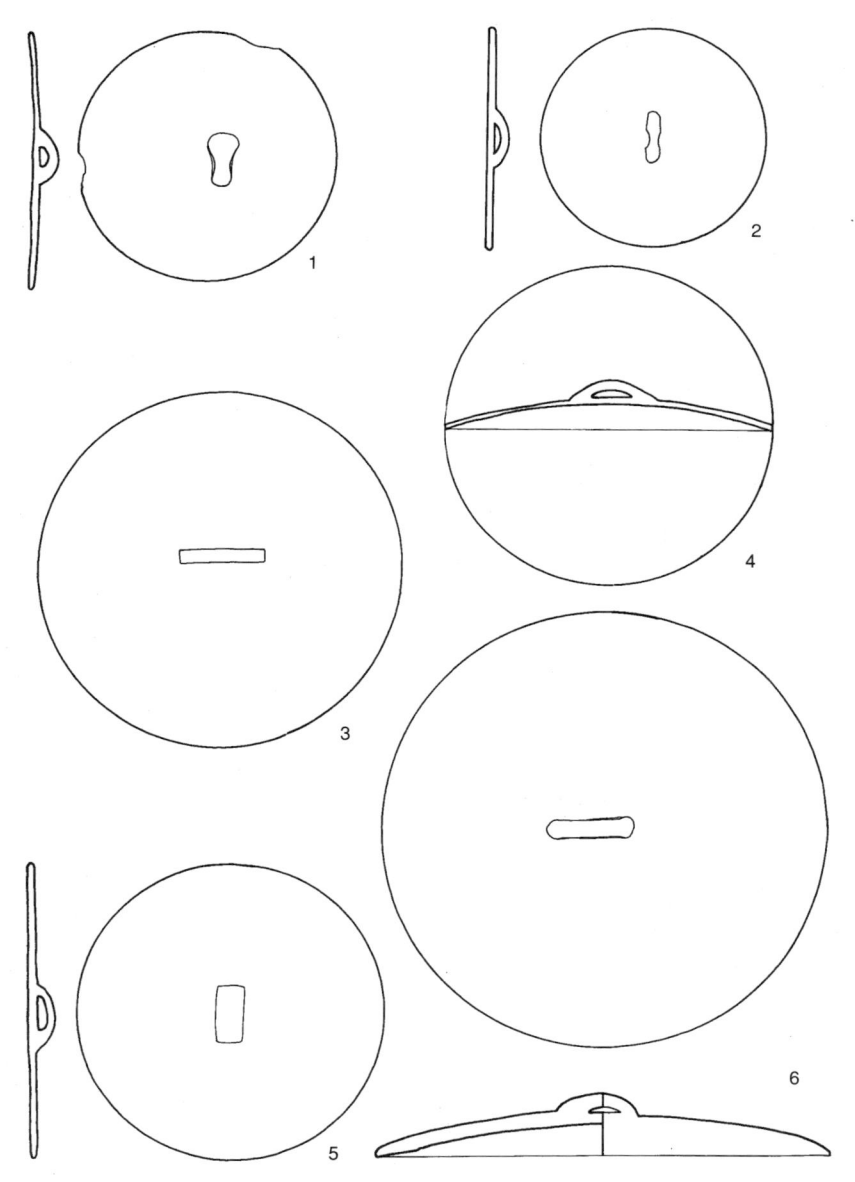

1、5：大華中荘　2：南指揮西村　3：白龍村　4：山湾子　6：大拉罕溝
図47　単鈕素紋鏡集成図（縮尺1/2.3）（雍城考古隊 1982、高西省 1993）

より鈕座、内区、外区が区画され、内区と外区には凸弦紋による単直線がみられる（図46-3）。紋様構成は婦好墓出土品と同巧である。

さらに甘粛省臨夏では紅銅製の鏡1点がある（図46-7）。鈕座、内区、外区を凸弦紋で区画し、充填鋸歯紋を飾る。青銅器を集成した中に図示されただけで、その他出土状況などに関してはまったく不明である（李海栄 2003）。

3．新 疆 地 域

新疆地域の青銅鏡については情報不足でよくわからない。劉学堂の論文によると（劉学堂 1993）、伊犂地区㲄乃斯種羊場石棺墓で直径が7.5cmの無紋鏡が1点、新源鉄木里克墓で直径が14.9cmと15cmの柄鏡の2点、特克斯県鉄里氏蓋山で2面、直径が13cmと10.5cmの円形鏡が出土し、吐魯番地区では艾丁湖墓から周辺部に3個の小孔を開けた鏡1点と採集された1点、鄯善県洋海墓から直径が5.4cmと6cmの小型鏡と採集品1点がある。

天山南麓地区では、拝城克孜爾水庫で2点、群巴克墓で3点、和静察吾呼溝墓地で6点、察吾呼溝西郷で柄鏡が1点、それぞれ採集されている。和静察吾呼溝墓地では龍が鏡の周辺を縁取るように描かれたものもみられる。

天山中部、烏魯木斉では阿拉溝墓地で1点、烏拉泊墓地で3点発掘、烏魯木斉市板房溝で1点が採取されている。

天山東部と哈蜜地区では巴里坤南湾墓地で3点発掘され、大きさはそれぞれ直径9.5cm、10.6cm、8cmを測る。無紋で鏡面は平直であるがやや凸面になるという。焉不拉克墓地では7面が副葬品としてあり、そのうち22号墓から出土した3点は紅銅質で無紋、鏡面がやや凸面になる。また天山北路墓地では数点の鏡の出土がみられるという。このうちの1面は別の論文に図が示されている（李水城 2005）。大きさは不明であるが、4圏の凸弦紋で区画された中に婦好墓と同様の短線が描かれている。

宋新潮も指摘するように新疆地域の鏡は無紋で鏡面が平直であるという共通点をもつ（宋新潮 1977）。その時代も中原の年代に置き換えれば西周末から春秋以降に相当する。しかし焉不拉克墓地の図示された1点の鏡は、殷代並行期にまで遡上する可能性はある。またこれら新疆出土の鏡の中には「柄鏡」のよ

うな、明らかに西アジアの系譜を引く型式の鏡も見出される。したがって中原地域の鏡を考察するときには、当面直接の関係を想定する必要はない。

4．東北アジア

北京市昌平県白浮村では 3 基の大型木槨木棺墓が発掘され多量の西周初期の遺物が出土している（北京市文物管理処 1976）。ここでは 2 号墓と 3 号墓からそれぞれ 1 点の鏡が検出された。2 号墓出土鏡は直径が9.5cmで、鏡面は凹面。3 号墓から出土した鏡は直径が9.9cm、鏡面は微かに窪み、鏡背は無紋で中央に板状の鈕がつく（図48-1）。2 号墓では頭部はずれの木槨の隅から多くの青銅器とともに検出されたが、3 号墓では死者の頭部近くから出土している。

内蒙古寧城県南山根遺跡101号石槨墓から小型鏡が 2 点出土していると報告されている（遼寧省昭烏達盟文物工作站・中国科学院考古研究所東北工作隊 1973）。しかし蓋形器と分類された類も鏡と考えられる（図46-12）。「鏡」として分類されたものは直径が6.6cmと8.4cmで、鏡の周辺部には突起がある。8 点の蓋形とされたものは直径が10.5cmから11.3cmで、いずれも無紋である。また102号墓でも 1 点の鏡が出土している（中国社会科学院考古研究所東北工作隊 1981）。人骨の腰部辺りから青銅武器と一緒に発見されている。鏡は直径が7.8cmを測り、周辺部は鏡背の部分が薄く盛り上がっている。鏡背面は無紋で中央に板状の鈕がある（図48-2）。また写真によると、1 点は凸面鏡の可能性がある。南山根遺跡の年代に関しては諸説あるが、西周末期から春秋初期にかけての頃と推定される。

遼寧省建平県氷泉城子7701号墓と7801号墓で各 1 点ずつ鏡が出土している（建平文化館・朝陽地区博物館 1983）。無紋で鏡面は凹面をなす直径が10.8cmを測る（図48-3）。人骨の胸と腹の間から検出されている。7801号墓で出土した鏡は直径が10.4cm。鏡面はやや凹面を呈している（図48-6）。また大拉罕溝751号墓でも 2 点の鏡が出土している（建平文化館・朝陽地区博物館 1983）。直径は14.5cmから15cm、鏡面は凹状をなし、鏡背は無紋、鏡背中央には板状の鈕がみられる（図47-6）。これら寧城県出土の鏡はいずれも長方形竪穴土壙墓から検出され、筒状柄（銎式）銅剣や遼寧式銅剣を伴う。同じく寧城県では天巨星

172

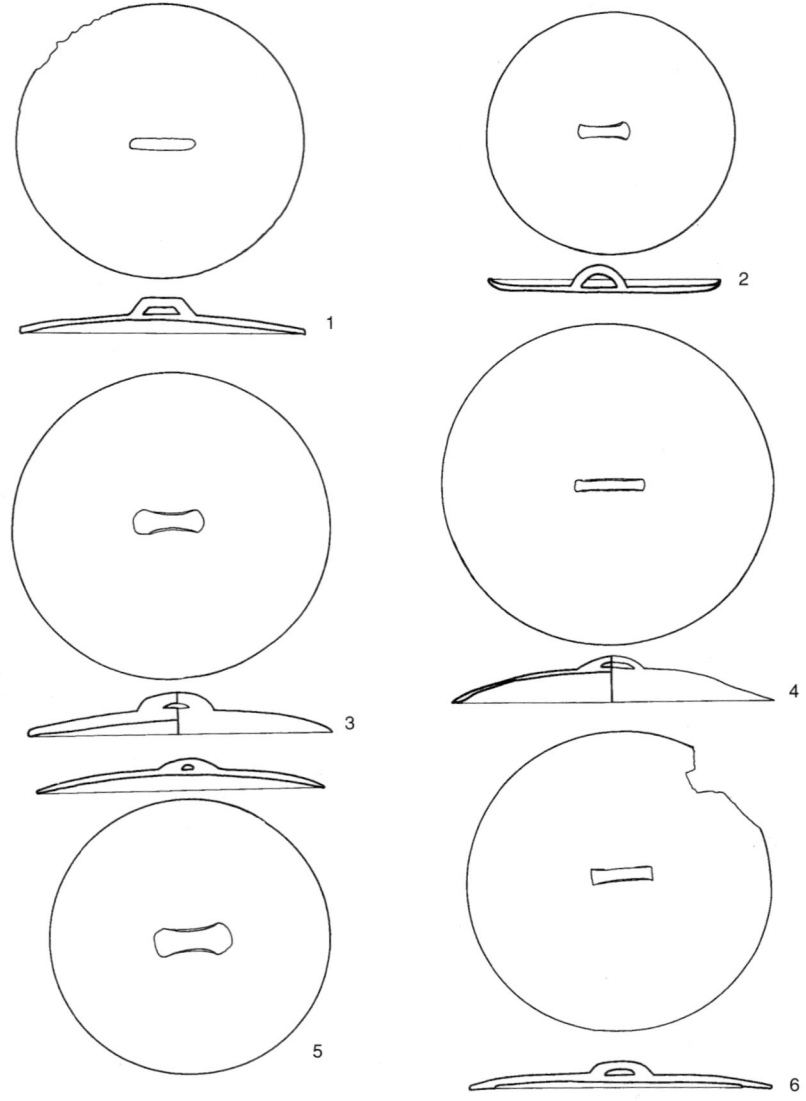

1：白浮村　2：南山根102号墓　3：水泉城子7701号墓　4：天巨星7301号墓
5：熱湯水　6：水泉城子7801号墓

図48　単鈕素紋鏡集成図（縮尺1/2.3）（建平県文化館・朝陽地区博物館 1983、邵国田 1993、寧城県文化館・中国社会科学院研究生院考古系東北考古専業 1985）

7301号墓で1点みられる（寧城県文化館・中国社会科学院研究生院考古系東北専業 1985）。石槨墓からの出土で、オルドス式銅剣や車馬具、装飾品などとともに2点出土している。鏡の大きさは直径が11.5cmで無紋、鏡面は深い凹面をなしている（図48-4）。オルドス式銅剣を基準にすると春秋中期頃と年代が想定される。

　一方、喀左県道虎溝では魏営子類型の墓の副葬品に、直径が6.1cmの小型鏡がある（郭大順 1987）。鏡の縁のやや内側に細長い「コ」字形線紋を円弧状に配したもので、内区は無紋のまま残されている（図46-9）。

　内蒙古敖漢旗でも夏家店上層文化に属する墓から鏡の出土が報告されている（邵国田 1993）。山湾子では直径が10.4cmの円形で鏡面が窪み、鏡背に鈕がつく（図47-4）鏡が遼寧式銅剣や刀子などと伴って発見されている。熱水湯では直径が9.6cmで形状は山湾子と同様で無紋（図48-5）、また内蒙古ではアンダーソンにより紹介された鏡1点がある（Anderson 1932）。直径が6.9cm、鏡縁を含めて4本の凸弦紋で鏡背を区画し、その間を短直線で埋めるものである。大きさはさほどないが、婦好墓出土のものと同様の紋様構成であり、殷代に遡上する可能性がある（図46-11）。このほかにも河北省張家口張北で採集された鏡も同類と思われる。

　田広金と郭素斯が内蒙古の青銅器についてまとめた本によると（田広金・郭素斯 1986）、オルドス地方においても婦好墓出土品と同様の凸弦紋で鏡背を飾るタイプのものが出土しているという。これには図がないために、アンダーソンが報告した鏡か、あるいは張家口で出土したものを指すのか、または新たに発見されているのか不明である。

　東北北部では吉林省猴石山から単鈕素紋鏡1点が出土している（張英 1990）。大きさ9.5cmを測る。無紋であるが拓本のみの紹介であり、鏡面が平直か凹面かなどの委細は不明。戦国時代と推定されているが、猴石山石棺墓からの出土であれば、春秋時代に属すると思われる。

単鈕素紋鏡の分類と所属年代

以上の単鈕素紋鏡は次のように分類することができる。

A：有紋
- a. 弦紋：婦好墓、侯家荘1005号墓、大司空村南地25号墓、伝内蒙古、甘粛平涼、淳化趙家荘、天山北路、喀左道虎溝、湟中前営村、張家口張北
- b. 綾杉紋：婦好墓、湟中前営村
- c. 充填鋸歯紋：貴南尕馬台、湟中前営村、伝臨夏
- d. その他：漳県、上村嶺虢国墓

B：無紋
- a. 鏡面が平坦：浚県辛村、鳳翔南指揮西村、扶鳳白龍村、宝鶏、鳳翔新荘河、岐山王家嘴、扶鳳劉家水庫、哈蜜焉不拉克、湟源大華中荘、寧城南山根101号墓、旬邑崔家河、広河斉家坪、内蒙古オルドス
- b. 鏡面が凹面：寧城南山根101、同102号墓、寧城熱水湯、北京白浮村、寧城水泉城子7701号、同7801号、敖漢旗山湾子、寧城大拉罕溝、寧城天巨星7301号墓

凸弦によりで短線紋や綾杉紋、充填鋸歯紋を描く型式が古く、無紋で鏡面が平坦あるいは、やや凸面になるのは西域地方に、無紋で凹面となる鏡は東北アジアに分布することがわかる。このほかオルドス・南シベリア地域には多数のBa型が存在し、一部に凸帯もしくは山形の縁取りを有する類がみられる。有紋鏡と無紋鏡aタイプはいずれも鏡面が平坦であるのに対して、Bb型の凹面鏡は東北アジア南部地域にのみ出土し、その多くは夏家店上層文化に属する。

以上の単鈕素紋鏡は、それらと共伴する青銅器を重視して年代を考察すると次のようになる。

殷代後期2期：婦好墓、大司空村南地25号墓

殷代後期：侯家荘1005号墓、伝内蒙古、淳化趙家荘、甘粛平涼、天山北路、喀左道虎溝、張家口張北、湟中前営村

西周前期～中期：浚県辛村42号墓、扶鳳劉家水庫、鳳翔南指揮西村、扶鳳白龍村、宝鶏、鳳翔新荘河、岐山王嘴

西周後期～春秋前期：寧城南山根101墓、寧城南山根102号墓、寧城熱水湯、北京白浮村、寧城水泉城子7701号墓、敖漢旗山湾子、寧城大拉罕溝、上村嶺虢国墓（双鈕）

春秋中期：天巨星7301号

西域 斉家文化（龍山文化から殷代）：尕馬台、広河斉家坪、甘粛平凉、漳県

〃 卡約文化（殷代から西周代）：哈蜜焉不拉克、湟中前営村、湟源大華中荘

　現在までの出土資料によると、斉家文化に属する鏡の事例が中国ではもっとも年代が遡上する。中国の研究者の間では、この斉家文化の鏡が殷墟出土より年代が古いことを挙げて、西域が中国鏡の起源地であることが述べられる（宋新潮 1997）。実際斉家文化の鏡が紀元前2000年頃と推定されているのに、大司空村南地25号墓は殷墟2期中頃、婦好墓出土の鏡は共伴する青銅器は殷墟2期の後半にあたり、紀元前13世紀中葉から12世紀初頭の時期に比定され、西域での鏡出現がはるかに古い年代を示す。また充填鋸歯紋は中央アジアの青銅器に描かれた紋様と一致することで、鏡の西方起源も唱えられている（O'Donoghue 1990）。さらに旌介遺跡で非中国的青銅武器とともに出土した帯銘銅器に、「羌」がみられることから、「羌」を通して西域から齎された製品とする主張も見受けられる（Cosmo 2002）。

　ところで、今問題にしている東北アジアにおいては殷墟出土鏡との関係が深く、斉家文化のそれとは直接にはつながりをもたない。殷墟出土の鏡と類似する型式が内蒙古や河北省張北や喀左道虎溝遺跡から発見されている（郭大順 1987）こともその証左とすることができる。したがって東北アジア出土多鈕鏡の来歴に関しては、紋様と凹面鏡である点において、単鈕素紋凹面鏡が排他的に出土する夏家店上層文化と中原地域との関連が深いこととなる。

　また 東北アジアにおいての単鈕素紋鏡は遼寧式銅剣を始めとする独特な青

銅武器類と共伴することが多く、夏家店上層文化に続くオルドス式青銅短剣を伴う集団ではこれをみることがない。この点において、東北アジアで特異な展開をみせる多鈕鏡は殷墟出土の単鈕素紋鏡と夏家店上層の単鈕鏡の系譜を引くものであるとすることが可能である。

鏡のもつ意味

　ここでは鏡に記された銘文から後漢代の人々が鏡に託していた意味を考察してみることにする。その代表的な遺跡として、『長沙発掘報告』を取り上げてみよう。ここで報告された鏡には後漢代においてそれらに込められた思想がよく表現されている（中国科学院考古研究所編 1957）。内野の釈文によれば、以下のとおりである（内野 1987）。

　　重圏文鏡
　　　内帯：内清質以昭明、光而日月、心忽呼雍塞而不泄
　　　　　（この鏡は）清質昭明にして、光輝は日月の如く、これに照らしてみれば心は忽ち和らぎ、防ぎ止めようとしてもすべてを漏らさないで映し出す。
　　　外帯：潔清白事君、志驪之合明、仮玄錫之澤、恐日忘美之窯□之、相願母絶
　　　　　この鏡のように清潔な心で君に事かえ、明鏡の心に合致するごとき歓びを志し、幽玄な錫銅の恩沢に仮寄し、日々に明鏡を美とし、月並みなものと考えることを戒め、どうか絶えないように願いたい。

　　内行花文鏡
　　　湅冶鉛華清而明、以之為鏡宜文章、延年益寿去不羊、□□母□、而日月之光、千秋万歳、長生未央
　　　　　良質の素材で鏡をつくると文飾は清美であり、永久に慶びを益し、不詳が去ってゆく。願わくは絶えることなく、また日月の光は永遠に尽きることがないように。

内行花文日月鏡
　内而清而□□明而光而象而夫而日而明
　この鏡の内は清く昭明、光は日月のように輝く。
内行花文昭明鏡
　内清質以昭明、光而日月、心忽呼雍塞而不泄
　この鏡は清質昭明であるから、光は日月のように輝き、これに照してみれば心はたちまち和らぎ、防ぎ止めようとしてもすべてを漏らさないで映し出す。
内行花文日月鏡
　内而清而□光而象夫日明、心忽不泄
　この鏡の内は清明にして光は日明のように輝き、すべてを漏らさないで映し出す。
方格鳥獣文鏡
　聖人之作鏡兮、取気於五行、生於道康兮、始有文章、光象日月、其質清剛、以視玉容兮、辟去不羊、中国大寧、子孫益昌、黄裳元吉、有紀綱
　聖人が鏡をつくるときには万物の根源である五行の気から取り、あらゆる方向に適うように則って生成される。それゆえ最初から文飾清美であり、それをもって人の玉容を映し出すことができる。そのために、この鏡を用いると不詳を避けることが可能で、中国は安泰となり、子孫がますます繁栄し、しかも謹恭に身を保てば大いに吉となるというきまりである。

　これらの銘文から鏡は万物の根源に遡って森羅万象を映し出し、その本質を明らかにしうる性質を具備していることが記される。これは老子の「道」や荘子の「道枢」を踏まえてのことであり、この性質にもとづき、鏡の所有者は邪悪を避けることができ、将来を見通すことが可能になる。そして、ひいては立身出世につながってゆく。このことによりシャーマンの持物としての鏡の意味にふさわしいのである。

　古代中国において、鏡に対する考え方は時代的にかなり変遷があることは、

福永光司 (1973)、小南一郎 (1978)、張金儀 (1982) などにより、詳しく論じられている。福永によれば、中国儒教の経典においては、その儀礼に鏡が用いられているという記述は皆無で、またその祭祀行為においても、鏡は何ら関係することはなかったとされる。これに対して道家の『荘子』などにおいては、「明鏡の機能が精なる神をもつ聖人帝王の心のはたらきに比擬され、鏡を天地万物の支配者、聖人帝王のシンボル」とみる考え方が提示されていて、『淮南子』や『列子』などの道家的な書籍にこうした思想が継承されている。これが前漢の末期から活発化してゆく「神仙思想」の中で、鏡を「この世界の政治的支配者、帝王権力の象徴として神秘化、神霊化させ」、ついには魏晋代以降、「あらゆる悪鬼邪魅の妖惑を避けて、その正体を写し出すという鏡の呪術的な神霊力」の強調へと進んでいったことが詳細に論じられている（福永 1973）。

このように中国では、後漢代以後、神仙思想の展開とあいまって、鏡が実用品としての役割だけでなく、その神秘性・呪術性がとりわけ主張されてゆく状況にあったことが看取されるのである。

シャーマンと鏡

鏡とシャーマンの結びつきを考えるとき、婦好墓から単鈕素紋鏡が出土していることは大変示唆的である。甲骨文によれば、婦好は武丁の妻でシャーマンであったことが知られている。殷代のシャーマンは日常的だけでなく、戦時においても戦場で戦いの前に相手方を呪い、味方を戦勝へと導くことが大切な役割であった（白川 1979）。単鈕素紋鏡の多くが身体に取りつけた状態で、あるいは頭部あたりで検出されていることは、シャーマンの必要な装備の一つであったことを示しているといえよう。北京市白浮村2号墓で鏡をもつ女性の出で立ちは（北京市文物管理処 1976）、そうしたシャーマンを髣髴させてくれる。

十二台営子遺跡では鏡形飾とされる大型製品が頭部に置かれ、鄭家窪子遺跡では鏡形飾が頭部、胸部、腰部、脚部に置かれている出土状況は、単鈕鏡の系譜を引く多鈕鏡にも「辟邪」を意味することが引き継がれていることを明瞭に物語っている。

東北アジアやシベリアに現存するシャーマンのコスチュームにもそのことは明確に表現されていて、シャーマンが着る衣装の頭、胸、背中には多数の鏡が取りつけられている。こうした服装はシャーマンの本来の姿を留めている地域に典型的にみられる様相であり、朝鮮、日本列島と分布域が拡大するに従って、シャーマンのコスチュームと鏡が分離する傾向にあり、シャーマンよりも鏡自体が崇拝の対象となっていることをみせている。ここでは、シャーマンの宗教行事における鏡の意味について、民族事例を参照しながら具体的にみてゆこう。

1. 朝 鮮 族

朝鮮にはムーダンと呼ばれるシャーマンの一種が古く三国・新羅時代より存在していて、穣災、祈幅、占卜、娯楽などの各方面にわたり、民衆生活の中に深く根をおろしている（村山 1947）。朝鮮巫覡を全土に渡ってくまなく調査した秋葉隆は、巫人にとって重要な役割をはたす鏡について2種類あることを指摘している（秋葉 1950）。それは巫人が舞を舞うときに、鈴とともに左手にもってうち振りながら音を響かせる、いわば鳴金としてのものであり、「その音によって悪精は退き、神は招かれるものと考えられ、それはまた神の声である」と称されているものと、これとは別に、神堂の内側には神鏡があって、鏡面には日月七星が描かれていることが多いので、明図と呼ばれているものとの2種である。秋葉が報告した14個の鏡についてみてゆくと、直径が12～13cmから35cmにも及ぶ凹面鏡で、その内側には大円が二つ、小円が七つ描かれ、大円は日月を象徴し、小円は北斗七星の配置に一致するあり方をしている。また、これら日月七星をさらに大きな円で囲い込んで、天空を意味することと解されるものもある。こうした鏡については、「神の顔」とりわけ「母神の顔」と考えられたりしており、時には「明図阿只の顔」ともいわれている。

このように朝鮮の巫俗においては、明神の神体もしくは女神の顔として奉納する鏡と、巫人が手にもって鈴とともに鳴金として、その音と光で悪霊を祓い、神を招くための小型の鏡の2種が存在することが知られる。いずれにしろ巫人にとって、鏡は必要欠くべからざる用具である。これを求めるには、神懸かり状態で山中に分け入り、土中から掘り出すといい（秋葉 1980）、時には1週間

も10日間も山中を捜しまわらなければならないといわれるほどの貴重で（鳥居 1976）、しかもきわめて神秘的なものであり、それゆえにますます呪術性の高いものと考えられている。

2. 中国東北地方

中国東北地方には、ツングース系の満族、朝鮮族、赫哲族（ゴルド、ナナイ）、顎温克族（エヴェンキ）、顎倫春族（オロチョン）とモンゴル系の蒙古族、達幹爾族（ダフール）が居住していて、いずれも薩満教（シャーマニズム）を深く信仰している（呂光天1981、中国少数民族編写組1981）。また彼らのうちでは、ヒツジやシカの肩胛骨を使って卜占を行うことでも知られている。

17世紀に清を建国した民族の母胎である満州族の間では、ラマ教系の仏教を取り入れて、その内容にいささかの変容が認められるものの、なおシャーマニズムを色濃く留めている。満州族のシャーマンは祈祷するとき、先の尖った帽巾を被り、五色の色紙で拵えた垂れ飾りを下げて顔緒を覆い、その外側に小鏡を懸け、長い神衣を纏って腰には銅鈴をつけ、鼓をたたきながら舞を舞い、口に念仏を唱えるという（中国少数民族編写組1981）。これは後に述べるエヴェンキ族やオロチョン族のシャーマンの状況と同じであり、鏡は個々では鳴金というよりも、光に反射させて幻想を誘うことに意味がある。この満州族が女真と呼ばれていた12世紀頃、宋の使者が訪れてその祭典の模様が報告されている。これによると、5, 6人の姉女が丹粉を塗り、各々両鏡をもち、舞い狂いつつその手を上下させて鏡光が閃爍して、観衆に投映する様が記されている（ルネ・グレッセ1944）。

黒龍江省の松花江下流、黒龍江、それに烏蘇里江が集まる三江平原と完達山一帯には赫哲族が居住していて、黒龍江の対岸ロシア領にはこれと同一の民族ナナイ族が棲息している。彼らは川沿いでの漁撈を主な生業とする狩猟採集民で、凌純声による詳しい民族誌が綴られている（凌純声1934）。

赫哲族のシャーマンの服装は、神帽と神衣、神裙よりなり、手には手袋をはめ、魚皮で拵えた靴を履く。腰には円錐形をした鉄管46個を3個1組にまとめて吊し、左手に鼓を、右手に棒をもつ。このシャーマンがもつ鏡には、大中小

の3種類があり、一つは直径が約4cmの小型鏡で護頭鏡と呼ばれ、神帽に吊り下げられた多くある鈴の中の中央部に置かれる。直径が約12cmと中位の鏡は護心鏡と呼ばれ、胸の位置に3個吊され、背後には護背鏡ともいうべき直径が約30cmばかりのものが15～9個かけられている。この鏡については何を意味するものかの説明はないが、シャーマンが巫舞するときに腰の銅鈴と和して音を響かせ、また光を反射することで辟邪招神を果たすことは、先にみた朝鮮の事例からして想像に難くない。

　顎温克族（エヴェンキ）は大興安嶺やそれに連なる支脈の山中に居住する狩猟採集民で、訓鹿の民として有名である。「森の中に住む人」という自称から、こう名辞されてきた。かつては、ソロン、ヤクートあるいはツングースと称せられることもあったが、いずれも古来よりシャーマニズムを深く信仰している（中国少数民族編写組 1981）。シャーマンは予言者もしくは占者としての役割を果たしており、卜骨も行っている。彼らは豊猟を祈り、邪鬼・邪霊をはらうことで社会的に非常に高い地位を占めていて、厳密な系譜をたどるシャーマンがいる反面、神のことばの表現者として、族長や酋長の地位を兼ねるものもいる（秋浦 1962）。シャーマンの服装は先述した赫哲族や後述する顎倫春族のものと類似している。顎温克族でとりわけ注目すべきは、その祭壇の様相で、代々のシャーマンがその地位につくときに、おおよそ次のような拵えがなされる。

　　シカあるいはヘラジカをシャーマンの主神である舎臥刻（祖先神）に捧げるには、仙人柱（顎温度克族の家屋）の内側、炉の北側に落葉松と白樺を神樹として建て、両者を皮紐で結んで、シカあるいはヘラジカの心臓、食道、肺、肝臓などをこれに懸ける。神樹の前に、同様に小さな松と白樺を建て、奉納したシカあるいはヘラジカの血をこの小神樹の上に注ぐ。また家屋の西辺に木で拵えた月と太陽をかけ、それに木製のヒシクイ2羽とカッコウ2羽をつける。さらに家屋東西に両辺にも1羽ずつ吊し祭場をつくる。

　これによると、シャーマンが跳神（神踊り）して招神するときには、服装と

ともに、光を象徴する日月や鳥が一定の役割を果たしていることが注目される。
　顎倫春族（オロチョン）のシャーマンの服装は、神帽、神衣、神肩掛、神裙より構成され、尖頭の帽子の正面中央に小型の鏡を据え、五色の綴りで顔面を覆い隠す。肩掛けの背側に向かう端には、十数条の光芒状の文様を縫い出し、前面胸あたりに下がる部分の両端には2面の鏡をつけ、他の面にはガラスや子安貝を縫い込んで飾りとする。神衣の前面と背面には、鏡を6〜7面つけ、裾の部分は3段にわたって鋲状になった鈴を留めている。神裙のヨークの部分には、2本の木と太鼓を叩くシャーマン2人、そして動物2匹を縫い込んであり、それより下には十数条の鰭がつけられている。

　　シャーマンが跳神を行うのは家屋外の空き地であり、柳の枝を一巡り挿して祭場をつくり、そこに頭と心臓、腎臓あるいは四肢のつながったオオシカ、シカ、ヤケン、イノシシなどの獣やヒリュウチョウ、ヒシクイなどの鳥を供える。彼らは偶像の口に獣の血を塗る習慣があって、それにより神霊が供物を食べたことを示す。このとき、シャーマンは特別につくった神衣と神帽をまとって、特別席に着き、間断なく鼓を叩いて神霊の下降の準備をする。焚き火の中に一種特別な香木を入れて燃やし、順々に神霊の降臨を請い始める。シャーマンはうなるように暗い調子で歌い、その場にいる者は、シャーマンを取り囲んで声を合わせて歌う。（中略）神霊がその身体につくたびにシャーマンは歯をカチカチ鳴らし、両目を閉じて身体を震わせる。シャーマンは恍惚として歌いながら舞い、それは舞うほどに激しくなる。シャーマンに神衣につけた銅鏡と珠は相互に打ち合って、それにより低いテンポのリズムを挟む。精神は緊張してエクスタシーに達し、きわめて神秘的になる。このとき、シャーマンは神刀を手にして火にかざし、巫術や魔法を行って全力をあげ、凶神を追い込んでついにはこれにうち勝ち、その後で神霊をあの世に送り返す。シャーマンは大汗を滴り落とし、あえぎながらも平常の状態へと回復してゆき、集まった人々とともに、供物である肉類を食べる。

　顎倫春族のシャーマンについては、清の康熙年間に何秋濤が居住地を訪れて、

シャーマンの様子を『朔方備乗』に記録している。

　降神の巫を薩麻といい、帽子は兜のようでその縁に五色の吊を垂れ下げ、その襞は長く、顔を覆っている。吊の外側に2個の小鏡を懸け、それは両目のようである。赤い布の裙を着る。鼓の声は盛んでリズムにあわせて舞う。（中略）鏡でよく病を治すことができる。身体に沿って鏡をすりつけ、病の場所にあうと肉がおちて抜くことができない。一振りして鏡をゆらすと骨節がボキボキと鳴って病が治る。

　ここに描かれたシャーマンの服装は、今日の鄂倫春族のそれと同じであり、鏡で直接病気を治療することがあったことが知られる。

　中国の東北地方および東蒙古地方に居住する達幹爾族（ダフール）や蒙古族でもシャーマンの間では鏡が重要な役割を担っており、シャーマンの服装の一部として、腰に鈴や鏡をつけることが鳥居きみ子により報告されている（鳥居きみ子 1927）。また達幹爾族の今日みられるシャーマンも、鄂倫春族や鄂温克族のそれとほぼ同じであることは（呂光天 1981）、鏡のもつ意味もそれと同様のものと考えられよう。一方、西蒙古一帯やアルタイに居住する蒙古族のシャーマンでは、鏡は用いるもののラマ教の影響により、かなりの変貌を遂げている。

3．シベリア

　シベリアの諸民族の間でも、シャーマンの服装に鏡をつける例はかなり広範囲にわたって認めることができる。しかし、とりわけ鏡が重要な意味をもち、鏡が多用されるのはシベリアの東部地方であると指摘できそうである。

　鏡を使用するシャーマンの事例としては、シベリア西部のエネツ族（東サモエード）から、東へブリヤート・モンゴル族、ヤクート族、エニセイ河下流に住むガナサン族、アムールのエヴェンキ族、ナナイ族などのツングース系諸民族である。ナナイ族のシャーマンはトリ（toli）と呼ばれる、円形の銅板に紐を通して胸に吊るしているが、このトリには、人間のあらゆる行為が映るので、これによりシャーマンは事実を知ることができるといわれている（大林 1978）。円形の銅板は、赫哲族シャーマンが背中に吊るす大型鏡の代用であろう。

シャーマンの衣装の中で、シベリアのエヴェンキ族のものはとりわけ中国の同系の顎温克族や顎倫春族のものと類似している。尖頭の神帽と顔を隠すように垂れ下がった五色の綴り、肩掛け、前面と背面に多くのトリと呼ばれる銅円板を吊るした神衣などがそれである。また神衣には裾から上3段にわたって十数個の鈴がつけてある。ただし、同じエヴェンキ族の間でも、より西方のザ・バイカル地方に居住する集団には神衣のほかに前掛けがあり、中央には一組の円盤が取りつけられていて、この円盤と肩との間には肋骨を表現するように9双の鳥の刺繡がみられる。ここではシャーマンの衣装が守護霊を象徴するものとなっていて、この衣装を纏うや否や精霊の力が纏う人に及んで、超自然的な属性が乗り移り、これによりシャーマンは自由に天や地下世界に移動できるようになる（フィンダイゼン 1977）。エヴェンキ族のこうした服装はソヨート族やテレンギット族などのアルタイから西シベリア地方に通有のものであり、アムール地方のものとは精霊およびシャーマンの魂の存在のあり方からも異なりが指摘しうるので、同族であっても一応別個のものとしたほうがよさそうである。
　エリアーデがシロコゴロフの調査結果をまとめたものによれば（Eliade 1964）、ツングース系諸民族の間では、シャーマンが憑依するときに、鏡はきわめて重要な役割を担っている。それは鏡の機能には、シャーマンが世の中を観るのを手助けするため（つまり鏡の中に世界が凝縮されていると考える）、精霊が宿る所、人間の要求を反映するものなどがあると信じられているからである。また満州語で鏡を意味するpanaptúは魂の影の意味であって、シャーマンは鏡によって死者の魂をも観ることができるのである。なぜ、鏡にこのような霊力があるのかを考えるときに、ウノ・ホルンベルグがアルタイの人々の間に伝わる話として紹介した、次のような記述はきわめて示唆に富む（ウノ・ホルンベルグ 1964）。

　　太陽も月もなかった昔、人間は自由に空を飛び、自ら光を発し、暖めることができた。ところが1人が病気になったので、神は人を助けるために精霊をさしむけた。その精霊は1万尋の長さの棒で原始の海を引っ掻き回すと、突然2人の女神が現れ、また2個の金属鏡（トリ）が出てきた。そこ

で精霊は、この 2 個の鏡を天に置いたので、地球はあかるくなった。

　この伝説は、「地上のあらゆる出来事は、太陽と月とを通して預言者の鏡の中に現れる」（ウノ・ハルバ 1971）という、シベリア一帯に多くみられる思想と連なるものであり、魏晋代以降中国世界で鏡に仮託した意味と驚くべきほどの一致をみせる。すなわち、鏡が太陽や月の化身であるという思想は、鏡が光を発する（反射させる）ことで、夜でも昼でも世界に生起するあらゆるものを見透かすことができるので、それゆえこれを身につけるシャーマンに絶対的な霊力が賦与されるのである。

　シャーマンの使う鏡は太陽や月と関係することは、顎温克族の間でも知られるところであり、シロコゴロフもそのことを指摘している（シロコゴロフ 1931）。また朝鮮においても、明図の中に太陽や月を表現することで、同様の考え方が存在していたことを窺わせる。鳥居龍蔵や大林太良が説くように、古代の日本においても、鏡と月や太陽を結びつける思想はあった。

　古代の日本では、『日本書紀』「神代紀」に、

　　伊弉諾尊曰はく、「吾れ、御宙すべき珍の子を生まむと欲ふ」とのりたまひて、乃ち左の手を以って白銅鏡を持りたまふときに、則ち化り出づる神有す。是を大日霊尊と謂す。右の手に白銅鏡を持りたまふときに、則ち化り出づる神有す。是を月弓尊と謂す。

　また同様にことは、『古事記』に、

　　是に於いて左御目を洗いたまいし時に、成りませる神の名は天照御神、次に右御目を洗いし時に成りませる神の名は月読命

とあり、目と鏡は同一であると考えられるので、いずれにしろ古代日本でも、鏡が月日と関係すると考えられていたことは確かである。東北アジアとの違いがあるとすれば、日本の場合には、鏡それ自体が「神」として独自の世界へと変化したことであろう。

おわりに

　多鈕鏡の祖形と想定される単鈕素紋鏡につき若干の考察を行った。東北アジ

アの単鈕素紋鏡は殷墟のそれに出自をたどることが可能で、鏡に賦与された意味も殷代のそれにつながることが明らかとなった。中国北方諸民族のシャーマンがもつ鏡は柄鏡式ではなく、円形を呈し、それは中国の鏡に来歴を求めることができるものであることは容易に理解される。殷代のシャーマンであった婦好の墓から、その祖形と思われる青銅鏡が出土していることは、シャーマンの儀礼が殷代にまで遡上することは確かであろう。殷的祭祀の流れを汲む南山根遺跡や白浮村2号墓に女性が葬られていたことも、その脈絡で理解が可能である。殷的青銅器の北方への展開により伝えられたものが、現在のこれら諸民族に伝統として保持されてきたのであり、ツングース系のシャーマニズムは弥生のそれと底通しているのである。異なる点は、東北アジアのシャーマンはコスチュームに鏡を取りつけることで、シャーマン自体が神になりうることを示すのに対して、古代の日本列島では鏡自体に意味を賦与し、鏡自体が神と同一視されるように変化していることである。この点、より古層のフェティシズム観念のもと、列島ではシャーマニズムの思想が融合されたものかもしれない。あるいは婦好墓出土品は、元来は神の象徴であったという鏡に対する観念を、そのまま保持してきているのかもしれない。

第 8 章　多鈕鏡の再検討

はじめに

　1913年山口県下関市富任梶栗浜で、長州鉄道の敷設工事が行われた際に、1基の箱式石棺墓から2本の細形銅剣とともに、1面の特殊な青銅鏡が発見された（無記名 1914）。鏡の縁の断面が蒲鉾形をなし、鏡背に細線により鋸歯状の紋様を描くもので、後に高橋健自によって「細線鋸歯文鏡」と命名された（高橋 1918・1922）。その後、この漢式鏡と異なる鏡の類例は少しずつ増加していったが、その分布は日本、朝鮮、沿海州に限られていたために、その紋様の特殊性と併せて、漢式鏡と対照し非中国的な鏡としての認識は一致していた。

　1935年になり、朝鮮全羅南道小鹿島でこの種の鏡の発見が報じられると、森本六爾は、「多鈕細文鏡の諸型式」という論文を発表して、3段階にわたる変遷過程を明らかにしたのである（森本 1935）。これ以降「多鈕細文鏡」という名称が一般化するとともに、森本の設定した型式を前提として、その型式の新旧をどう捉えるか、まったく相反する編年観のもとに論争が繰り広げられるようになった。

　森本は外縁が匕面縁で鏡背の紋様が粗紋もしくは溝帯によって表出されるものを第Ⅰ型式、外縁が蒲鉾縁で粗紋により鏡背の紋様が描かれるものを第Ⅱ型式、蒲鉾形の外縁をもち細文で鏡背の紋様が表されるものを第Ⅲ型式とした。そして、小鹿島では第Ⅰ型式の多鈕鏡が石鏃と伴出するのに対して、第Ⅲ型式の細文鏡は青銅器を伴うことから、第Ⅰ型式から第Ⅲ型式へと変遷していったものと想定したのである。

　これに対して梅原末治は、森本の第Ⅰ型式と第Ⅱ型式をまとめて粗文鏡とし、第Ⅲ型式を細文鏡として、細文鏡が古く粗文鏡が新しいとみなし（梅原 1940）、

後藤守一も満州において中国鏡の影響を受けて細文鏡が出現し、朝鮮でそれを模倣して粗文鏡がつくられたとしたのである（後藤 1943）。鏡背に描かれた文様が精巧な細文鏡が古く粗雑な粗文鏡が新しいとする梅原の説は終生変わることがなかった。戦後になり東北アジアで次々に多鈕鏡の資料が新たに発見されても、その論拠についてはまったく示されなかった（梅原 1969）。「古代文化の中心地では精巧な製品が作成され、それを模倣して製作した周辺地域での製品は粗雑である」という梅原の変わらぬ信念の所産ともいえよう。

1960年の中国の『考古学報』に遼寧省十二台営子で多鈕鏡が出土したことが報告されると、これが多鈕粗文鏡の祖型であることをいち早く論じたのは金元龍であった（金元龍 1961）。またさらに、江原道襄陽郡で多鈕細文鏡が細形銅剣と伴出した例をあげて、十二台営子では多鈕粗文鏡が遼寧式銅剣と伴うことから、多鈕粗文鏡の方が年代的に古く遡上することを力説したのである（金元龍 1967）。この金元龍の論文が発表された以降、多鈕粗紋鏡が古く、多鈕細紋鏡が年代上新しいという認識は、日本と韓国の学界では一般的なものとなったのである。

1977年になると、宇野隆夫はそれまでに出土の知られた28遺跡の多鈕鏡についての全体的な考察を行った。宇野は主として、多鈕鏡の鏡背を飾る単位紋様の組合わせによって、多鈕鏡を9型式に分類編年した（宇野 1977）。単位紋様という、従来の着眼点とは異なった立場からの研究ではあっても、結果的にはその基本的枠組みは、森本の3型式分類とは変わらない。また全榮來は宇野の分類をさらに細分して、それに地域性を加味して独自の編年案を発表したが（全榮來 1977）、細分された紋様と地域という異なった概念を組み合わせたために、すっきりとした統一的なものにはならないといううらみがある。

この宇野、全両氏の考察に対して岩永省三は、宇野の提起した単位紋様それ自体の検討を通して、細紋鏡の異なった分類を示した。しかし大勢としては、宇野のCⅠ類をⅠ型式に、CⅡ類をⅡ型式に据えて細分を果たしたものである（岩永 1983）。

こうした単位紋様の細かな分析を行って型式を把握する方法に対してしばし

ば感じられる懸念は、多鈕鏡が同一場所で同一集団により製作されたという前提条件が検証されなければならず、また単位紋様の変化の方向はそれ自体では決定できないという点である。また多鈕細紋鏡を単位文様まで細かく分析を行うと、同一の単位紋様の組合わせで紋様構成ができあがるものはないほど変化に富んでいて、多鈕鏡1点につき1型式が成り立ちうる余地も残されている。このことは、一定の枠組みの中での細分によって生産地や鏡づくり工人の同定を行うのには有効な手段ではあっても、大きな時代的変遷を把握するのには、けっして有効な方法とは考えがたいということである。岩永の分類によれば、結果として粗紋鏡の最新の段階から精紋鏡の最古のものが生まれることになるが、単位紋様上の連続性はほとんどない。また岩永が最新の鏡とする梶栗浜石棺墓出土の鏡が、少なくも弥生時代前期後半の土器に伴って出土し、吉武高木木棺墓では中期前半の土器と伴出することで知られるかぎり、最古の年代の鏡がもっとも新しいとする逆転現象がなぜ起こったのかという歴史的説明が適切に行われなければならない。

　1986年になると、張錫瑛が中国東北地方出土の多鈕鏡についての新しい分類を示した。張は先秦鏡を、主として紋飾（文様）の面から分析し、素面鏡、粗紋鏡、細紋鏡に分けたが（張錫瑛 1986）、その基準が曖昧で、多鈕鏡と単鈕鏡を同一型式にするなどの混乱がみられ、にわかには従い難い。

　多鈕鏡にみられる紋様を「単位紋様」にまで分解し、その組合わせで型式の分類を行う方法では、先述したような問題が残るので、ここでは鏡背を飾る紋様を紋様帯の単位でまとめ、その紋様帯の構成方法を基準として分類することで、多鈕鏡の展開過程を把握することができる。この方法の有効性については、既に発表したことがあるが（甲元 1988・1989）、紙面の都合で詳しく検討をすることができなかったので、ここで改めて論じてみたい。

　多鈕鏡を検討するにあたって、まず考えておかねばならないことは、十二台営子出土の鏡の取扱いである。千葉基次は鈕の形状が帯状になることから、これを他の多鈕鏡と同様に取り扱うことに否定的である（千葉 1979）。この点以外にも問題がないわけではない。宇野隆夫は十二台営子の第1号墓、第2号墓

で出土した「多鈕鏡」について、「綴り付けて用いたもの」で「凸面の鏡面に文様があるという不自然さを生じている」ことから、これらを円形飾りとして、飾金具の一種に考えている。しかし、これらを除外すれば、十二台営子第3号墓鏡も直径が22.3cmと他の多鈕粗紋鏡に比べて極端に大きく、類例がない。この点でも十二台営子出土鏡はすべて別個に取り扱う必要がある。

多鈕粗紋鏡出土遺跡

東北アジアで発見される多鈕鏡を粗紋鏡と精紋鏡に分ける。その区分の基準は岩永に従って、「紋様を幅0.1～0.2mmの細線で表したもの」を精紋鏡、「紋様を幅0.5～2mmの粗線で表したもの」を粗紋鏡とする（岩永 1983）。

粗紋鏡はこれまでに次の24遺跡で出土している。

1．遼寧省本渓市明山区高台子郷梁家村梁家村石棺墓

1974年、農民によって作業中偶然に発見されたもので、箱式石棺墓とおぼしき構造の墓からの出土品である（魏海波 1984・1987）。鏡の直径は12.8cm、厚さ0.5cm、鏡背の周縁幅0.7cmには三角紋と斜線紋がめぐり、鏡縁は七面縁となる。鏡背の周縁近くには1組の橋状把手が並び、線分で充鎮した三角紋やL字紋が鏡背全体にわたって飾られている（図49-1）この箱式石棺墓では、このほかに先端部を少し欠いた遼寧式銅剣1点と黒色磁鉄砿製の剣把頭石1点が発見されている。

なお、この箱式石棺墓から西に200m離れた地点で、1975年に遼寧式銅剣を伴う石棺墓がみつかっており、さらに1964年にも石棺墓の発見があったことが確認されていることから、周辺一帯が青銅器時代の大規模な石棺墓群であると推定される。

2．遼寧省瀋陽市鄭家窪子6512号木槨木棺墓

長さ5m、幅3m、深さ1.4mの大型木槨木棺墓で、50～60歳の男性が1名葬られていた（瀋陽故宮博物館・瀋陽市文物管理弁公室 1975）。鏡は死者を容れた木棺と木槨の間におかれた木箱の中に、遼寧式銅剣2点とともに納められていた。鏡の直径は8.8cm、厚さ1cmで、鏡縁は突起に近くそこは無文となって

第 8 章　多鈕鏡の再検討　191

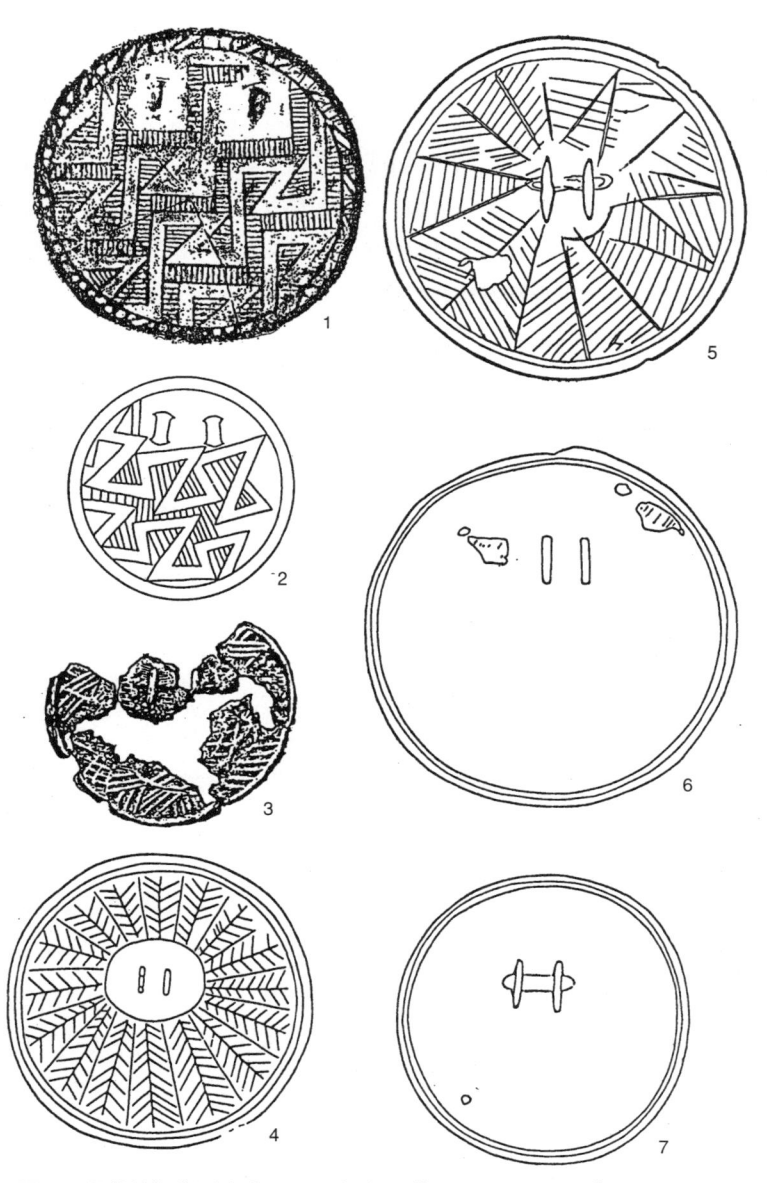

図49　粗紋鏡集成図(1)（縮尺3/10）（1：『考古』87-2、2：『考古学報』75-1、3：『東北考古与歴史』1、4・6・7：『考古』84-8、5：『考古』81-5）

いる。鏡背の一方に偏って双鈕があり、鏡背全体に連続する溝状の三角紋が2条走り、その間に充鎮三角紋が飾られている（図49-2）。

このほか、死者の頭部と足部にはそれぞれ1枚の「鏡形飾り」が立て掛けられ、胸部、腰部、膝部、脚部には各々小型の「鏡形飾り」がおかれ、さらに死者の南側に置かれた木箱の中には大型の「鏡形飾り」4枚があった。これら各種の「鏡形飾り」については、十二台営子出土のものと一緒に後に論じたい

3．遼寧省丹東市寛旬県趙家堡石棺墓

自然石と卵石を平積みにして墓棺とした石棺墓の中から、遼寧式銅剣1点、銅矛1点とともに、3点の粗紋鏡が出土した（許玉林・王連春1984）。素紋は2点、有紋のもの1点で、有紋鏡は直径が12.3cm、厚さ0.4cmを測る。突起縁で鏡背の中央近くに無紋の鈕座があり、そのほぼ中心部に紐状の鈕が2個つく。内区には有軸羽状紋が放射状に飾られている（図49-4）。素紋の1点は突起縁で、一方に偏って紐状の鈕があり、鏡背には細かな斜線がみられる。直径は14.5cm、厚さ0.3cm（図49-6）。残りの1点は突起縁で鏡の直径は12cm、厚さ0.2cmで双鈕があり、鏡背全体は無紋となる（図49-7）。

4．伝　瀋　陽

駒井和愛により瀋陽で購入・紹介されたもので、鏡の直径は約12cm、蒲鉾縁をなし、鏡背の一方に偏ったところに紐状の鈕が2個つく（駒井1938）。鏡背に紋様はなく、鏡の周縁や双鈕の造りは大変粗雑であるという。これらのことから駒井は粗紋鏡の最古式のものと考えた。しかし、これは高麗鏡の可能性がないわけではない。

5．吉林省集安県五道嶺溝門積石塚

長辺15m、短辺12mの方形石積基檀のほぼ中央部に円形に近い石積墓があり、その墓壙内から十数点の青銅器、2点の鉄器とともに、1面の粗紋鏡が発掘されている（集安文物保管所1981）。鏡の直径は13.9cm、厚さ0.2cmで、突起縁をなし、鏡背の中央部近くに紐状の双鈕をもつ。鏡背全体にわたって崩れた有軸羽状紋が配され、鈕座の部分は無紋帯となり、紐通しのための横溝がみられる（図49-5）。

6．吉林省樺甸県西荒山屯石棺墓

　西荒山屯部落の東にある海抜が470mほどの東山の頂上近くに6基の石棺墓がある（吉林省文物工作隊・吉林市博物館 1982）。いずれも変質砂岩の岩盤を刳り貫いてつくった棺に石蓋をわたしかけたもので、そのうちM2号墓から2点、M3号墓から1点の青銅鏡が出土している。M2号墓の図示された1点は、直径が10cm、突起縁をもち、一方に偏って紐状の鈕が2個つけられている。充塡三角紋を外区に配し、内区にも三角紋もしくは斜線紋がみられるが、破片のために委細は不明。しかし鈕座、内区、外区の3紋様帯で鏡背の紋様が成り立っていることが知られる（図49-3）。

　M2号墓出土の他の1点は直径11cm、厚さ0.3cmで鏡背に2個の鈕があるという。これ以外の記載はない。M2号墓からは青銅製の鉄柄が出土し、このほかの石棺墓からは退化した遼寧式銅剣もみることができる。またM3号墓からは瘤状把手や環状把手を胴部につけた罐と鉢が出土している。このような土器は遼東東部から朝鮮西北部にかけてみることができ、その年代の一端を知ることができる。

7．沿海州シュトコワ

　ウラジヴォストーク市付近で発見され、ウラジヴォストーク博物館に展示されていたものが、鳥居龍蔵により紹介された（鳥居 1929）。蒲鉾縁で鏡背に同心円を描いているとされる異質なもので、直径も約18cmとやや大きい。二次加工した銅剣と伴出したとされる。

8．沿海州イズヴェストフ石棺墓

　1959年沿海州マイヘ川沿岸のイズヴェストフで1基の箱式石棺墓から1面の粗紋鏡が発見された（平井 1960）。鏡の直径は12.5cm。蒲鉾縁に近い突起縁（縁の研磨が不完全なものと推測される）で、鏡背は鈕座、内区、外区の3紋様帯で構成され、鈕座と内区、内区と外区の間には円圏帯による間帯紋がある。いずれの紋様も充塡三角紋で飾られる（図50-3）。

　石棺墓の副葬品としては、このほかに細形銅剣2点、銅矛1点、銅鉇1点、銅鑿1点、管玉などがある。

194

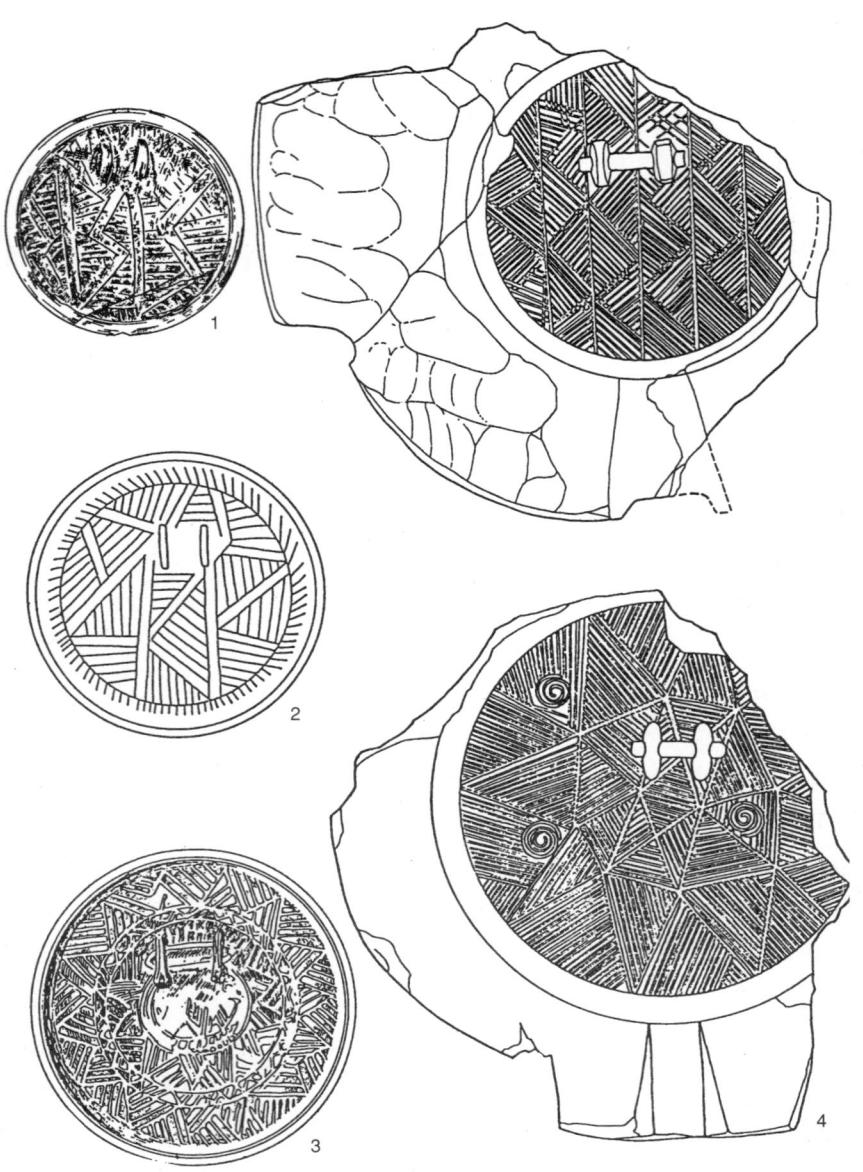

図50 粗紋鏡集成図(2) (縮尺3/10) (1・2:『朝鮮古文化綜鑑』1、
3:『考古学雑誌』46-3、4:岡内1980)

9. 伝平壌

鏡の直径は9.4cm。匕面縁で、鏡背全面にわたって溝帯でつくる三角紋や直線紋が雷紋風に配され、その間を短沈線で充鎮する（梅原・藤田 1947）。鏡背の一方に偏って双鈕がある（図50-1）。

10. 伝平安南道成川郡

鏡の直径は11.4cm。突起縁をなし、外区には斜めの短沈線を、内区には溝帯によって区画された三角紋の間を平行線で充鎮する（梅原・藤田 1947）。双鈕は前者よりもやや内側によってつけられる（図50-2）。

11. 伝平安南道孟山郡

滑石製の鋳型で表裏2面に多鈕粗紋鏡が彫り込まれている（梅原・藤田 1947）。いずれも鏡縁は蒲鉾形をなし、A面には5本の直線で区切られた中を充鎮三角紋が埋める単純な紋様構成で、直径は12.8cm。B面は八角形をなした内区とそこから光芒状にのびる三角紋で外区をつくり、縁と光芒の間をさらに三角紋で埋めるものである。なお外区の充鎮三角紋には3ヵ所に渦紋が配される。直径は17.1cm（図50-4）。

12. 伝平安南道中和郡

蒲鉾縁で鏡背には充鎮三角紋を組み合わせて八角形とした内区があり、その外側には、同じく充鎮三角紋がめぐる（梅原・藤田 1947）。直径は13cm（図51-1）。

13. 伝忠清南道

匕面縁で鏡背全体にわたって溝帯による雷紋が走り、その間を短線紋が埋める。紐状の双鈕は鏡背の一方に偏ってつけられる（梅原・藤田 1947）。直径は11.2cm（図51-2）。

14. 忠清南道扶余郡蓮花里

石槨墓と思われる遺構の中から、細形銅剣4点、アマゾナイト曲玉1点とともに発見された（国立博物館 1968）。突起縁の内側に充鎮三角紋を飾るもので、鈕座の部分を欠くもその紋様構成は次に述べる槐亭洞と同様に、六角形の内区から光芒状にのびる三角紋で外区の基本図案をなすものと思われる。推定の直

径は13.1cm（図51-4）。

15. 忠清南道大田市槐亭洞石槨墓

1基の石槨墓から多数の青銅製品とともに発見されたもので、多鈕鏡は2面ある（国立博物館 1968）。大型の鏡は直径11.3cm、厚さ0.2cm。突起縁。双鈕が配されている六角形の内区から光芒状に充鎮三角紋が縁までのび、その間を充鎮三角紋で埋めて外区を形成するものである（図51-3）。小型の鏡は直径が8cm。厚さ0.2cmで蒲鉾縁をなし、鏡背は鈕座、内区、外区の3紋様帯となり、それぞれの境界には円圏帯を設ける。鈕座の紋様は追廻し紋で内区と外区には充鎮三角紋を配する（図51-5）。伴出した遺物には古式の細形銅剣1点、馬鐸2点、防牌形銅器1点、剣把形銅器3点、アマゾナイト製曲玉2点、無文土器1点、長頸壺1点があり、このほかに「円形鏡形飾り」1点が出土している。

16. 忠清南道牙山郡南城里石槨墓

槐亭洞と同様な石槨墓から2面の粗紋鏡が出土した（国立中央博物館 1977）。いずれも鏡背の紋様が鈕座、内区、外区の3紋様帯をなし、蒲鉾縁となるものである。第1鏡は直径が18.1cm。鈕座は無紋で内区と外区には半分充鎮された三角紋がめぐる（図51-8）。一方、第2鏡は直径が19.6cmとやや大きく、部分的に破損する。紋様構成は前者と同様であるが、内区と外区、外区と縁の間には区画紋としての円圏帯がみられる（図51-7）。

この石槨墓で出土した他の遺物としては、細形銅剣9点、防牌形銅器1点、剣把形銅器3点、銅斧1点、銅鑿1点、アマゾナイト製曲玉2点、灰青色凝灰岩製管玉103点、無文土器2～4点、長頸壺1点などがある。

17. 忠清南道礼山郡東西里石槨墓

石槨墓の中から、2点の粗紋鏡、2点の精紋鏡と1点の無紋鏡が出土している（池健吉 1978）。第1鏡は直径が8.1cmで無紋の内区から5本の光芒状の充鎮三角紋が縁へのび、その間を充鎮三角紋で埋めるもので、紋様帯の基本構成は槐亭洞の第1鏡に近い（図51-6）。第2鏡は蒲鉾縁と外区の一部だけの破損品で、その紋様構成は蓮花里の鏡に類似する。第3の無紋鏡は直径が9.4cm、蒲鉾縁をなし、一方に偏って双鈕がつけられている。

第 8 章　多鈕鏡の再検討　197

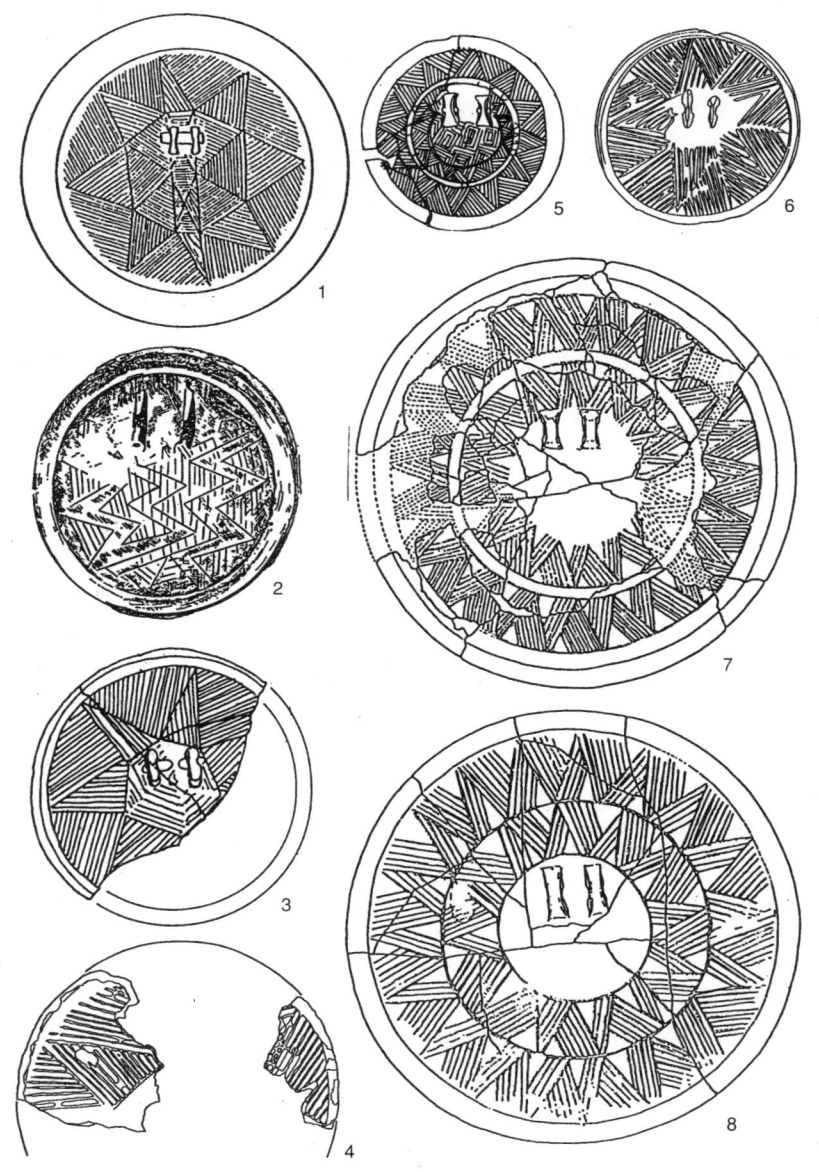

図51　粗紋鏡集成図(3)（縮尺3/10）（1・2：『朝鮮古文化綜鑑』1、3〜5：国立博物館 1968、6：『百済研究』9、7・8：国立中央博物館 1977）

この石槨墓からは細形銅剣9点、剣把形銅器3点、喇叭形銅器2点、碧玉製の管玉および小玉126点、無紋土器1点、長頚壺1点がそれぞれ出土した。

18. 忠清南道扶余郡九鳳里石槨墓

　墓地造成中に発見されたもので、李康承により詳しい報告がなされている（李願承 1987）。ここでは粗紋鏡と精紋鏡各1点ずつ出土している。粗紋鏡は円形の無紋の内区、充鎮三角紋を組み合わせた外区、無紋の間帯を介して蒲鉾縁より鏡背の紋様構成がなされ、双鈕は鏡背のほぼ中央部にある。直径は13cm（図52-3）。

　この石槨墓からは細形銅剣11点、細形銅矛1点、細形銅戈2点、銅鑿1点、銅鉇1点、銅斧2点、石斧1点、砥石1点、黒色長頚壺、無文土器壺などが出土している。

19. 全羅北道完州郡如意里石蓋土壙墓

　2点の粗紋鏡が出土している（全榮來 1987）。第1鏡は直径が15.3cm。縁は突起に近い蒲鉾縁をなし、大きめの内区には4本の直線により区切られた中に充鎮三角紋を飾り、外区は連続する1条の充鎮三角紋が配される（図52-1）。第2鏡は直径が13.2cm。縁は第1鏡と同様の突起縁に近い蒲鉾縁をなし、五角形の内区から5本の光芒状に三角紋を延ばし、縁と光芒の間は逆向きの三角紋で埋めるものである（図52-2）。

　鏡以外の副葬品としては、銅斧、銅鑿がそれぞれ1点ずつ出土している。

20. 全羅北道益山郡五金山

　鏡の縁は突起状をなし、外区には放射状線紋を、内区には充鎮三角紋を不規則に配する（金元龍 1967）。鈕は一方に偏って2個つく。直径は9cm（図52-4）。細形銅剣1点と円柱脊をもつ銅剣の破片1点が伴出したといわれている。

21. 全羅北道益山郡多松里石室墓

　鏡の縁は突起縁をなし、内区は大きく、全体にわたって充鎮三角紋の組合わせで構成され、外区には充鎮三角紋を1条連続して配する（全榮來 1975）。如意里出土の第1鏡に紋様構成が近い（図52-7）。石室墓から笠形銅器2点、円形飾金具1点、多数の管玉とともに発見された。

第 8 章　多鈕鏡の再検討　199

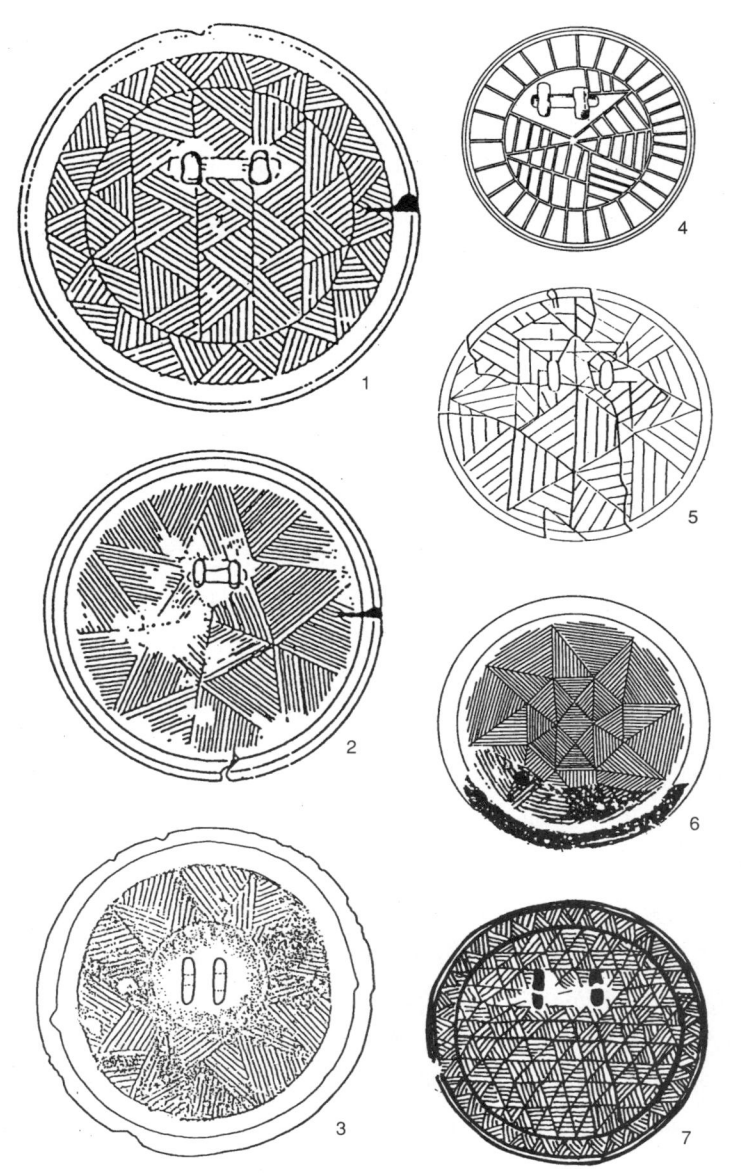

図52　粗紋鏡集成図(4)（縮尺3/10）（1・2：全栄来1987、3：李願承1987、4：金元龍
1967、 5：全栄来1977、6：『考古学』6-3、7：全栄来1975）

22. 伝全羅北道

龍仁民俗博物館に所蔵されているもので、全榮來により学会に紹介された（全榮來 1977）。突起縁をもち、槐亭洞石槨墓出土の大型品と同一の紋様構成をとる。直径は11.3cm（図52-5）。この鏡とともに、遼寧式銅剣1点、剣柄頭石1点、磨製石鏃5点が出土したとされる。

23. 全羅南道高興郡小鹿島

土木工事中に発見されたもので、榧本亀生によって報告された（榧本 1935）。周縁と外区の一部のみの小破片で、蒲鉾縁と光芒状に延びた充鎮三角紋がみられる。このことから八角形の内区をもつもので、基本的な文様構成は蓮花里、槐亭洞、如意里などの出土鏡と同一のものと推定される（図52-6）。直径は14.5cm。褐色土器、磨製石斧、磨製石鏃などと伴出した。

24. 黄海南道延安郡小雅里

1963年に発見されたが、詳細については明らかにされてはいない（パク・ジンウック 1974）。鏡背に粗文で幾何学紋を描き、双鈕をもつことが記されている。

多鈕精紋鏡出土遺跡

多鈕精紋鏡を出土した遺跡としては、次の22ヵ所があげられる。だだし南韓地域においては、鏡の出土地が二転三転することもあって、正確な場所を特定できぬものもある。

1. 咸鏡南道金野郡龍山里土壙墓

かつて銅矛や銅戈を出土した遺跡の近くで、新たに青銅器を副葬した土壙墓が発見され多鈕鏡が出ている（アン・ヨンジュン 1983）。この遺跡で出土した精紋鏡は直径8.7cm、蒲鉾縁をなし鏡背は内区と外区の2紋様帯で構成されている。鈕は3個つく。内区の紋様は斜線で充鎮した十字紋を中央に配し、残りの空間を充鎮三角紋で埋め、外区は内側に向かう充鎮三角紋が1列めぐらされる（図53-1）。

鎬が関まで延びる型式の細形銅剣が1点伴って出土したといわれる。また鏡

第8章　多鈕鏡の再検討　201

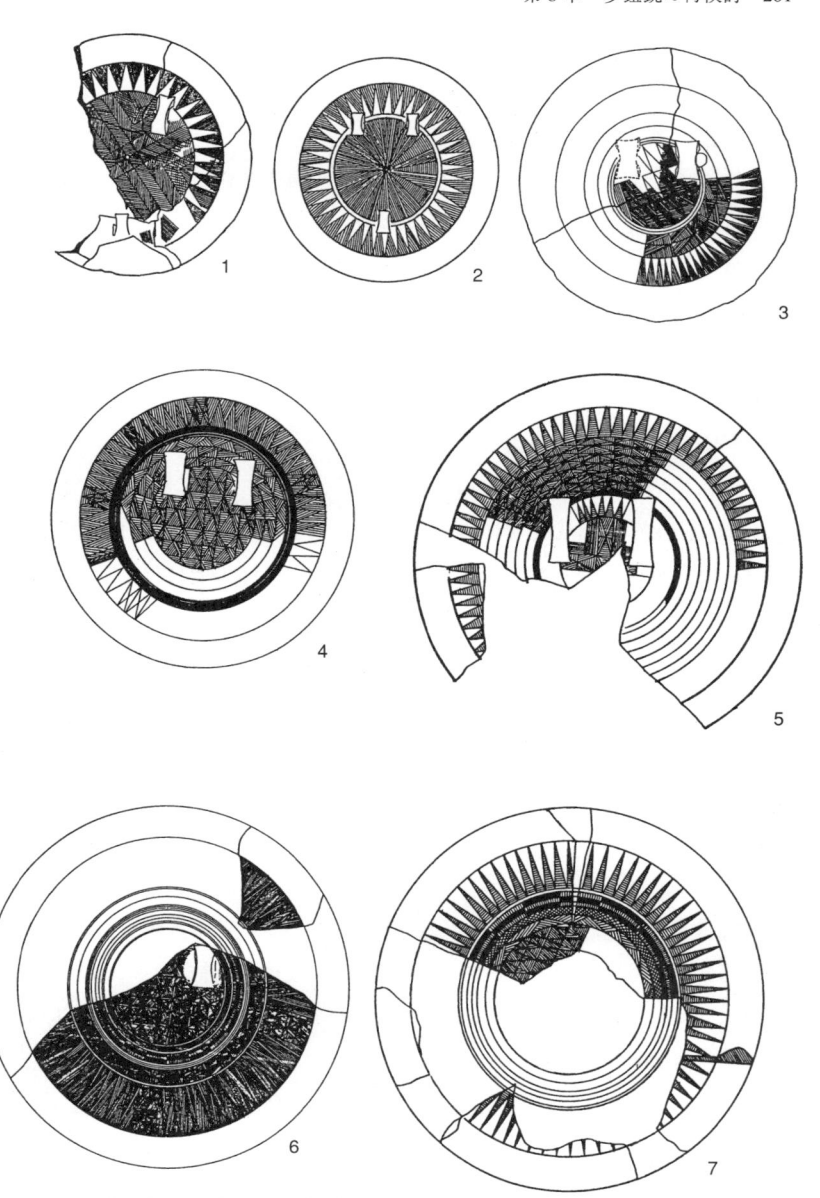

図53　精紋鏡集成図(1)（縮尺3/10）（1・3：アン・ヨン・ジュン 1983、2：西谷 1969、
4〜6：『朝鮮古文化綜鑑』1、7：『考古学雑誌』45-1）

発見の1年前、同一場所で十字形をした剣柄頭石が採集されていることから、その共伴遺物と推定される。

2. 咸鏡南道咸興市梨花洞土壙墓

土取り工事によって破壊された土壙墓から2面の多鈕鏡が発見されたが、図面に示されたのは1点のみである（西谷 1969）。直径は8㎝、蒲鉾縁で鏡背は内区と外区よりなる。内区には横と縦の直線を充塡した三角紋を配し、無紋の円圏帯を介して龍山里と同様の三角紋を巡らしている。鈕は3個ある（図53-2）。

この土壙墓群からは細形銅剣、細形銅矛、細形銅戈、剣柄頭石、鉄斧などが出土しているが、はっきりとした伴出関係はわからない。

3. 平安南道大同郡反川里

1926年に細形銅剣などとともに一括で発見されたもので、精紋鏡が2面ある。第1鏡は直径が10.5㎝と小型で縁は蒲鉾状をなす（梅原・藤田 1947）。鏡背は鈕座、内区、外区と3紋様帯で構成され、内区と外区の間には細線で埋めた円圏帯がある。また外区は充塡三角紋を6個組み合わせてつくる長方形紋様により、6分割されている（図53-4）。

一方、鏡の直径が推定13.4㎝と大型の第2鏡は2/3ほどの破損品で、鈕座、内区、外区と3紋様帯となるが、鈕座の紋様帯が二つに分けられる点が特異なものとなっている。また、鈕座と内区の間に区画紋としての斜格子紋をもつ円圏帯がみられる（図53-5）。

4. 伝平壌

慶尚北道入室里出土とも伝えられる鏡で、直径13㎝、蒲鉾縁をなす（梅原・藤田 1947）。鏡背の紋様は鈕座、内区、外区の3紋様帯で構成されている。鈕座と内区の間に区画紋をもち、外区は相互に入り組む三角紋を全体に配して、充塡三角紋を6個組み合わせてつくる四辺形4個で外区を4分割する。4分割された間には、さらに斜線を満たした線紋三つを単位とする区画によって、分割されている（図53-6）。

5. 黄海北道鳳山郡松山里石槨墓

直径は13.8㎝。鏡背は鈕座、内区、外区の3紋様帯よりなり、鈕座と内区、

内区と外区の間には区画紋があり、蒲鉾縁となる（李進熙 1960）。鈕の部分は欠損しているが双鈕であろう（図53-7）。この石槨墓では新式の細形銅剣、銅鉇、銅鑿、銅斧などが伴出している。

6．江原道襄陽郡釘岩里

直径は14.3㎝。蒲鉾縁で鏡背は鈕座、内区、外区の3紋様帯よりなり、その紋様は単一の充鎮三角紋で構成されている（金元龍 1967）。鏡背の中央部よりに橋状の双鈕がある（図54-1）。細形銅剣を伴ったとされるが、出土状況がはっきりとしない。

7．江原道横城郡講林里

鎬が関まで延びる型式の細形銅剣と一括で発見されたといわれているが（李願承 1977）、遺跡の具体的内容については不明。鏡の直径は16.2㎝、幅が1.5㎝の鏡の縁は蒲鉾形をなし、鏡背は3紋様帯で、基本的な紋様構成は釘岩里のものと同様である。釘岩里のものに比べると、内区の紋様帯が大きくなった分だけ、鏡の直径が拡大したものと考えられる（図54-2）。

8．伝江原道原州

金良善により報告され、現在崇田大学校に所蔵されている鏡で、その出土地が二転三転していて、結局のところ遺跡の所在地は明確ではない（全榮來 1977）。今、全榮來により伝原州とする。精紋鏡が2面ある。第1鏡は直径が14㎝で蒲鉾縁をなし、鈕座、内区、外区と3紋様帯で鏡背の紋様が構成され、鈕座と内区の間には区画紋としての円圏帯がみられる（図54-3）。第2鏡は直径が14.5㎝で、鏡背の紋様は三つで構成されるが、鈕座と内区、内区と外区の間には区画紋があり、鈕座は充鎮三角紋を6個組み合わせた四辺形を単位紋として十字紋を配し、外区にも同様な紋様単位で6分割する（図54-4）。

9．忠清南道礼山郡東西里石棺墓

粗紋鏡2面とともに発見されたもので、精紋鏡も2面ある（池健吉 1978）。第1鏡は推定の直径9.5㎝で蒲鉾縁をなし、円圏帯をそれぞれ挟んで鈕座、内区、外区の3紋様帯よりなる。しかし、小破片のために詳しくはわからない（図55-1）。また推定直径が7㎝と小型の第2鏡は、同心円が描かれていると報

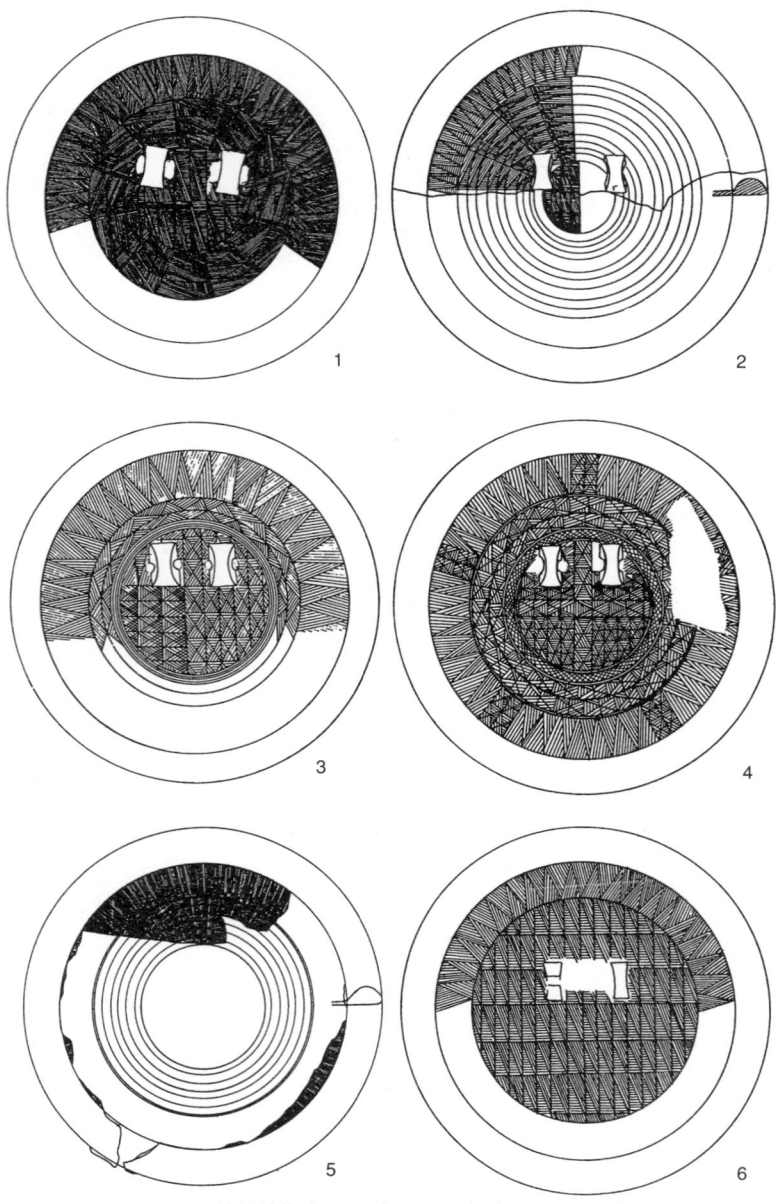

図54　精紋鏡集成図(2)（縮尺3/10）（全栄来 1977）

告される類例の少ないものである。

10. 忠清南道牙山郡宮坪里

墓地の改葬中に発見されたもので、後に国立博物館の所有になり、李健茂により遺物の紹介がされた（李健茂 1989）。蒲鉾縁で鏡背は 3 紋様帯で構成され、鈕座と内区の間には間帯紋がある。直径は9.8cm（図55-3）。伴出遺物には鎬が関まで延びる細形銅剣、銅戈、銅斧がある。

11. 忠清南道扶余郡九鳳里石槨墓

石槨墓の中から粗紋鏡とともに発見された鏡で、直径は10.8cm（李願承 1987）。蒲鉾縁で鏡背は内区と外区よりなり、その境界には円圏帯がある。鈕は橋状のものが 2 個つく。内区の紋様は内側に向かう充鎮三角紋を 8 個配するもので、基本的構成は梨花洞出土の精紋鏡のそれに近い（図55-2）。

12. 全羅南道咸平郡草浦里石槨墓

1 基の石槨墓から多数の青銅器遺物とともに 3 面の精紋鏡が発掘された（国立光州博物館 1988）。第 1 鏡は直径が17.8cm、蒲鉾縁で鏡背は鈕座、内区、外区の 3 紋様帯よりなり、鈕座と内区、内区と外区の間には区画紋としての円圏帯をもち、外区は短斜線 3 列の組合わせ紋で全体を 4 分割する（図55-5）。第 2 鏡は蒲鉾縁で小さな鈕座、大きな内区、比較的狭い外区よりなり、全体の文様構成は講林里出土鏡に似る（図55-4）。第 3 鏡は直径が9.7cmと小型で 3 鈕をもち、区画紋を介して内区と外区の 2 紋様帯で鏡背の紋様が構成される。内区にみられる紋様は龍山里の鏡に近い（図55-3）。

この石槨墓で共伴した遺物としては、細形銅剣 4 点（新旧両型式）、桃氏剣 1 点、細形銅戈 3 点、銅矛 2 点、銅鑿 2 点、銅鉇 1 点、銅斧 1 点、竿頭鈴 2 点、双頭鈴 2 点、アマゾナイト製曲玉 2 点などがある。

13. 全羅南道和順郡大谷里木槨墓

木槨木棺墓と推定される墓から 2 面の精紋鏡が発掘されている（趙由典 1984）。第 1 鏡は直径が14.4cmで、鏡背の紋様は鈕座、内区、外区よりなり、鈕座と内区、内区と外区の間にはそれぞれ区画紋をもつ。外区はさらに充鎮三角紋と斜線紋を組み合わせた区画紋により細分されている（図55-7）。第 2 鏡

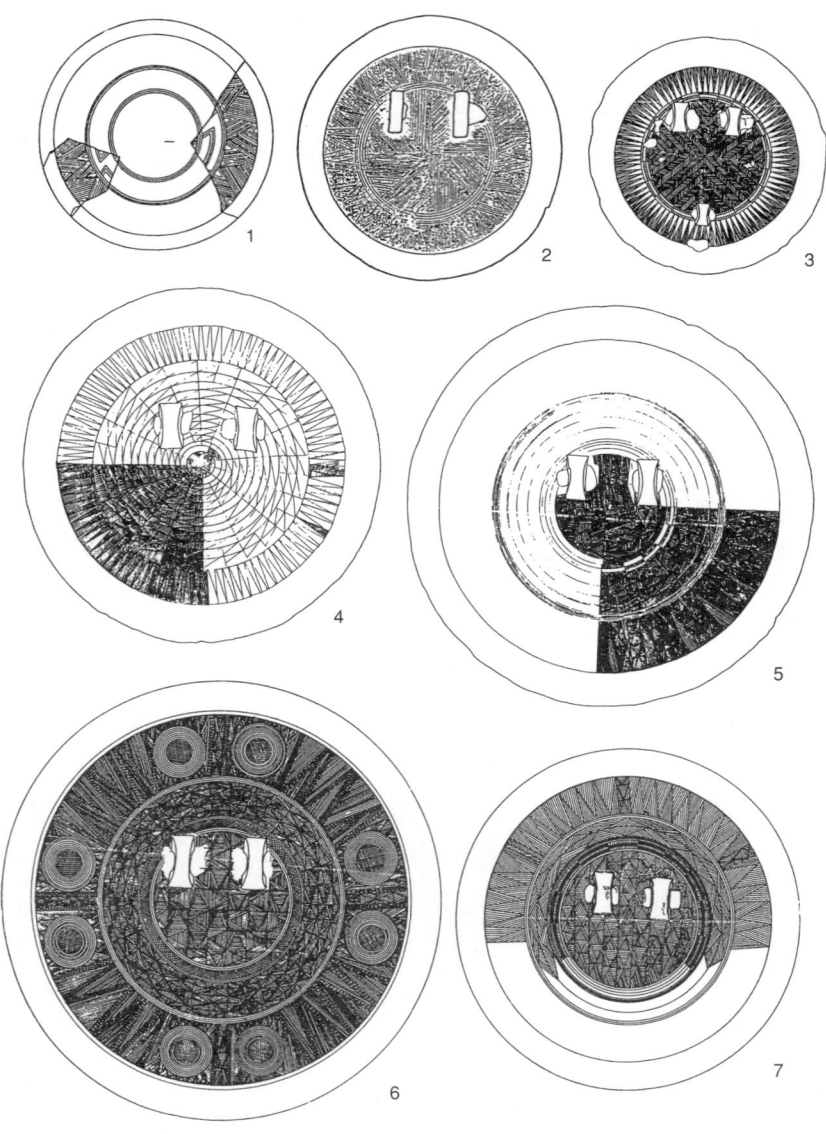

図55　精紋鏡集成図(3)（縮尺3/10）（全栄来 1977）

は直径が18cmと大きく、鏡背は鈕座、内区、外区の3紋様帯で構成されそれぞれ区画紋をもつ。外区はさらに同心円紋2個に挟まれた三角紋の組合わせ紋により4分割されている（図55-6）。

精紋鏡と伴出した遺物には、新旧両型式の細形銅剣、銅斧、銅鉇、八頭鈴具、双頭鈴具などがある。この木槨墓の木材によるC14年代が測定されて、2560±120bpの年代数値が得られている。

14. 全羅南道霊岩郡

金良善の収集品であり、その発見地が特定できず、あるいは忠清道出土とも推定される鏡で3面ある（全榮來 1977）。韓国の国宝に指定されている鏡は直径21.4cm。区画紋としての間紋帯により鏡背は鈕座、内区、外区に3分され、外区は充鎮三角紋6個を組み合わせた四辺形2個と同心円2個の単位で4分割されている（図56-3）。霊岩ではこのほか2面の精紋鏡がある。第1鏡は直径が12.6cm、比較的大きな鈕座、狭い内区、外区が区画紋によって分けられ、外区は平行線で埋めた長方形紋あるいは長方形紋と充鎮三角紋により6分割されている（図56-1）。一方、第2鏡は直径が13.3cmで、鏡背は3紋様帯よりなり、外区は大谷里第2鏡と同様な紋様により4分割されている（図56-2）。

このほか、霊岩出土と伝えられるものに、砥石に転用された鏡の鋳型がある。蒲鉾縁で双鈕が彫り込まれた滑石製のもので、梅原末治の推定によれば直径は8.3cmとなる。しかしこの鋳型については、鏡と同様に発見された経緯が詳らかではなく、参考資料に止めておくことにする。なおこの霊岩出土遺物には、このほかにも多数の戈や矛の鋳型がある。

15. 全羅南道長水郡南陽里

文化財管理局所蔵品で全榮來の論文に引用された鏡である（全榮來 1989）。直径は約10cm、蒲鉾縁で双鈕をもち鏡背は内区と外区の2紋様帯で構成される。内区の占める割合が大きく、全体の構成は伝慶尚南道鏡に似る。伴出遺物として新式の細形銅剣、銅矛、鉄斧、鉄矛、石鏃、石庖丁などの写真が掲げられているが、委細は不明。

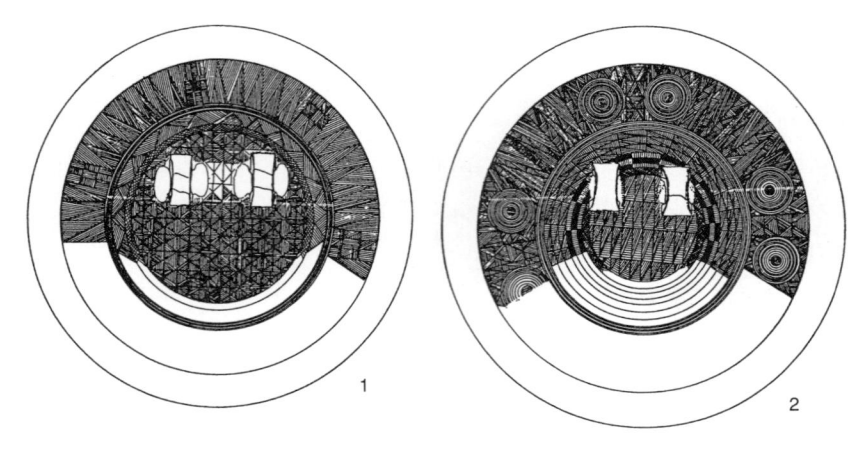

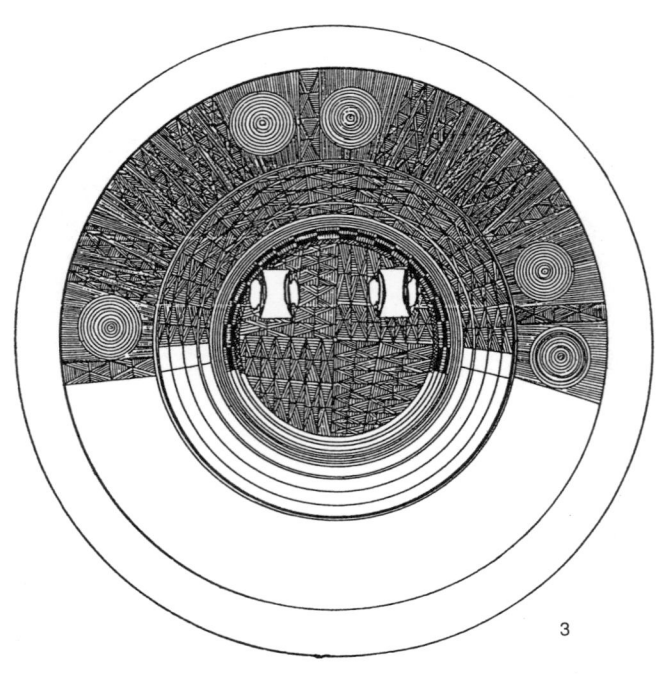

図56　精紋鏡集成図(4)（縮尺3/10）（全栄来 1977）

第8章　多鈕鏡の再検討　209

16. 慶尚北道達城郡入室里

　鉄道工事中に発見されたもので、多くの青銅器との一括出土品と考えられている（梅原・藤田 1947）。鏡の推定直径は13.3cmで、鈕座、内区、外区の3紋様帯で鏡背が構成されていたらしく、講林里出土鏡にもっとも近い（図54-5）。一括発見遺物とされるものの中には、細形銅剣6点を始めとして銅戈、銅矛、馬鐸、竿頭鈴具などがみられる。

17. 伝慶尚南道

　小倉コレクションにみられる鏡で、直径は14.1cm（梅原・藤田 1947）。大きな内区と充鎮三角紋を一回りめぐらせた外区よりなる。如意里出土の粗紋鏡と同一の紋様構成をとる（図54-6）。

18. 佐賀県唐津市宇木汲田甕棺墓

　細形銅剣とともに甕棺に副葬されていたもので、鏡の直径は10.3cm（福岡市立歴史資料館 1986）。鏡背は間帯紋で区画されて内区と外区に分かれ、外区は6個の三角紋を組み合わせた四辺形で4分割される（図57-1）。

19. 福岡県福岡市西区吉武高木木棺墓

　鏡の直径は11.1cm。鏡背の紋様構成は鈕座、内区、外区よりなるが、鈕座の占める割合が大きく、内区、外区ともに狭い（福岡市歴史資料館 1986）。内区の紋様はきわめて特異で、大谷里や霊岩出土鏡の外区紋様を内区にもち込んで、全体を4分割した構成をとる。外区には外に開く充鎮鋸歯紋を1列配する（図57-3）。

20. 山口県下関市梶栗浜石棺墓

　精紋鏡のもっとも早い発見のもので、直径は8.8cmと大変小さい（無署名 1914）。蒲鉾縁。内区と外区の2紋様帯で鏡背の文様が構成され、個々の紋様も充鎮三角紋を組み合わせただけの簡単なもので、3鈕が配される。全体の紋様構成は梨花洞出土鏡に似るが、内区と外区を区別する間帯紋のない点や、鈕座を4個の単位に分ける手法は龍山里鏡と類似する。箱式石棺墓の中から、細形銅剣2点、前期の弥生式土器とともに出土した。日本での伴出年代のわかる最古の鏡である（図57-4）。

210

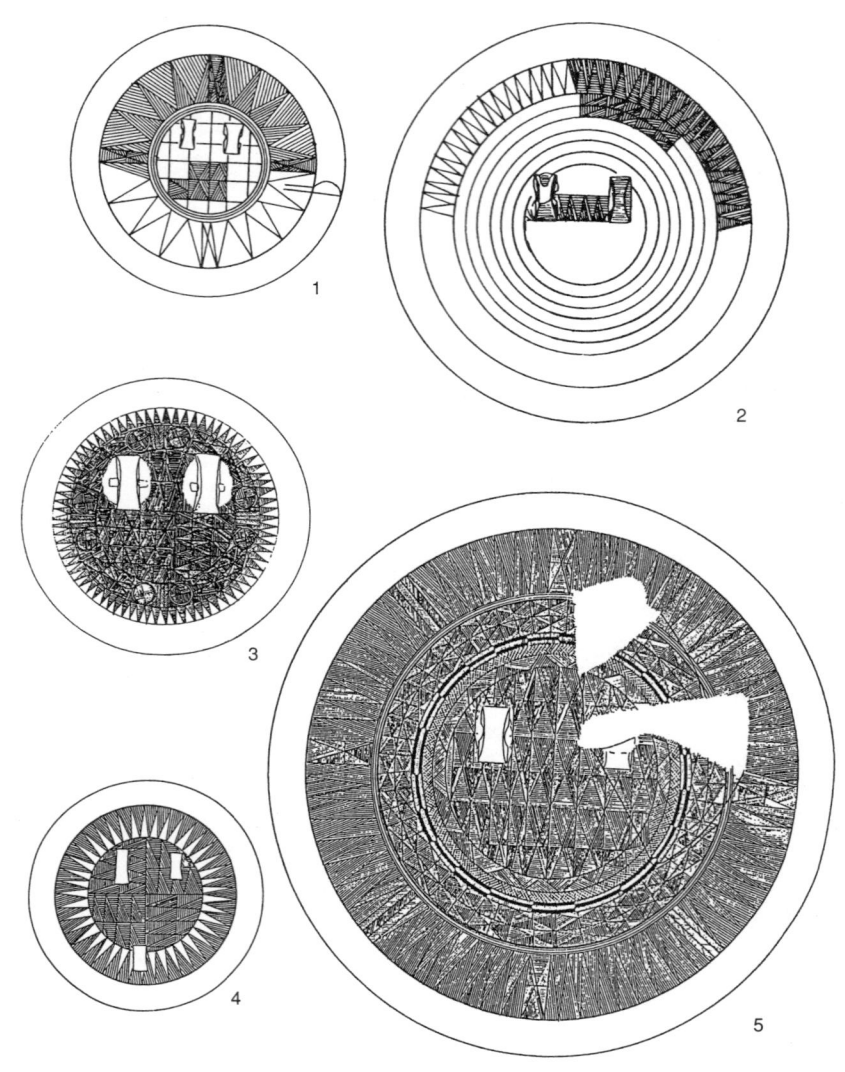

図57 **精紋鏡集成図**(5)（縮尺3/10）（1：宇野1977、2：後藤1943、3：福岡市立歴史資料館1986、4：森本1935、5：森本・稲葉1927）

第 8 章　多鈕鏡の再検討　211

21. 大阪府柏原市大県
　鏡の直径は21.7cmと大型で、鏡背の紋様構成は鈕座、内区、外区よりなり、それぞれ円圏帯により分離されている（森本・稲葉 1927）。外区はさらに、三角紋六つを組み合わせてできた四辺形4個と斜線紋3組4個により8分割される（図57-5）。

22. 奈良県御所市名柄
　直径は15.6cm。区画紋としての円圏帯をもたず、鈕座、内区、外区の3紋様帯で鏡背の文様が構成される（後藤 1934）。釘岩里や講林里出土鏡と類似したものとなっている。外縁付菱環鈕Ⅱ式に分類される銅鐸と共伴した（図57-2）。

多鈕鏡の分類

　以上粗紋鏡24遺跡、精紋鏡22遺跡出土の多鈕鏡を、鏡背にみられる紋様構成のあり方と鏡の縁の形態による分類を行うと次のようになる。

【粗文鏡】
◎紋様構成
　①鏡背が1紋様帯で構成されるもの
　　　梁家村　鄭家窪子　伝平壌　伝忠清南道
　②鏡背が内区、外区の2紋様帯で構成されるもの
　　　趙家堡　五道嶺溝門　伝平安南道成川郡　伝平安南道中和郡　伝平安南道孟山郡鋳型B面、蓮花里、槐亭洞第1鏡　東西里第1、2鏡　九鳳里　如意里第1、2鏡　五金山　多松里　伝全羅北道　小鹿島
　③鏡背が鈕座、内区、外区の3紋様帯で構成されるもの
　　　西荒山屯　槐亭洞第2鏡　南城里第1、2鏡　イズヴェストフ
　④鏡背が無紋あるいは素紋になるもの
　　　趙家堡第2、3鏡　伝瀋陽　東西里第3鏡　シュトコワ
◎縁の形態
　①凸面縁になるもの
　　　梁家村　鄭家窪子　伝平壌　伝忠清南道

②突起縁になるもの

　　趙家堡第1〜3鏡　五道嶺溝門　西荒山　伝平安南道成川郡　蓮花里　槐亭洞第1鏡　東西里第1、2鏡　如意里第1、2鏡　五金山　多松里　伝全羅北道

③蒲鉾縁になるもの

　　伝瀋陽　伝平安南道中和郡　伝平安南道孟山郡鋳型　槐亭洞第2鏡　南城里第1、2鏡　九鳳里　小鹿島　シュトコワ　イズヴェストフ

これら紋様帯の構成方法、縁の形態の違いに紋様要素を組み合わせて粗文鏡を分類すると次のようになる。

　第Ⅰ型式：七面縁、鏡背の紋様帯が一つ、整三角の溝帯をもつ。
　　　梁家村
　第Ⅱ型式：七面縁、鏡背の紋様帯が一つ、斜三角の溝帯をもつ。
　　　鄭家窪子　伝平壌　伝忠清南道
　第Ⅲ型式：突起縁、鏡背の紋様帯が二つ、「ハ」字状の溝帯をもつ。
　　　伝平安南道成川郡
　第Ⅳ形式：突起縁、鏡背の紋様帯が二つ、充鎮三角紋の紋様をもつ。
　　　A：内区の小さなもの
　　　　　東西里第1鏡　蓮花里　槐亭洞第1鏡　如意里第1鏡　伝全羅北道
　　　B：内区の大きなもの
　　　　　如意里第2鏡　五金山　多松里
　　　C：崩れた充鎮三角文で鏡背の紋様が構成されるもの
　　　　　西荒山、趙家堡、五道嶺溝門
　第Ⅴ形式：蒲鉾縁、鏡背の紋様帯が二つ。
　　　　伝平安南道中和郡　伝平安南道孟山郡鋳型B面　九鳳里　小鹿島
　第Ⅵ形式：蒲鉾縁、鏡背の紋様帯が三つ。
　　　　槐亭洞第2鏡　南城里第1、2鏡　イズヴェストフ
　第Ⅶ形式：素紋鏡
　　　　伝瀋陽？　東西里

【精紋鏡】

精紋鏡の場合すべてが蒲鉾縁であり、紋様帯の構成方法のみが有効である。

第Ⅰ形式：鏡背が二つの紋様帯で構成されるもの

　A：内区の小さなもの。

　　　龍山里　梨花里　九鳳里　草浦里第3鏡　梶栗浜

　B：内区の大きなもの

　　　南陽里　伝慶尚南道

第Ⅱ形式：鏡背が三つの紋様帯で構成されるもの

　　　反川里第2鏡　松山里　釘岩里　講林里　原州第1鏡　宮坪里　入室里　草浦里第1、2鏡　名柄

第Ⅲ形式：鏡背が三つの紋様帯で構成され、外区に分割の区画紋をもつもの

　　　反川里第1鏡　伝平壌　原州第2鏡　大谷里第1鏡　霊岩第1鏡　大県

第Ⅳ形式：鏡背が三つの紋様帯で構成され、分割の区画紋に渦紋をもつもの

　　　大谷里第2鏡　霊岩国宝鏡　霊岩第2鏡　吉武高木

なお唐津市宇木汲田遺跡で出土した精紋鏡は二つの紋様帯で構成されているが、外区に分割のための充鎮三角紋6個を組み合わせた区画紋をもつことで、発想法としては第Ⅲ型式のものに近い。また吉武高木遺跡出土の精紋鏡は、鈕座の部分の占める割合が大きく、内区と外区は狭く、内区に分割のための区画紋と渦紋を配する点で、第Ⅳ型式の中でも特異ではあるが、紋様帯を増やすことでは共通する。

以上多鈕鏡各型式の出土分布図は図58、59に示す。

多鈕鏡の編年

多鈕鏡を上のように分類するとき、その時間的変化はどのように考えられるであろうか。まず、縁の形態からみてゆくと、森本（1935）や宇野（1977）が指摘するように、

　　　七面縁→突起縁→蒲鉾縁

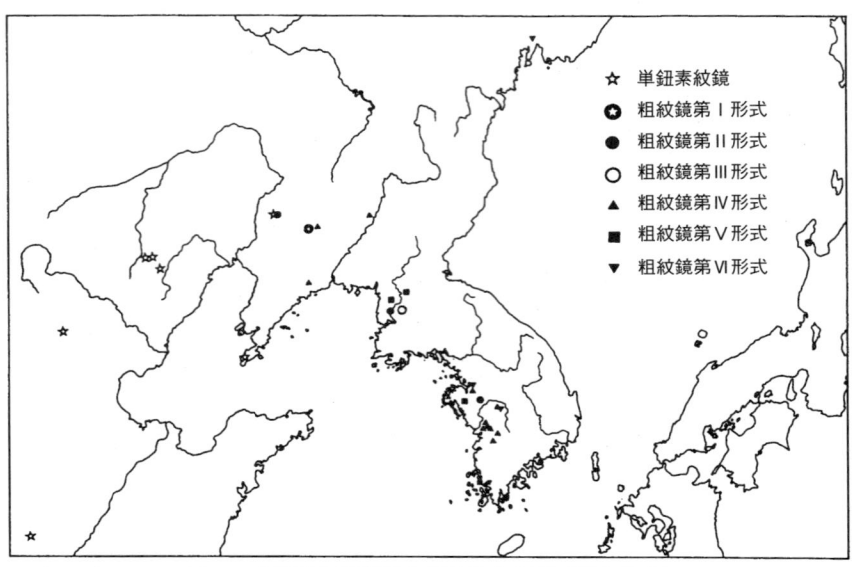

図58　小型単鈕素紋鏡と粗紋鏡分布図（筆者作成）

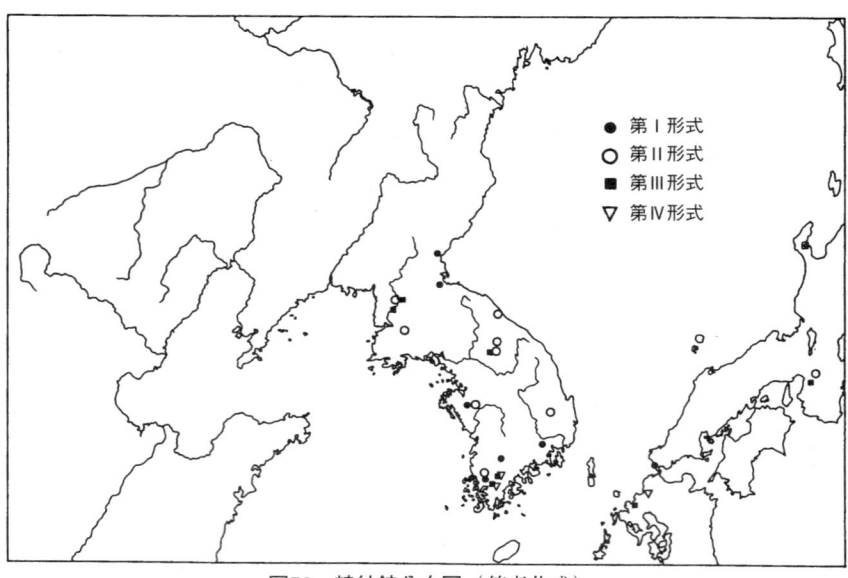

図59　精紋鏡分布図（筆者作成）

と変化してゆくことは首肯されよう。紋様帯の数では粗紋鏡の場合1から3、精紋鏡は2と3になる。匕面縁の鏡の紋様帯はいずれも一つの紋様帯であるのに、蒲鉾縁の鏡では2ないし3の紋様帯をもつ。さらに精紋鏡第Ⅲ、Ⅳ型式の鏡では、外区の紋様帯をもつ区画紋で細分しようとする意図がみられるし、また渦紋を区画紋の両側に配することで、紋様帯の細分を強調する企図が窺える。すなわち、精紋鏡第Ⅲ、Ⅳ型式の鏡では紋様帯は三つ以上になる。このようにみてゆくと、多鈕鏡の変遷過程においては、紋様帯は一つから多数へと変化していったことが推測される。粗紋鏡では第Ⅰ型式から第Ⅵ型式へ、精紋鏡では第Ⅰ型式から第Ⅳ型式への変遷である。

　紋様要素の面でみると、粗紋鏡の第Ⅰ型式から第Ⅲ型式までは無紋の溝帯があるのに、それ以降の鏡では溝帯が消失し、充鎮三角紋でのみ紋様が構成されるようになる。またこの溝帯をもつ5面の鏡についてみてゆくと、整三角形の溝帯が一連の「Z」字紋に変化し、さらには伝平安南道成川郡の鏡では溝帯により区画された独立した三角紋となるのであり、容易にその紋様変化の過程をたどることができる。

　粗紋鏡第Ⅳ型式Bの多松里や如意里出土鏡の内区の充鎮三角紋は、伝成川鏡の内区の紋様とのつながりがみられ、外区の短斜線を充鎮三角文に変えたものである。一方、粗文鏡第Ⅳ型式Aは内区を充鎮三角紋5ないし6組み合わせて五角形や六角形をつくり、そこから光芒状に三角紋を広げてゆくもので、前者とは異なった紋様構成をみせている。この型式と近い鏡は第Ⅴ型式で、伝平安南道中和郡、伝平安南道孟山郡、小鹿島の鏡の内区は八角形となり、同じ大きさの三角形以外に小型の三角形をもつ組合わせでつくった四辺形も配する。このことは内区をも分割しようとする意識があるとみることもでき、紋様構成上からも区別することができる。九鳳里の鏡は無紋で円形の内区を形成するが、六角形から円形は容易に出現することから、その変化は首肯できる。

　粗紋鏡の第Ⅴ型式にみられる内区を区分しようとする働きから、第Ⅵ型式の3紋様帯の鏡はスムースに展開する。今日までに出土している粗紋鏡の中では、この第Ⅵ型式のものがもっとも新しいとみなしうる。

粗紋鏡の中でその扱いに問題を残すのは、第Ⅳ式Cの鏡である。中国東北地方においても、西荒山屯出土鏡にみられるように、充鎮三角紋を二つの紋様帯に配置する考えはあるが、趙家堡遺跡や五道嶺溝門遺跡の場合は、かえって紋様帯を喪失する方向へと展開している。すなわち、無紋である内区を除けば、同一紋様の繰返しがみられるだけであり、このことは次に全面が無紋となる鏡の出現にうまく結びつく。中国東北地方においては、多鈕鏡の変遷過程は、

  梁家村→鄭家窪子→西荒山→趙家堡、五道嶺溝門→伝瀋陽

と推定され、

  1紋様帯→2紋様帯→1紋様帯→無紋様帯

に展開していったことが知られる。

　精紋鏡においても、粗紋鏡と同様に基本的には紋様帯の増加の方向に変遷していったとみることができる。精紋鏡第Ⅰ型式Aは鏡の直径が小さいこと、鈕が三つつく点に特徴がある。九鳳里出土鏡の場合、同じ型式ではあっても、鈕が2個と他のものと異なるが、龍山里、梶栗浜の鏡と比べると、九鳳里の鏡は内区と外区の境界に区画紋としての円圏帯があり、内区と外区との差が強調されている。これは紋様帯の増加とともに、鈕が減少することを示している。第Ⅰ型式の中でも九鳳里の鏡の出現はやや遅れるものと考えられる。内区のきわめて大きな第Ⅰ型式Bは如意里第2鏡や多松里出土鏡と同一の紋様構成である、粗紋鏡との関連が深いことが想定できる。

　精紋鏡第Ⅱ型式の中では松山里の鏡は特異である。内区を形成する紋様はいずれも間紋帯としてみることのできる紋様がひとかたまりになって内区となったものであり、間紋帯の紋様帯への変化をみることができる。外区にみられる充鎮三角紋を鋸歯状に配置する手法が、第Ⅰ型式の鏡と同じであることはそれをよく物語っている。

　第Ⅲ型式の鏡は外区にみられる区画紋が1種類のものと、2種類でのものとに区分できる。原州第2鏡、霊岩第1鏡が前者に属する。2種類の異なった区画紋で外区を区分することは、それだけ外区を細分しようとする動きであると看取することができる。第Ⅰ型式の鏡群はそうした紋様帯の細分を極度におし

すすめ、面的に細分が不可能な状態にまでなって、紋様帯の単位が違うことを意識的に強調した結果を同心円文で表現したものと推測される。

以上で分析した粗紋鏡と精紋鏡の相互関係は、型式学的に次のようにまとめられる。

　　　粗紋鏡Ⅰ式→Ⅱ式→Ⅲ式→Ⅳ式A→Ⅴ式→Ⅵ式
　　　　　　　　　　　　　B
　　　精紋鏡Ⅰ式→Ⅱ式→Ⅲ式→Ⅳ式

多鈕鏡の祖形

こうした多鈕鏡が流行する以前に、東北アジアでは単紐素紋鏡というべき小型の鏡が点在していることが知られている（甲元 1988）。中国における単鈕素紋鏡は、甘粛の斉家文化に属するのが最古と認定されている（宋新潮 1997）が、東北アジアに直接的に関係するのは殷墟出土品である。殷墟では婦好墓、侯家荘1005号墓、大司空村南地25号墓で確認されている。婦好墓では4点みられるが、婦好自身が武丁の妻でかつシャーマンであったことが甲骨文により知られ、単鈕素紋鏡がシャーマンの持ち物であったことを示唆している。

北京市の東北部、昌平県白浮村では西周代に属する3基の大型竪穴木槨墓が発見され、うち2号と3号墓から単紐素文鏡が1点ずつ出土している（北京市文物管理処 1978）。この墓群の中心となる2号墓には女性が葬られていて、単鈕素紋鏡を伴っていることは婦好墓の事例とよく一致をみせる。北京周辺以外では、南山根石槨墓、102号墓、寧城県熱水湯、水泉城子7701号墓、大拉罕溝、石拉山、天巨星7301号墓、敖漢旗山湾子などで発見されていて、いずれも多鈕鏡と同様の凹面鏡で夏家店上層文化に属する。夏家店上層文化は西周後期から春秋初期にかけて東北アジア南部に展開した青銅器文化であり、その担い手の一部が春秋前期以降はオルドス式銅剣に示される山戎族に押し出される形で、遼西から遼東へと移動した。十二台営子遺跡では（朱貴 1960）、頭部と脚部に鏡が配置され、鄭家窪子（瀋陽故宮博物館・瀋陽市文物管理弁公室 1975）では頭部、胸部、腹部、脚部とこの鏡形飾りが置かれていたことは、この鏡類が

「辟邪」観念と関係していたことを物語っているといえよう。

他の遺物との組合わせ

粗紋鏡の第Ⅰ型式の鏡を出土した遺跡は、今日のところ遼寧省本渓市梁家村石棺墓だけである。この石棺墓では先端部を欠いた遼寧式銅剣1点と剣柄頭石が伴出している。青銅製の剣柄を欠いていることで、木製の柄を使用する古式の銅剣と推定されるが、遼寧式銅剣それ自体は突起部の突出は弱く、かつ剣刃全体に対する突起部から切先までの長さの比が小さいことから、春秋後半期頃のものと想定される。

この梁家村出土の粗紋鏡と紋様構成を等しくするものに、十二台営子遺跡出土の大型「鏡」がある（朱貴1960）。十二台営子では3基の木槨墓が発掘され、1号墓から2面、2号墓から2面、3号墓から1面の「多鈕鏡」が出土している。このうち1号墓、2号墓のものは鏡面周囲に幾何学紋を配し、鏡背に3鈕をもつもので、鏡背にのみ紋様を配する従来の鏡とは様相を異にしている。一方、3号墓出土のものは梁家村出土鏡と類似した紋様を鏡背にもつが、その直径が22.5cmときわめて大きく、梁家村の鏡の直径12.8cmとは比較にならない。宇野隆夫が指摘するように、1号、2号墓のものは鈕の位置が異なっていて、衣服に括りつけるようにできている（宇野1977）。このことからすれば、大型である点で小型の鏡とはその用途が異なっていたことが考えられる。中国東北地方に現存する顎倫春族や赫哲族のシャーマンでは2種類あるいは3種類の鏡を用途別に使用しており、大型の鏡はシャーマンの衣服に縫いつけて使い、小型の鏡は木や枝に吊り下げて使う（甲元1988・1989）。粗紋鏡第Ⅱ型式の鏡を出土した鄭家窪子木槨墓では箱に容れられた小型の多鈕鏡以外に、先にも述べたように6面の大型「鏡形飾り」があり、死体の上を覆っていた状態で検出されている（瀋陽故宮博物館・瀋陽市文物管理弁公室1975）。この例からしても、大小2種類の鏡があり各々用途別に使用されていたことを物語っている。

こうした大型「鏡形飾り」は朝鮮でも認められ、忠清南道槐亭洞、東西里などでも確認されている。当時のこの地方では本来鏡には2種類あり、多鈕鏡と

総称されているものはそのうちの小型鏡であることが知られる。大型鏡は十二台営子遺跡出土品を除いてすべて無紋鏡であり、十二台営子の1号、2号墓の大型鏡も鏡の表面にのみ紋様をもつことは、衣服に縫いつけて使用するために、鏡背の紋様は何の意味もなさないことによることである。

十二台営子遺跡では遼寧式銅剣が出土しているが、前鋒と刃下部の比率からすれば、二道河子石棺墓の出土品とほぼ同一であり、梁家村出土の遼寧式銅剣よりも製作年代は古く、粗紋鏡の始作年代が春秋中期に遡上する可能性を示唆している。

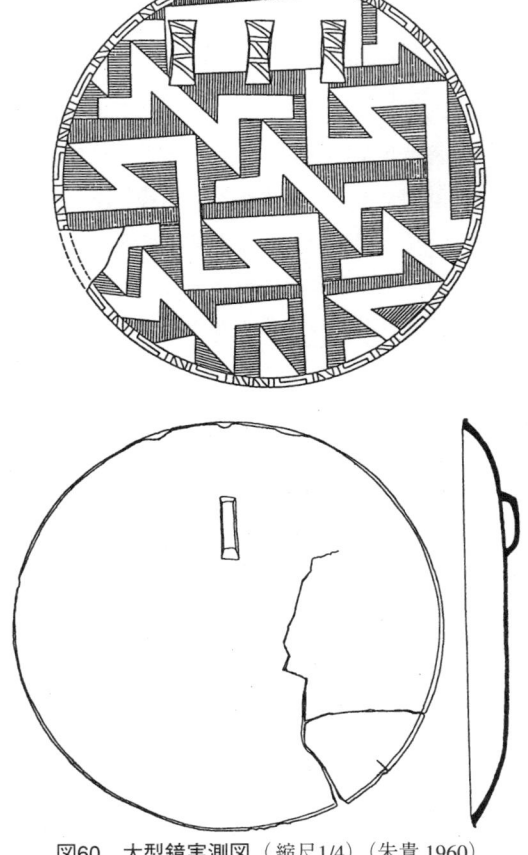

図60　大型鏡実測図（縮尺1/4）（朱貴1960）

十二台営子や鄭家窪子木槨墓出土品で特徴的なことは、馬具がみられることである。十二台営子では第1号墓で青銅製のチーク・ピースが6点出土し、「Y」字形銅具も馬具の飾り金具と推定される。同様な遺物は同じ遼寧式銅剣を出土した烏金塘遺跡でも発見されている（錦州市立博物館 1960）。また鄭家窪子では16点の青銅製と角製チーク・ピースを始め、銜4点、辻金具16点などがみられ、4頭の馬に関する馬具の組合わせと推定されている（瀋陽故宮博物院・瀋陽市文物管理弁公室 1975）。これら以外の副葬品としては青銅の斧、鑿、錐、刀子などの工具、ア

マゾナイト製の飾り玉、管玉などの装飾品がある。すなわち、十二台営子や鄭家窪子では出土遺物の構成は、剣、工具、装飾品、馬具であり、朝鮮でのそれと比べて馬具が顕著に認められる。このことは、粗紋鏡の初期の時期における文化の内容が大変特殊であったことを示している。

　粗紋鏡第ⅣA式の鏡を出土した槐亭洞石槨墓では、青銅器の遺物として古式の細形銅剣があり、そのほかに馬鐸、防牌形器、大型鏡があり、装飾品としてアマゾナイト製曲玉、小玉がある。蓮花里石槨墓では古式の細形銅剣とアマゾナイト製曲玉が副葬品のセットをなしている。同様に東西里石槨墓でも副葬品は細形銅剣とアマゾナイト製装飾品を基本にしたものであり、この段階での遺物組合わせの単位を知ることができる。東西里では装飾性豊かな青銅製品もみられるが、ここでは新式の細形銅剣も出土しており、それらは下った時期のものとのセット関係にあるものとみられる。一方、粗紋鏡第Ⅳ式Bを出した多松里石槨墓では、銅剣は欠いているが石製装飾品があることから、本来的には銅剣をもつものが何らかのことで銅剣を欠いたものと思われる。

　精紋鏡第Ⅰ型式Aの鏡は龍山里で細形銅剣と、梨花洞では細形銅剣、銅矛、銅戈と、九鳳里では梨花洞と同様な組合わせのほかに銅斧、銅鑿が、草浦里では細形銅剣、銅戈、銅矛とアマゾナイト製曲玉、青銅製儀器が、梶栗浜では細形銅剣がそれぞれ伴っている。ただし、九鳳里では粗紋鏡第Ⅴ式の鏡の出土があり、草浦里では新式の細形銅剣がみられることから、精紋鏡第Ⅰ式と粗紋鏡第Ⅳ式の段階では剣と鏡と玉が基本的な副葬品の組合わせであり、青銅製儀器などは新式の細形銅剣と伴うことが九鳳里や草浦里での遺物のセットから知られる。

　粗紋鏡第Ⅵ型式の鏡を単独で出土した南城里石槨墓では、新旧両型式の細形銅剣、銅斧、銅鑿、防牌形器、石製装飾品が発見されている。一方、第Ⅱ型式の精紋鏡を出す松山里や宮坪里では新式の細形銅剣を、釘岩里、講林里、草浦里、入室里では新旧両型式の細形銅剣を伴っている。これらのことから精紋鏡第Ⅱ型式、粗紋鏡第Ⅵ型式の鏡は新式の細形銅剣に伴う可能性が高い。

　大谷里石槨墓では第Ⅲ～Ⅳ型式の精紋鏡を出土し、それに新旧両型式の細形

銅剣もみられるので、精紋鏡第Ⅱ型式との間の時間的な差異は余りなかったことが考えられる。ここで前代とは異なる遺物の組合わせとしては青銅製の儀器が伴う点である。槐亭洞でも儀器をみることができるが、これは第Ⅵ型式の粗文鏡と伴出した可能性があり、矛盾するものではない。すなわち多鈕鏡に伴う他の遺物との組合わせでは次のような大きな時期区分が可能である。

　第1期：粗紋鏡第Ⅰ～Ⅲ型式
　　青銅製の武器（遼寧式銅剣）　アマゾナイト製装飾品　工具　馬具
　第2期：粗紋鏡第Ⅳ、Ⅴ型式、精紋鏡第Ⅰ型式
　　青銅製の武器（細形銅剣、銅矛、銅戈）　アマゾナイト製装飾品　工具
　第3期：粗紋鏡第Ⅵ型式、精紋鏡第Ⅱ～Ⅳ型式
　　青銅製の武器（新式の細形銅剣）　アマゾナイト製装飾品　青銅儀器

おわりに

　東北アジアの青銅器文化を彩る多鈕鏡について粗紋鏡と精紋鏡に分け、それぞれ7型式と4型式に分類してその変遷過程をみてきた。さらにそれらが伴う他の副葬品の組合わせから大きく3時期に区分されることが判明した。

　第1期の多鈕鏡の段階は十二台営子にみられるように、春秋時代中期にまで遡上する可能性があり、馬具をもつことで特徴づけられる。朝鮮において馬具を伴っていたかどうかはっきりとはしないが、少なくとも遼東地方においては鄭家窪子に明確に示されている。この第1期の文化は遼西地方との関連が深く、しかも単鈕無紋鏡を伴出する遺構での副葬品の組合わせとほとんど変わるところがない。

　第2期は精紋鏡の出現で示される。岡内（1980）や宇野（1977）が指摘するように、精紋鏡は従来の石製鋳型によっては製作できぬものであり、新しい鋳造技術の登場を待たねばならない。精紋鏡と細形銅剣は伴出する例が多く、また、その分布範囲も北は清川江を越えることはない。これと対峙するように分布をみせるものとして明刀銭があり、これは尹武炳が指摘するように清川江流域をその南限としている。この明刀銭の広がりが燕の勢力による遼東支配に関

係づけられるとすると（尹武炳1972）、紀元前4世紀から3世紀初めの頃のことであったとみることができる。すると、朝鮮独自の青銅器文化の代表的遺物である精紋鏡と細形銅剣は、遼寧式銅剣と多鈕粗紋鏡をもつ遼東の青銅器文化が燕の勢力により遼東より駆逐された後に、朝鮮で開花したものと想定できる。

　この段階の精紋鏡はすべて小型であるが、粗紋鏡のAタイプは小型で、Bタイプは大型である。Bタイプ鏡の鏡背のみられる文様構成は粗紋鏡第Ⅳ式Bと同一であり、精紋鏡第Ⅰ型式の成立の影響で、従来の粗紋鏡の形態を新しい精紋鏡の技法で製作したものと思われる。これ以降、粗紋鏡の縁が蒲鉾形に変化してゆく。

　第3期の段階は青銅製の儀器を所有する点に特色がある。それらの遺物は車馬具が大形化して儀器化したものであり、朝鮮の南部地方に車馬具が流入する契機として、もっとも可能性が高いのは衛満の朝鮮入朝か、あるいは漢による楽浪郡の設置である。ところが最近、朝鮮の南部地方で前漢中期の鏡の出土が伝えられるようになり、その数もけっして少なくはない。この前漢鏡の朝鮮への流入は、日本の弥生中期後半の時期と軌を一にするものであれば、楽浪郡の設置以降になることが想定できる。しかし前漢鏡と伴うのは鉄剣であり、細形銅剣と精紋鏡の組合わせとは明確に時期を異にするものである。このことは第3期の出現期は紀元前2世紀の初め頃と考えるのが妥当であることを示している。そして南城里の粗紋鏡や大谷里、伝霊岩などの大型鏡の出現は、鉄器時代に入り非実用性を進めた結果としての大形化、もしくは新来の小型漢式鏡に対する対抗としての大形化とみることもできよう。あるいは内的な発展過程として、「飾る鏡」から、ムーダンのもつ「備える鏡」すなわち「明図」への展開がみられたこととの想定も可能であろう。

多鈕鏡追加資料

　本文を発表して以後、多鈕鏡の出土が報告された資料を掲げておく。
　小郡市若山遺跡では土壙内に鉢形土器を被せた遺構から鏡面を重ねた状態で2面の精紋鏡が出土している（小郡市教育委員会1994）。1号鏡は直径が15.3㎝

を測り、鏡面がやや窪む（図61-2）。鏡背は蒲鉾形縁をもち、3紋様帯で構成され、内区の鈕座近くに双鈕を置く。外区は充填鋸歯紋と平行線紋、内区は21に分割した放射線の中を鋸歯紋で飾り、鈕座も円形の中を鋸歯紋二つの組合わせで方形にした紋様が展開する。

　第2鏡は直径が16㎝、鏡面はやや窪む。蒲鉾形縁で鏡背は3紋様帯で構成され、鈕は鈕座から内区にかけてつけられている（図61-1）。紋様の配置は1号鏡と同様であるが、外区や内区のそれは1号鏡よりも細かく配されている。放射線が中途で途切れている場所が鈕座と内区の境界であろう。紋様構成からすると草浦里や名柄出土鏡に近い。共伴した土器は弥生時代中期前半である。

　佐賀市では2点の精紋鏡が発掘されている。本村籠出土鏡は中期初頭の甕棺に青銅鉇とともに副葬されていたもので、直径が10.5㎝を測る（田中 1992）（図61-3）。鏡面はかすかに窪みをみせる。鏡背は3紋様帯で構成され、外区は縦の区画紋で4分割され、斜格子紋と鋸歯紋で飾られる。外区と内区の間は6本の細かな線で区画され、内区は狭く、充填鋸歯紋の組合わせが繰り返されて鏡面を飾る。鈕座は充填鋸歯紋を3個組み合わせて方形の紋様単位で埋められている。全羅南道大谷里出土鏡に近いタイプである。

　佐賀市増田遺跡では中期初頭の甕棺の副葬品として1点出土した（佐賀市教育委員会 2000）。直径は9.15㎝でやや凹面を呈する。鏡背は3紋様帯をなし、紋様構成は若山鏡と類似する。ただし、この鏡では鈕座が狭く、その反面、内区が広くなり鈕は内区につけられている（図61-4）。

　里田原遺跡では、石蓋甕棺の副葬品として1点の多鈕精紋鏡が出土している（長崎県田平町教育委員会 2003）。直径は8.9㎝を測り3鈕をもつ。2紋様帯で構成され、外区は狭く、充填鋸歯紋がめぐり、内区は充填鋸歯紋三つの組合わせで方形を構成するものの繰り返しでなされている（図61-5）。3鈕である点においては梶栗浜に同じであるが、外区が狭いという違いが認められる。精紋鏡Ⅰ式でも後出のものとされよう。多鈕鏡が納められていた甕棺は中期初頭の年代を示す。

　原の辻遺跡では多鈕鏡の細片が採集されている（長崎県教育委員会 2005）。

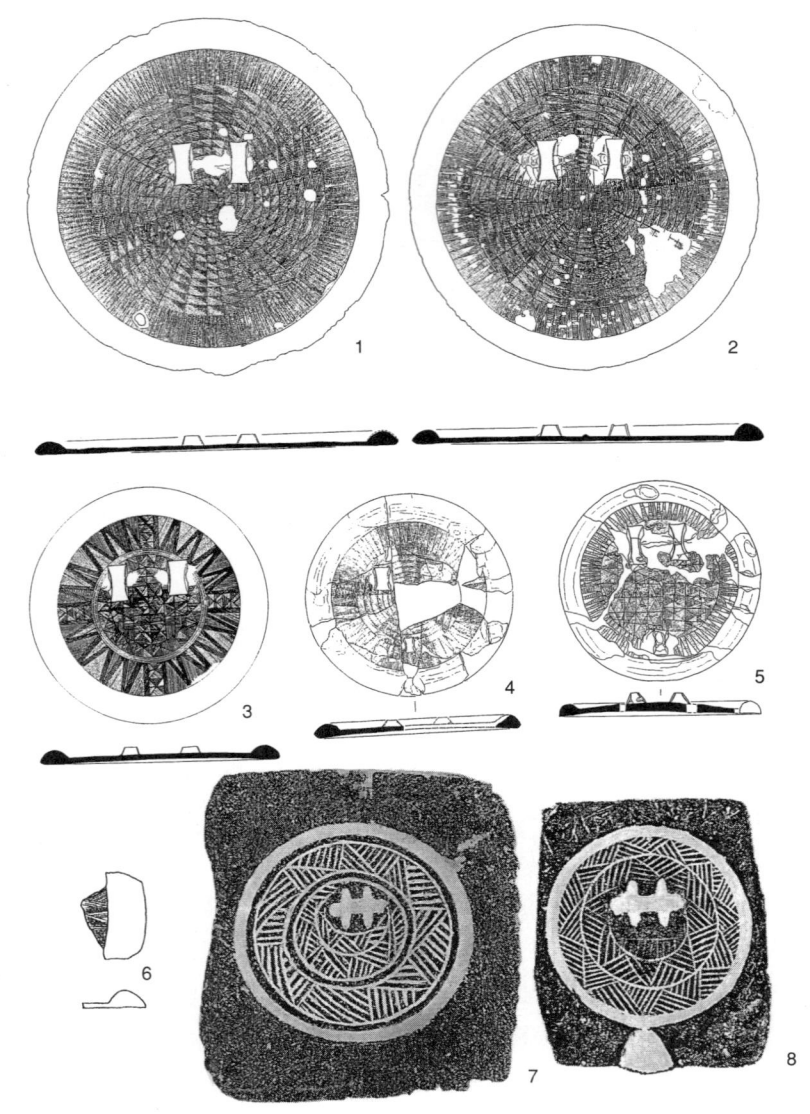

1・2：若山　3：本村籠　4：増田　5：里田原　6：原の辻　7：吉林東豊大架山　8：吉林英額布

図61　多鈕鏡実測図および拓本（縮尺1/3）（1・2：小郡市教育委員会1994、3：田中稿二1992、4：佐賀市教育委員会2000、5：田平町教育委員会2003、6：長崎県教育委員会2005、7・8：張英1990）

外区に充填鋸歯紋を逆向きに組み合わせる単位で鏡背を飾る。鋸歯紋が短いことからⅢ式にあたるであろう（図61-6）。

　中国吉林省で多鈕粗紋鏡の鋳型の出土が2点報告されている（張英 1990）。いずれも3紋様帯で構成される類型であるが、通化英額布出土品は内区と外区を凹線で区画するも、内区と鈕座は鈕の片側で重なり合っている（図61-7）。鋳型に刻まれた鏡の直系は9.2cm。他方東豊大架山遺跡出土品は外区と内区、内区と鈕座はそれぞれ細かな凹線で区画され、鈕座に双鈕が付されている型式である（図61-8）。紋様を有する区画紋の有無を問わなければ、イズヴェストフ出土鏡に近い構成となっている。

　以上、列島で新しく出土した多鈕鏡はいずれも弥生時代中期の前半期に納まる時期であり、従来の出土例と違いはない。

　慶州朝陽洞5号墓から双鈕の素紋鏡が1点出土している。原三国時代に属する。直径は5.3cmと小さく、多鈕鏡と分類するよりも、いわゆる小型仿製鏡と考えられる（国立慶州博物館『慶州朝陽洞遺跡Ⅱ』2003年参照）。

第9章　紀元前一千年紀東北アジアの首長墓

はじめに

　東北アジアにおいて墓地の分析を通して特定有力者や首長の墓を摘出する試みは、これまでに日本でも少なからずなされてきた。それら試論の多くは中国東北部とか朝鮮とかの大きな地域的枠内での編年作業を通しての年代的位置づけからもたらされたものか、あるいは威信材としての豊富な副葬品を伴う墓の個別的な分析が中心であって、そうした墳墓の出現と展開の背景に関しては必ずしも十分には説明されてこなかった（後藤1984、千葉1992、広瀬1993）。

　紀元前一千年紀以降の東アジアの歴史的世界は、中国という高文明国家とそれを取り巻く周辺諸地域での社会・政治体制との重層的かつ構造的な関係のもとに展開してきたのであり、いわば中国的世界との量的・質的関係の粗密にそれは大きく左右されていたともいえよう。その意味で、漢による朝鮮4郡の植民地設営とその後の楽浪を中核とした朝鮮およびその近隣諸地域との、宗主国→郡県支配（植民地）→付庸国→塞外国（敵対国）という関係が歴史的必然性となり、ここに「華夷秩序」が形成されるに至ったのである。楽浪滅亡以後の歴史展開も、従来楽浪が保持してきた「華夷秩序」中枢の継承者を自認する高句麗と、それを否認して中国との結びつきを求める百済や倭との対立で説明することが可能である。いい換えると東アジア地域では中国を軸とした「華夷秩序」の強化と弛緩、変質というファクターが大きな歴史的役割を担うことになる。したがって、東北アジアにおける特定有力者の墓地の検討においては、こうした歴史的背景を考慮しなければ十分にその特質を把握することが不可能となる。ここでは西周初期燕の東北アジア進出により大きく開花した青銅器時代以降、楽浪の出現に及ぶ歴史展開の中での「在地首長層」の動向を素描するこ

ととしよう。

中国的木槨木棺墓の形成

　西周初期（紀元前11世紀終り頃）中国東部地域における殷の残存勢力を駆逐した召公一族は、一転して河北に進出し、北京市の南西郊外、琉璃河一帯を国都として「燕」を建国した。召公一族は殷代においては殷の国家的祭儀を司る重要な役割を担っていたために（白川 1975）、東北アジアに展開した青銅器文化は殷の祭祀的様相を強く帯びることとなった。その後まもなく燕が遼西一帯にもその勢力を波及させたことは、大凌河流域の北洞村や山湾子を始めとする10ヵ所以上の遺跡から多数の召公関係の青銅彝器や青銅武器の発見により示されている（甲元 1988・1989）。さらに新民県や撫順市などでの殷的青銅彝器と武器の出土により、その影響は遼河を越えて遠く遼東地域にまで及んでいたことも窺い知ることができる。しかし、こうした燕による遼寧地域への進出は西周の成王や康王段階までであり、燕の北方への展開によりもたらされた殷的青銅器文化は、煮沸具としての鬲、車馬具や戈、矛などの武器、青銅の鏡などにその来歴を窺わせながらも、総体として東北アジア独自の内容に改変された夏家店上層文化期の墓制の発達をみせている。

　西周初期に燕が建国されたことは、薫家村での当該時期の古城址と黄土坡村での大規模な共同墓地の発見により確認される。黄土坡村の墓地は二層台や腰坑を備えた竪穴式木槨墓で構成され、車馬坑を配置し、副葬品としてさまざまな礼器をもつなど、殷や西周初期の権力者集団の墓地として何ら遜色はない。「王曰太保……令克侯於匽」の銘文を有する罍を副葬した四条道付の大型木槨墓の発見や、泉屋博古館所蔵の「匽侯旨」鬲の存在は、召氏一族が実際に燕国の領主となったことを物語り、召氏を頂点にして冀、魚、史などその配下に多数の殷系遺民を糾合していたことも、その他のさまざまな青銅彝器に記された銘文により容易に知ることが可能である（甲元 1997）。冀などのように直接に支配化に組み込まれなくても、召氏と強いつながりを示す埋葬址の事例として北京市白浮村の木槨墓を取り上げてみよう。

第 9 章　紀元前一千年紀東北アジアの首長墓　229

白浮村木槨墓は北京市の北、昌平県龍山の麓にあり、3 基の木槨墓で墓地が構成されている（北京市文物管理処 1976）。2 号墓は長さ32〜34cmに幅16〜20cmの方形に象った20本の根太により、長さ3.3m、幅1.9mの槨室を形成し、内部に木棺を据えている。木棺には青銅の兜を被り、腰に剣を吊るして脚には鋲留の革靴を履いた中年の女性が埋葬されていた。棺槨の間には銅剣や銅戈を始めとする40点以上もの青銅製武器や工具類、車馬具、玉器などの副葬品が納められていて、腰坑には狗が随葬されていた（図62）。また 3 号墓は 2 号墓よりやや小さい木槨木棺墓で、多数の青銅製武器とともに卜骨があり、中年男性が葬られていた。老年の男性が埋められて

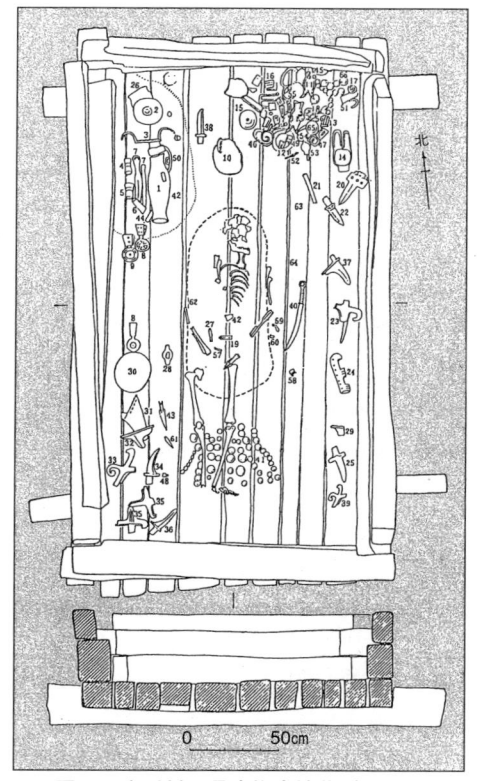

図62　白浮村 2 号木槨木棺墓（北京市文物管理処 1976）

いた小型の 1 号木槨墓は、副葬品は少なくわずかに玉器がみられるにすぎない。これら 3 基の墓の様式からすると、殷周的構造をもつものの青銅彝器がなく武器が多数を占めること、しかも銅剣は殷後期の山西省から河北地域に特徴的に分布する独特の有柄式であることなどの点で（甲元 1991）、町田章が指摘するように中原と強い関連を有する在地首長であることが窺えよう（町田 1981）。2 号墓に埋葬されていた武装した女性は、殷の武丁の妻でシャーマンであった婦好を彷彿させる。白浮村墓地の被葬者たちは青銅戈に刻まれた徽号から「兀」族に属することが知られる。したがって、白浮村の被葬者たちは燕の支配に組

み込まれた在地の「瓦」族の族長層の墓地であったとすることができ、もし「方国」が存在したとするならば、そこに中国と付庸国との政治的関係の原型をみることができよう。この期においては中原の支配に関係する集団のみがこうした中国的木槨墓をつくりえたのである。

南山根石槨石棺墓と鄭家窪子木槨木棺墓

　南山根遺跡は内蒙古の老哈河上流にあり、標高が500mほどの山麓の幅800mの範囲内に遺構は分布している。1958年以降数回にわたる調査により、遺跡は西周後期から春秋前期頃にかけての箱式石棺墓、石槨石棺墓、石槨木棺墓などを内部主体とする集団墓地であることが確認されている（李逸友 1959、遼寧省昭烏達盟文物工作站・中国社会科学院考古研究所東北工作隊 1973、中国社会科学院考古研究所内蒙古工作隊 1975）。このうち遺構密集区のほぼ中央にあるM101号墓は、遺構の規模と副葬品の質量の面から特定有力者の墓と想定されている。墓は長さが3.8m、幅2.2～1.8mの平面形が台形をなし、深さ2.4mを測る竪穴石槨に厚さ5cmの木棺を配した形式で（図63）、副葬品として豊富な青銅製品を伴っている。これら多数の青銅製品は基本的に「中原製品」と「北方的、在地的製品」の組合わせで成り立っていて、青銅彝器には「中原的容器」と「北方化した容器」がみられ、戈や矛、三稜鏃などは中国中原地域と共通する武器であるが、有柄式銅剣や遼寧式銅剣は非中原的性格を帯びている。また、刀子や銅斧などの工具や金属製耳飾は北方的であるのに対して、卜骨や鏡は中原的な遺物とみられる。以上の北方的色彩が濃厚に看取される遺物も、実際には殷後期頃山西省から河北省一帯で殷文化と接触した地域に特徴的にみられる製品であり、殷的青銅器文化の北方への展開により生成された青銅器であるといえよう。さらに車馬具については、南山根102号石槨墓から出土した刻紋骨板にアカシカの狩猟図とともに2頭立ての戦車が2点描かれていて（図64）、これは殷の様式と同様であり、上記の推察を支持している。

　1961年に発掘された二道溝西側にまとまる5基の墓群は、1基の石槨木棺墓を中核として石槨石棺墓や石棺墓で成り立ち、老若男女が個別に埋葬され、か

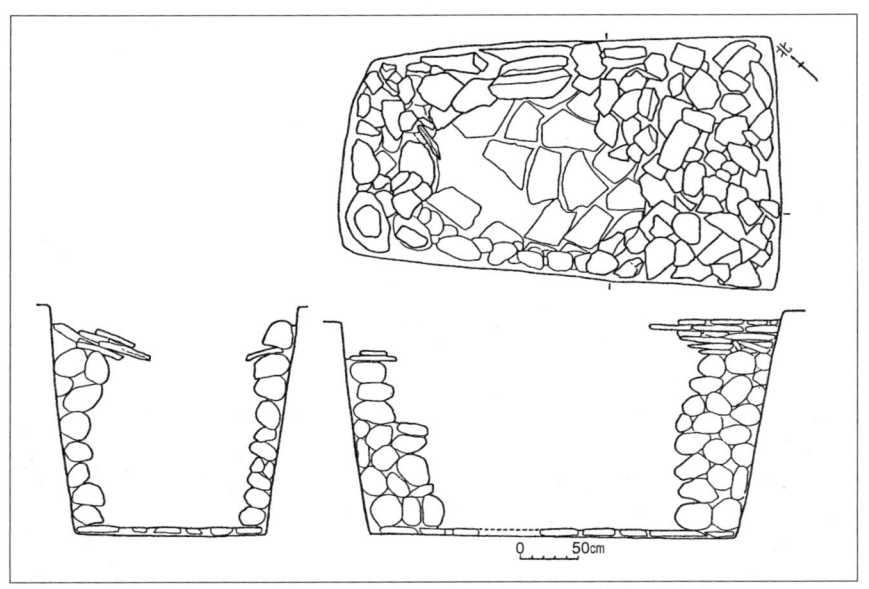

第9章　紀元前一千年紀東北アジアの首長墓　231

図63　南山根101号石槨木棺墓（遼寧省昭達烏盟文物工作站・
　　　中国社会科学院考古研究所東北工作隊 1973）

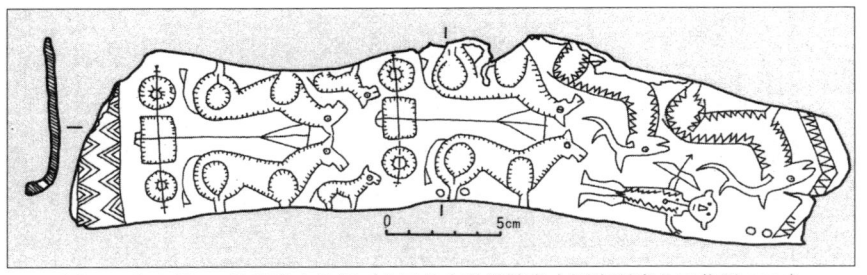

図64　南山根102号墓出土骨板（中国社会科学院考古研究所東北工作隊 1981）

つ幼児にも青銅器の副葬品が認められることからも、これらが特定有力者の近親者集団の墓地であることが容認されよう。多数の青銅製品を出土する石槨木棺墓はこれまでに3基発掘されているが、これらは相互に50〜70m離れて分布し、その周辺に他の小型墓を伴っていることから、幾人かの特定有力者とその近親者により南山根遺跡の墓地が構成されていたことを物語る。しかも1961年の調査では、豊富な副葬品を出土する石槨木棺墓には中年の女性が葬られてい

て、祭政を掌握した人物に家族が加わった構成とみなすことができよう。春秋後期頃の十二台営子や烏金塘遺跡なども南山根遺跡と同様に、特定有力者とその近親者が集団墓地から分離して墓域を形成する点で、階層化した社会の姿を垣間みることができる。こうした状況がさらに進展していった事例として、鄭家窪子遺跡が挙げられよう。

　鄭家窪子遺跡は瀋陽の南に展開する渾河流域の低地にあり、一帯からはこれまでに青銅短剣を副葬する墓が発見されているが、その第3地点では「首長墓」と想定される1基の巨大な木槨木棺墓が発掘されている（瀋陽故宮博物館・瀋陽市文物管理弁公室 1975）。長さ5mに幅3mの大きな土壙内には長さ3.2mに幅1.6mの木槨を据え、さらにその内部に長さ2mに厚さ0.7mの木棺を配置した墓式であり、木棺内部には頭部や頚部に玉製の飾りを着け、腰に遼寧式銅剣を吊り下げ、青銅製の釦飾りをつけた革靴を履いた1体の老人が埋葬されていた。さらに遺体の頭部、胸部、腰部、脚部には青銅製鏡飾りがあたかも遺体を保護するかのように置かれていた。棺槨の間には頭部側に2点の青銅短剣、左側には弓関係遺物が、右側には4頭立ての馬頭飾りを始めとする馬具が、脚部には土器が3点副葬され、副葬品の合計は42種797点にも及んでいる（図65）。第3地点ではこの「首長墓」に近接して小型土壙墓群が1基あるのみで、これから80m離れて小型土壙墓群が12基発見されている。こうした墓地のあり方は首長を取り巻く集団と一般成員との間が大きな階層差で隔てられていたことを示しているだけでなく、特定有力者層内部でも越えがたい格差が存在していたことを表している。春秋の終わり頃になると東北アジアでは、このように全体として一つの共同墓地を形成することはあっても、その中に傑出したエリートが出現していたことを物語っている。

　しかし、遼西から遼河流域地方では戦国段階になると、こうした特定有力者の墓と認定できるものはみられなくなってくる。一方、春秋時代前期以降になると河北省北部の玉皇廟を始めとする「山戎」と想定される土壙木棺墓群や東南溝一帯の墳丘をもつ石棺墓、南洞溝や三官甸子遺跡の土壙石棺墓などの集団墓地では、墓の構造でも副葬品においても特定有力者は何ら摘出できなくなる。

中原的な階層制から離れて部族単位での等質的な共同墓地を構成するあり方こそが、東北アジアの在地的な部族段階での典型的な墓制であるとすることができよう。

崗上・楼上墓と遼東の積石塚

殷周的青銅器文化が展開した地域に隣接する遼東や吉林、西北朝鮮では、紀元前一千年紀における特定有力者の出現に関しては遼西とはいささか様相の異なりをみせている。遼東半島先端部においては新石器時代以来、山東半島との文化的なつながりが強く、普蘭店湾以南の地域では墓域全体を小石で覆う積石塚が拡がっている。初期には小型の

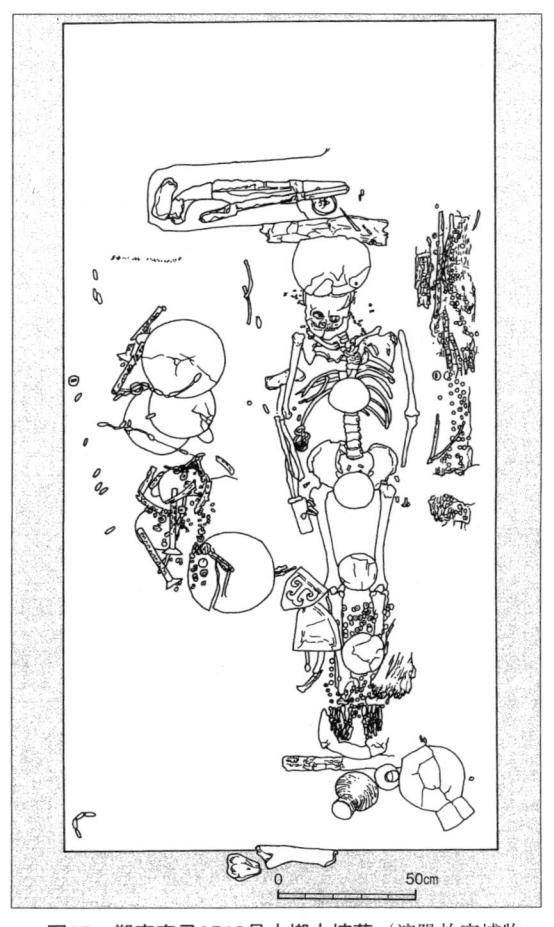

図65　鄭家窪子6512号木槨木棺墓（瀋陽故宮博物館・瀋陽市文物管理弁公室 1975）

石を小口積にして小さな長方形石槨を拵え死体を埋葬するもので、槨室は相互に連なって数十単位の集団墓地が形成され、後には墓域を方形台状に区画して十数基の埋葬主体を設けるものが出現する。こうした積石塚の中で従来「首長墓」として取り上げられてきたものに、大連市の崗上墓と楼上墓がある（東北アジア考古学会 1986）。

崗上墓は渤海湾に開けた沖積平野に浮かぶようにみえる比高差4mほどの小さな丘の上に営まれた積石塚で、石列により区画された3段の墓域の中に23基の埋葬主体が配置されている。東側のもっとも高所につくられた基壇状の墓域は、隅丸方形を呈して東西19m南北20mを測り、7号石槨墓を中心として16基の墓壙が設けられ、その西側の一段と低くなった墓域には長さが約14mに幅5mの区画が付属し、5基の墓壙がみられ、最下段には4mに10mの区画が付設されて1基の墓壙が最高地点に埋置され、墓域全体の構造自体において社会的重層性を表している。東側大区画内の7号墓の周囲には7mほどの円形に石垣がめぐり、7号墓から放射状に延びた8本の石列が墓域の端まで達して墓域を細区分している。墓に埋葬された人骨は3基を除いていずれも火葬され、しかも各墓には子供を含めて多数の死体が容れられていた。19号墓では18体分の人骨が検出され、崗上墓では合計144体の人骨が検出されている。中心埋葬遺構の7号石槨墓からも3体の人骨が出土していることから、少なくとも3世代にわたり「首長」を中心として、それに従属する集団内部で追葬が繰り返し営まれたことが窺えよう。典型的な遼寧式銅剣や銅矛を始めとして馬具や玉製装飾品が副葬品としてみられ、十二台営子遺跡や烏金塘遺跡とはさほど隔だてない時期の所産とみることができる。

　楼上墓は崗上墓から東南に450m離れた小高い丘の上に立地する。護石が3～4段に盛り上げられた墳丘の頂部は東西・南北ともに約22mの方形を呈し、その内部に3基の石槨墓を中核として併せて10基の埋葬主体が設置されていた（図66）。崗上墓と同様に楼上墓でも人骨は火葬され、多数合葬がみられる。特別な様式である石槨墓でも数人が埋葬されていることは、崗上墓と同じく数世代にわたる「首長」を中心として墓地が営まれていたことが窺えるが、埋葬主体が崗上墓よりも減少していることを重要視すると、階層化がさらに進み、「首長」とより限定された従属集団により墓地が構成されていて、臥龍泉積石塚と同一の社会的レヴェルにある墳墓と捉えることができよう。

　遼東半島先端部に展開する積石塚の初期段階は、砣頭積石塚のように多数の埋葬主体を並列的に配置するものであり、埋葬集団間には何らの区別が認めら

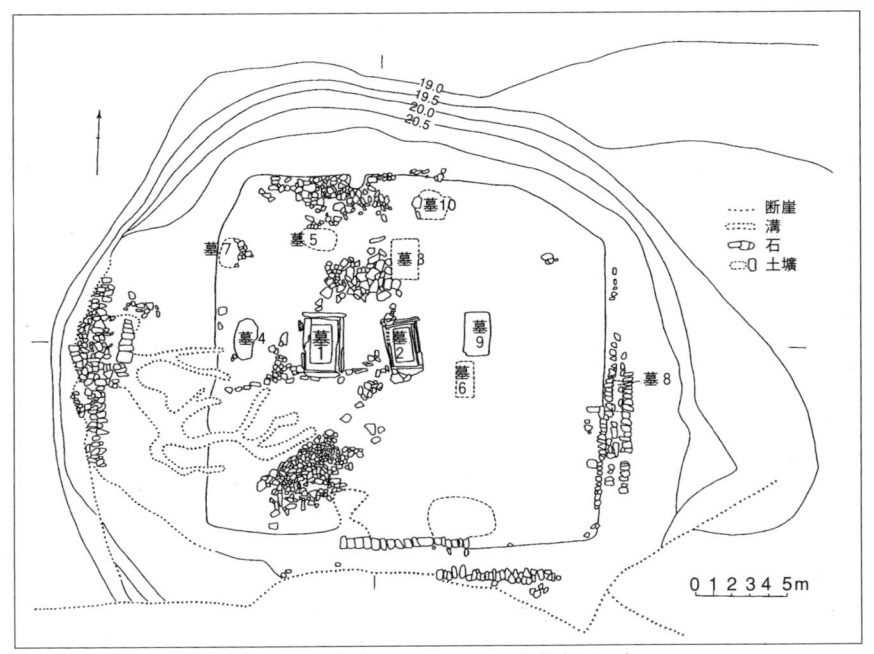

第9章　紀元前一千年紀東北アジアの首長墓　235

図66　楼上墓（東北アジア考古学会 1986）

れない共同墓地であった。これが青銅器時代に入ると土龍積石塚のように、ある種の社会集団を単位として数群の埋葬遺構が個別に営まれるようになる。すなわち石垣で墓地を区画し、積石で盛り上げた積石内部に石棺墓などの埋葬主体を多数設け、しかも火葬した人骨を多数合葬する集団が数基分布するあり方を示している。ところが崗上墓段階では、それら数基の積石塚が一つの大きな積石塚内部で階層化された状況で出現し、さらには楼上墓段階では、同一集団内部の「首長」を含む特定グループのみに埋葬が限定されてくる傾向にある。基本的には、これら遼東半島先端部に展開する積石塚は合葬墓であることから、次々に合葬が行われ数世代にわたる安定した階層社会が存在していたことを示している。今日までに知られた資料では、春秋後期頃のこの地域では、「首長墓」を含む積石塚は楼上墓と臥龍泉墓の2基に限られる。このことから積石塚に埋葬された集団は遼東半島普蘭店湾以南の地域を二分する勢力にあったこと

が推定できる。

　戦国期に入ると、尹家村遺跡を始めとして単独もしくは2～3基で構成される石槨木棺墓が単発的に出現するようになる。これら石槨墓はいずれも単人葬であり、従来の階層構造を明確にした墓地構成を示す社会が崩壊して、小地域内を統括する在地首長に再編成された姿を垣間みることができよう。

遼東および朝鮮の石棺墓と石槨墓

　西周初期に燕の青銅器文化が部分的に影響を及ぼした遼東や吉林では、石槨木棺墓や石槨石棺墓を模倣して箱式石棺墓を成立させ、石刃骨剣をモデルとして遼寧式銅剣や遼寧式銅矛をつくり出すという独自の対応を示し、またこれら遼東の青銅器文化の間接的影響が及んだ遼東東部や西北朝鮮では、箱式石棺墓の蓋石を拡大させて支石墓を創造し、遼寧式銅剣をまねて有茎式磨製石剣を製作した。これら初期段階の箱式石棺墓は、吉林の星星哨遺跡や清原県大葫蘆溝口遺跡のように箱式石棺墓が数基もしくは数十基まとまって墓地を形成するのであり、少数の墓のみに青銅製品を副葬する点において特定有力者の存在を匂わせながらも、埋葬構造の面では特別な違いはなく、集団墓地の中の一成員であることには変わりはない。こうした傾向は、典型的な遼寧式銅剣を出土する遼陽二道河子遺跡の春秋中頃段階までは継続されたことが窺える。

　ところが、遼東において遼寧式銅剣の退化した型式のものを出土する段階では、尹家村遺跡や聖周墓のような単独かあるいは2～3基の石槨墓で構成される墓地がみられるようになり、また朝鮮では遼寧式銅剣を伴う段階になると、墳丘をもつ箱式石棺墓が単独で存在するあり方をみせるようになる。黄海南道白川郡大雅里ではきれいに整形した厚さ2～4cmの薄い板石で囲われた箱式石棺墓が1基存在する（李キュウデ1983）。砂礫を混じえた墳丘を有すること、薄い1枚の板石を組み合わせて直方体をつくることなどから、構造的にみて木棺墓を念頭において形成されたものとみて差し支えない（図67）。副葬品として遼寧式銅剣と銅鏃、大型管玉と磨製石鏃10点が出土している。また黄海北道新坪郡仙岩里の箱式石棺墓では、遼寧式銅剣と大小の管玉に磨製石鏃4点が伴

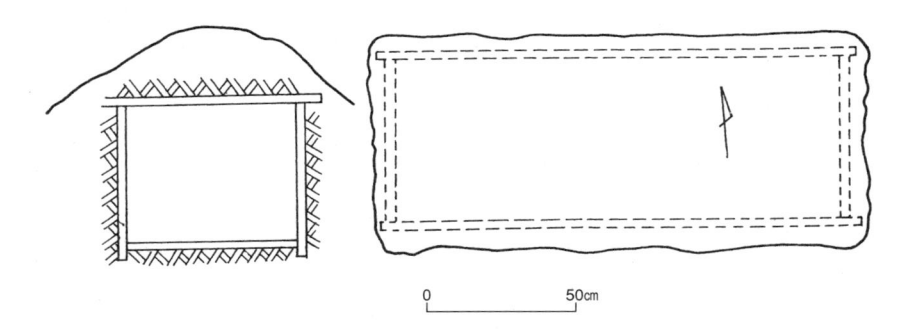

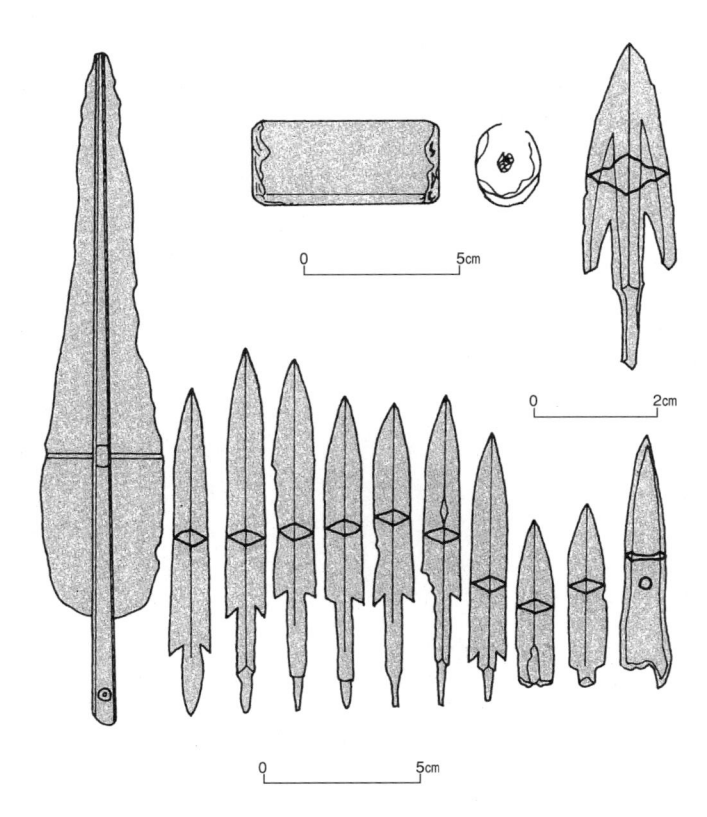

第 9 章　紀元前一千年紀東北アジアの首長墓　237

図67　大雅里石棺墓と副葬品（李キュウデ1983）

っている。平安北道价川郡龍興里や忠清南道松菊里の箱式石棺墓の事例もこれと同様に考えることができよう。これら箱式石棺墓にやや先行する例として、平安北道豊龍里や黄海北道泉谷里の箱式石棺墓が挙げられる。泉谷里では石棺周囲に砂礫や土壌で保護壁を形成していることから、あたかも石槨墓の内部主体を思わせるつくりになっていて、石槨墓の外縁地域においては石槨墓の優位性を認め、それに類似した遺構に有力者は葬られるという「意識」が存在していたことを示唆する。

　朝鮮において朝鮮製の遼寧式銅剣が修正加工されて変形した段階になると、鎮東里を始めとして朝鮮南部にも本格的な石槨石棺墓が出現し始める。さらに典型的な細形銅剣段階になると、銅剣、多鈕粗紋鏡と玉類を出す忠清南道の南城里や槐亭洞など、多数の青銅儀器を伴出する石槨石棺墓が各地に登場するようになってくる。さらに武器として古式の細形銅剣に細形銅戈、細形銅矛が伴い、これに多鈕精紋鏡が併せて出土する忠清南道東西里や九鳳里の段階へと展開し、新式の細形銅剣に銅矛、銅戈、渦文を有する多鈕精紋鏡や鉄斧などを伴う石槨木棺墓へと受け継がれる。剣・玉・鏡という権威の象徴的な品目を副葬品として具備するものではあっても、これら石槨木棺墓や石槨石棺墓はいずれも単独で存在し、集団墓地を形成することはない点では、前代の青銅製品を副葬する箱式石棺墓と同様である。それらは現在の行政単位である「郡」を単位とする広がりでは1基か2基にしかすぎず、特定有力者の勢力基盤の大きさを暗示するとともに、石棺墓や石槨墓は一代限りの「首長墓」として登場することを物語っていて、村落の継続的な共同墓地である支石墓とはまったく対照的であるといえる。

東北アジアの支石墓

　東北アジアの支石墓は、石棺墓の蓋石を拡大させることで成立した。吉林の西団山石棺墓群などにみられるように初期段階の石棺墓は集団墓地を構成し、支石墓も初期段階（沈村A型）のものは集団墓である（甲元 1977）。遼寧省鳳城県東山大石蓋墓はこの代表であり、そのほかいくつかの遺跡でもそのことが

第 9 章　紀元前一千年紀東北アジアの首長墓　239

確認されている。しかし遼東地域では、当初から村落成員を火葬して合葬する習慣のもとに支石墓が営まれたために、合葬をより容易にするための処置として、支石墓上石の重量を直接に受ける長軸に据えられた 2 枚の支石と支石の間に嵌め込まれた 2 枚の閉塞石から成り立つ卓子型支石墓が登場し、さらには析木城石棚や石棚山などの 3 枚の研磨調整を施した支石でていねいに加工した上石を支え、残りの 1 枚は上石には届かずにあたかも「門」のように設えた構造の支石墓へと展開してゆく。

　初期段階の支石墓（大石蓋墓）と初期の卓子型支石墓が共存する双房遺跡は、海抜が 200 m 前後の丘陵の谷間にある低い台地の上に立地している（許玉林・許明綱 1983・1984）。この遺跡では多数の支石墓が存在していたが、破壊により現在は 9 基を残すのみとなっている。4 号や 6 号支石墓は地中に配置した箱式石棺墓に飛び抜けて大きな上石を載せた沈村里B型であり、2 号 や 5 号支石墓は扁平ではあるが上石を支える低くて厚い支石 2 枚と 2 枚の閉塞石で石室が構成され、床面には 1 枚の板石を敷く型式である。6 号支石墓から発見された銅剣は刃部の抉り込みが切っ先に近く、先端部が三角形を呈する最古式の遼寧式銅剣に属し、大甲邦石棺墓出土品とほぼ同時期に比定される。このような銅剣は中国青銅器文化の影響を受けて、石刃を嵌め込んだ骨剣を青銅器に置き換えることでつくられたと想定でき、中国的青銅器文化が波及した地域での独自の対応の現れとみることができる。遺跡の報告が充分ではないために遺構全体の構造を把握することはできないが、同様なあり方は普蘭店の石棚溝石棚遺跡でも認められ、初期段階の個別的支石墓から、追葬がよりたやすい卓子型支石墓への変化を読みとることが可能である。支石墓の中でも規模が最大となる石棚山石棚を始めとする遼東地方の大型支石墓の多くは、いずれも単独で丘陵の頂部に設置されていることは、合葬を前提とした世代を越えての「観念的崇拝行為」を窺わせる。初期段階の箱式石棺墓が単独埋葬からなる集団を形成するのに対して、支石墓が一つの集団内の限られた階層に属する人々を長期間にわたって埋葬するという点、著しい対称をなしている。こうした繰返しの追葬が可能な施設は、それ自体で支石墓の構築を終焉に導くものであり、いわば墳墓

から記念碑へと変質することで、この地域の支石墓が終局を迎えるのであった。
　西朝鮮における支石墓の最初の段階である沈村里A型では、石棺墓の長軸が1mも満たない小型であり、人骨の出土状況から単独葬であったことが窺われる。ところが西北朝鮮においては卓子型支石墓が創出されると、黄海北道燕灘郡五徳里松薪洞支石墓のように上石の下部に据えられた石室を3～4枚の板石で区切ることで単人葬の追加が行われるようになったことを窺わせる（石光濬1974）。この点からすると平安南道成川郡龍山里の殉葬墓として報道された支石墓も追葬の一つのあり方として容易に理解されよう。さらに閉塞石の片側を入り口状に設えた構造の卓子型支石墓の出現、石棚山石棚に匹敵する冠山里支石墓や石泉山支石墓の存在は、西北朝鮮の支石墓は発展の中途から遼東地域の支石墓と同様に、支石墓の構築数が減少するのに併せて、個々人の合葬墳墓から歴代の特定指導者を追加埋葬する記念碑的性格を帯びるように変質したことを示している。また、これとは別に横穴式の石室構造をとることで追葬墓への転換が看取される支石墓も存在する。
　平安北道价川郡墨房里遺跡の支石墓がそれで、ここでは40余基の支石墓が20余基の基壇積石塚と30余基の積石塚とともに分布している（金勇男 1984、李定男 1985・1991）。支石墓はいずれも割石で三方を小口積みにして「コ」字形の石室を形成し、一方を板石で閉塞するもので（図68）、石室が地下に設けられているものと地上に設置されるものとの2型式に分けられる。大きな蓋石で石室を覆うことから支石墓に分類されるが、構造的には吉林省山龍支石墓と同様であり、墳丘に多数の小石を盛り上げる手法からしても積石塚との関連が強いものとみることが可能である。墨房里30号支石墓では成人1人と子供2人の人骨が確認されていることから、墨房里支石墓では単人合葬墓であることが知られる。石室の規模が小さいことと存続期間に比べて支石墓の基数が多いことから、この型式の支石墓に葬られたのは、一定の社会的関係にあった少数者の合葬墓であることが推測され、この点でも卓子型支石墓とは異なって積石塚との関連で捉えることができよう。
　他方、中・南朝鮮では支石墓で人骨が確認される事例はいずれも単人葬であ

り、追葬がきわめて困難な構造をもつ碁盤型支石墓が多数構築されていることを併せて考慮すると、支石墓は「1支石墓1人埋葬」の原則がそのまま踏襲されてきたことが想定でき、結果的に膨大な数の支石墓が分布する状況が醸し出されたとみることができよう。南朝鮮の支石墓は基本的に村落構成員の集団墓であったことは、全羅北道の高敞郡以南、慶尚

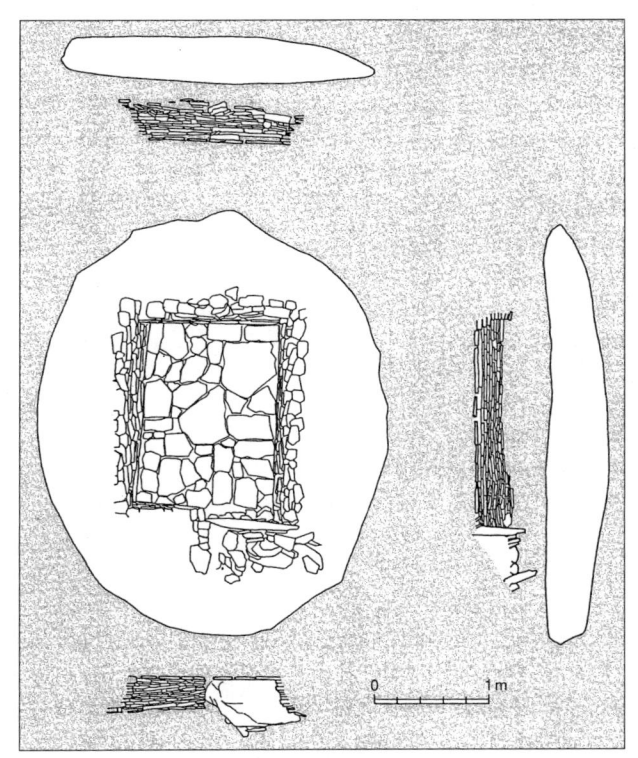

図68 墨房里30号支石墓（李定男 1985）

南道統営郡以西の全羅南道を中心とする地域では3万基以上の支石墓が分布し、1里内に数十基の支石墓が普通に確認されている。しかも保存状態の良好な場所では1遺跡内において膨大な数の支石墓が列状配置をとり、副葬品として権威的な青銅製品は保有しないことも知られていて、たとえ村落構成員の全員が支石墓に葬られたのではなくとも、共同体的村落構成をそのままに表現していると理解できる。この点において、武威や権威を象徴する各種の製品を多数副葬する特定有力者が単独にしか埋葬されない石棺墓や石槨墓とは、大いにその性格を異にしていることを知りうる。

ところが南朝鮮南端部の支石墓の中には、戦前に調査された雲岱里支石墓を始めとして新しく発掘された全羅南道昇州郡牛山里支石墓、麗川市積良洞支石

墓、麗水市五林洞支石墓のように遼寧式銅剣を出土する支石墓や、麗水市平呂洞支石墓のように多数の曲玉や管玉を共同墓地の中で排他的に伴出する支石墓の類例が増加している。これらは、いずれも大規模な集団墓地の中に存在するうちの数基であり、青銅製品や多数の装身具を伴わない支石墓の内部主体が石棺墓であるのに対して、石槨墓である点が通底しており、支石墓も後半期に入ると、その内部に特定有力者が創出されてきたことを窺わせる。

　慶尚南道昌原郡徳川里遺跡は支石墓6基、石槨墓12基、石蓋土壙墓5基で構成される青銅器時代の墓地群である（李相吉 1994）。これら遺構は一定の空間を介して南北に分かれて分布している。内部主体の明らかな3基の支石墓は1、2号が石槨木棺墓で、3号が石槨石棺墓となっている。1号支石墓は大きさ8mに6mの墓壙を4.5mほど掘り込み、その最下部に板石を小口積みにした長さ2.8m、幅0.8m、高さ1.2mの石室を設けてその内部に木棺を配し、薄い板石で蓋を被せた後に、30～50cmの石を積み上げて二重の板石でこれらを覆い、その上に2個の支石を置いて、6mに4.5mの長方形板石を上石として載せたものである（図69）。従来知られていた支石墓とはいささか構造を異にし、南城里や丁峰里石槨墓との構造的類似が指摘できる。注目すべきはこの1号支石墓の周囲には南北52.6m、東西が17.5mのL字形に配された石垣が設けられ、明らかに他の遺構とは区別される施設が伴うことである。先述した墨房里支石墓にも方形に区画した石垣を設ける施設が認められたが、規模の点ではまったく相違する。このように本来は集団墓であった支石墓の基数が減少し、特別な区画を設けて他の遺構とは区別するあり方の墓制の登場は、遼寧式銅剣を副葬品として保有する石槨墓と同一遺跡で共存することを念頭に置くと、支石墓を主体とする平等社会がその後半期になり、石槨墓形式のイデオロギーの影響を受けて階層社会へと転換を遂げることで、支石墓構築が終焉を迎えたことを暗示している。

楽浪の形成と木棺集団墓

　楽楽浪の治所である平壌では紀元前1世紀以降、土城洞遺跡や貞柏洞遺跡の

ような中国的墓制である木槨木棺墓が築造されていたが、それ以前の戦国末期には燕の影響の拡大に併せてその影響を受けるかたちで、平壌とその周辺では多数の土壙木棺墓群が営まれていて、成熟した社会の存在を窺わせている。やがて楽浪成立後は、それら土壙木棺墓の被葬者の子孫が土着化した中国人とともに楽浪官人層を形成することとなったことは、三上次男の指摘するとおりである（三上 1966）。ところが、平壌とその周辺においての楽浪に先行する時期の墳墓群に関する全体の構造が把握できる良好な資料はいまだ発見されていない。楽浪郡との明確な関係がたどれる遺跡としては、朝鮮の東南地域の事例が挙げられる。

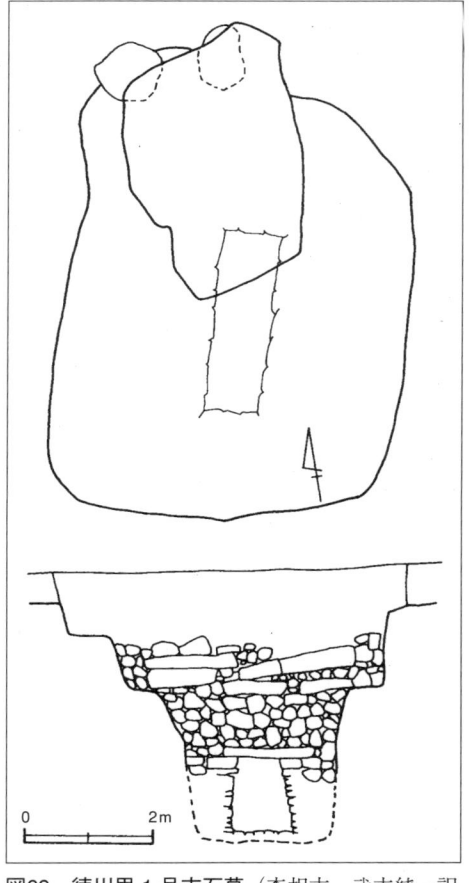

図69　徳川里1号支石墓（李相吉、武末純一訳 1994）

茶戸里遺跡は洛東江流域の奥まった沿岸平野に営まれた土壙木棺墓と甕棺で構成された原三国時代の集団墓地であり、先述した徳川里支石墓からは北へ1.5kmに位置している（李健茂・李栄勲・尹光鎮・申大坤 1989、李健茂・尹光鎮・金斗喆 1991、李健茂・李栄勲・申大坤・鄭聖喜 1993）。6次に及ぶ発掘調査により46基の埋葬遺構が検出されているが、それらは丘陵の傾斜に沿ってほぼ東西に主軸をおいて配置されている。第1号土壙木棺墓は長さ2.78m、幅1.36m、深さ2.05mの土壙内に長さが2.4m、幅0.65mの丸太を刳り抜い

た木棺を安置し、木棺の周囲や木棺の下に設けられた腰坑に置かれた竹篋には
さまざまな副葬品が納められていた（図70）。これら副葬品のうち青銅製武器
類、あるいはこの形式を鉄製品に置き換えた品目などは従来の石槨墓出土品の
系統を引くものであるが、多量の漆器類や鍛造鉄斧、星雲紋鏡、五銖銭、筆な
どは楽浪との関係を強く示唆するものである。さらに木柄に挿入された大小2
点の板状鉄斧は村上恭通が指摘するように皇帝から下賜される権威ある褒賞と
すれば（村上1992）、茶戸里遺跡に埋葬されたグループは石槨墓の被葬者に替
わって、楽浪との間で一定の政治的・経済的関係を具備した在地有力集団の墓
地であり、これら集団の長が中国の史書にいう「君長」もしくは「邑長」とし
て把握された存在であったと推定される。

　紀元前1世紀頃に登場するこうした土壙木棺墓は、慶州朝陽洞遺跡を始めと
して朝鮮東南部の慶尚道一帯に多く分布しており、茶戸里1号墓ほど副葬品の
セットは完成されていないまでも、楽浪との関連の強い特徴的な鉄製品がこの
地で卓越する状況は、楽浪に対しての鉄の供給を媒介とした結びつきの強さを

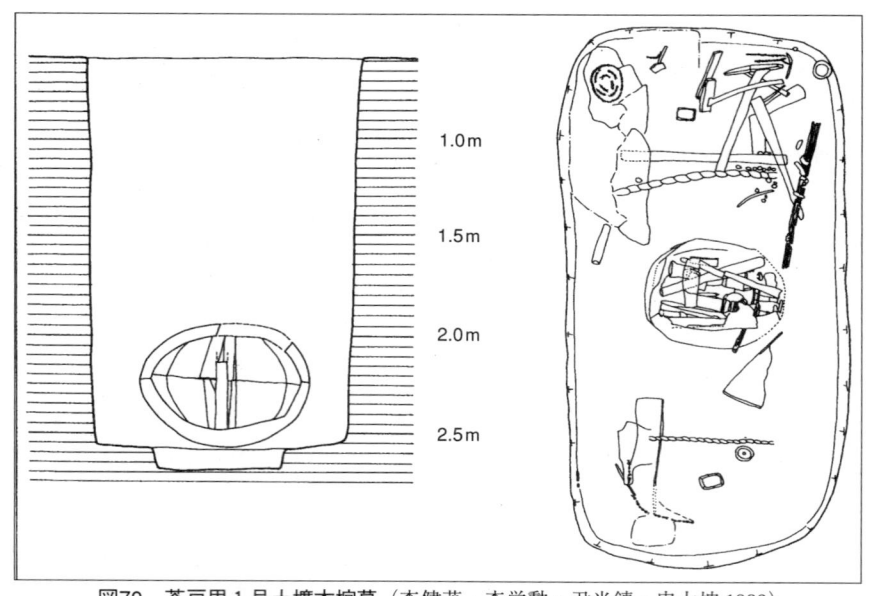

図70　茶戸里1号土壙木棺墓（李健茂・李栄勲・尹光鎮・申大坤1989）

物語るといえよう。村上が説くように、楽浪の衰退の後に加耶地域において、墳丘の巨大化に併せて鉄器の儀器化と大量副葬が開始されたことは、中国的世界からの逸脱により独自の本格的な在地首長層の中で地域的突出を求める集団が、中国的世界との関連を模索する動きの中に、「冊封体制」に対する在地の内的条件が整備されてくるのであろう。

おわりに

　紀元前二千年紀後半から一千年紀にかけての中原的階層社会を具現化する墓制は木槨木棺墓であり、中原的武力は戈と矛が主体となる戦車戦には弓矢が伴うものである。短剣は止めをさすためのもので、戦車戦には長剣は必要としない。さらにこれら権威と権力の背後には天帝もしくは特定祖先の意向を的確に把握し、集団の指導者としてのその地位を保全するシャーマンが存在している。したがって、中原的青銅器文化に触発されて形成された東北アジアにおいて、墓制を通して特定有力者を把握するためには、墓制の構造と副葬品の内容を分析することで、その類似性と独自性を追求することが肝要である。

　東北アジアにおいては、殷的な青銅器文化を具備した召侯一族の北進を契機として青銅器文化が本格化したために、武器としての骨剣を青銅短剣に置き換えるという独自性をみせながらも、燕の支配下に組み込まれることにより、総体として中原的青銅器文化の様相を色濃く帯びることとなった。しかし、やがて燕自体の勢力の衰微により、木槨木棺墓に構造が類似した石槨木棺墓や石槨石棺墓、箱式石棺墓といった墓制が遼西一帯に拡がり、武器としてはこの地域独特の剣や弓矢が卓越することになる。これら木槨木棺墓に近似した墓制は、石槨墓を中核としていくつかの特定有力者集団を形成する（南山根遺跡など）に至るが、こうした中原的階層制への傾斜をみせる墓制が解体した後に、平均化した小型石棺墓群で構成された東南溝遺跡のような部族集団を母胎として、山戎といわれるこの地域独自の在地集団が形成される。すなわち中原的青銅器文化の影響が大きな段階では、在地集団の指導者層が「首長」として階層化した社会が窺われる時期があるが、中国文明の影響が希薄化するとともにそれら

階層化した社会がいったんは崩壊し、等質的な在地集団に再編成されたことが墓制の変遷で窺うことができる。

遼東では春秋期において二道河子石棺墓群の集団内部での比較的優位者の出現から、鄭家窪子の墓地にみられる木槨木棺墓を中核とした明確な階層制社会への転換があり、遼東半島先端部ではかなりの領域を支配下に治める階層化した社会構造が出現し（崗上墓・楼上墓）、数代にわたり権力構造が維持されるが、戦国期に入るとこうした墓制に替わって、権威の象徴としての各種の独特な青銅製品を排他的に保有する石槨墓や石棺墓が小地域内を単位として短期間に出現する。これらパワー・エリートは、しかしながら集団墓地を形成しないという点では傑出した存在ではあるが、その存続期間は短くて例数も多くはない。また単独で存在することで集団から逸脱し、かえって社会的基盤が脆弱であったことを物語る。村落の共同墓地から出発した支石墓は遼東地域や西朝鮮においては、繰り返しての追葬が可能な卓子型支石墓の出現により、数代に及ぶ村落指導者の象徴的崇拝への転換を機にその終焉を迎え、そこには明確な階層制は認められない。これに対して墨房里型支石墓において、追葬はありながらもそれは個人的な関係者にとどまり、集団墓地としての積石塚に引き継がれてゆく。

朝鮮南部においても石棺墓、石槨墓の基本的性格は継承されたとみることができる。支石墓は、一時期石槨墓などとは排他的に共存するのではあるが、本来的には村落の共同集団墓地である支石墓が、鉄器時代に入ると石槨墓の影響を受けて階層化する形で変質し、その終焉を迎えることとなった。これに替わって、戦国末期ころから集団化した土壙木棺墓が登場するようになり、その集団の長が楽浪との関係において、「君長」あるいは「邑長」として把握され、相対的な地位の向上が図られるが、在地性を帯びた独自の本格的な「首長」の出現は楽浪との関係が絶たれた後に、これら土壙木棺墓の被葬者の中から、墳丘を有する墳墓に有力者が排他的に埋葬される状況が生まれたときに求められるであろう。

第10章　大ボヤール岩壁画と銅鍑

はじめに

　国分直一は環東・南中国海周辺の考古学・民族学的世界に造詣が深いばかりでなく、日本を取り巻く北方的世界への関心も旺盛で、基層文化の北方的要素についての論攷も少なくはない。それは東京教育大学に奉職し、八幡一郎や北構保男と北海道東部での考古学的調査がきっかけとなり、戦前台湾で培われた民族考古学的研究法がその対象を北方地域へと広げられたことによる。とりわけ岩壁画については並々ならぬ興味をもたれ、いくつかの論文を発表されている。シベリアのレナ河流域に所在するスルクタク・ハヤ岩壁画から、「シャーマンの行進」を読み取られた一文などは、その好例であるといえよう（国分1975）。

　われわれ考古学者が資料として使用する遺物や遺構は、いわば「形」だけのものであり、その用途や機能についての分析はけっして簡単ではないし、しばしば錯誤することすらある。その点、岩壁画は具体的に生活を表現していることでも貴重な資料といえるのであり、ヨーロッパでは早くから「図像学」の対象として、特別な扱いを受けさまざまな分析がなされてきている。スウェーデンの岩壁画にみられる犂耕の絵から、ヨーロッパ新石器時代で出土する犂の復元とその具体的使用法が確認されたことなどは、そうした成果のほんの一例にすぎないのであり、先史時代の絵画は失われた世界の具体像を描き出してくれる。そこでここでは国分直一にならって、シベリアの岩壁画を題材にして考古遺物の具体的な使用法について検討してみよう。

朝鮮の銅鍑

　朝鮮慶尚南道金海市にある大成洞には古代の伽耶地域を代表する古墳群がある。これまでの3次にわたる発掘調査で200基近い墓が明らかになり、その墓の規模と構造、それに副葬品の内容から古代伽耶王室のロイヤル・セメタリーと想定されている（申敬澈1991）。そのうちの1基、29号墓はこの古墳群の中では3番目に大きい大型の木槨墓で、多数の鉄製品や土器に混じって1点の銅鍑が発見されている。バケツ形をした容器の口縁部に半円形の把手をつけた大変特徴ある遺物である。他の一つは47号墓出土品で2個の半環状把手がつくことは同じであるが、前者に比べやや小さく胴の上部が少し膨らむことに特徴がみられる（図71-3・4）。これらと型式的にもっとも近いものは、吉林省楡樹県老河深遺跡（吉林省文物考古研究所1987）（図71-1・2）と集安県太王郷解放村で発見されている（吉林省文物誌編纂委員会1983）。この大成洞出土の銅鍑と同一の用途と考えられる類似品は、従来から中国の長城以北の地域で点々出土が報じられていて、漢の植民地であった楽浪地域にもみられることから、内陸アジアと関連する遺物であろうと紹介されてきた。ただしその用途に関しては、これまでは明確に把握されていないで、ただ単に銅製の容器であろうと推定されるに止まっていた。

　こうした特異な青銅容器は、シベリアから中央アジア、西アジア、ヨーロッパにかけてのきわめて広い範囲から出土が報告されていることは、戦前の学界では知られていたが（江上・水野1935、梅原1938）、その所属する時代については不明確なままであり、綏遠青銅器群として一括されてきた。それがシベリアでは初期鉄期時代のタガール期に属するものであり、遊牧民の使用する道具の一つであることは、戦後におけるロシア人の学者などの調査によって、次第に明らかにされてきた（Челенова 1969・1972、Мартыноь1979）。これらの研究により、ヨーロッパまで広がっていくこの種の容器は本来的に東方産であることが判明した。

　この銅鍑の用途を推定することができる岩壁画は、数多くあるシベリアの岩

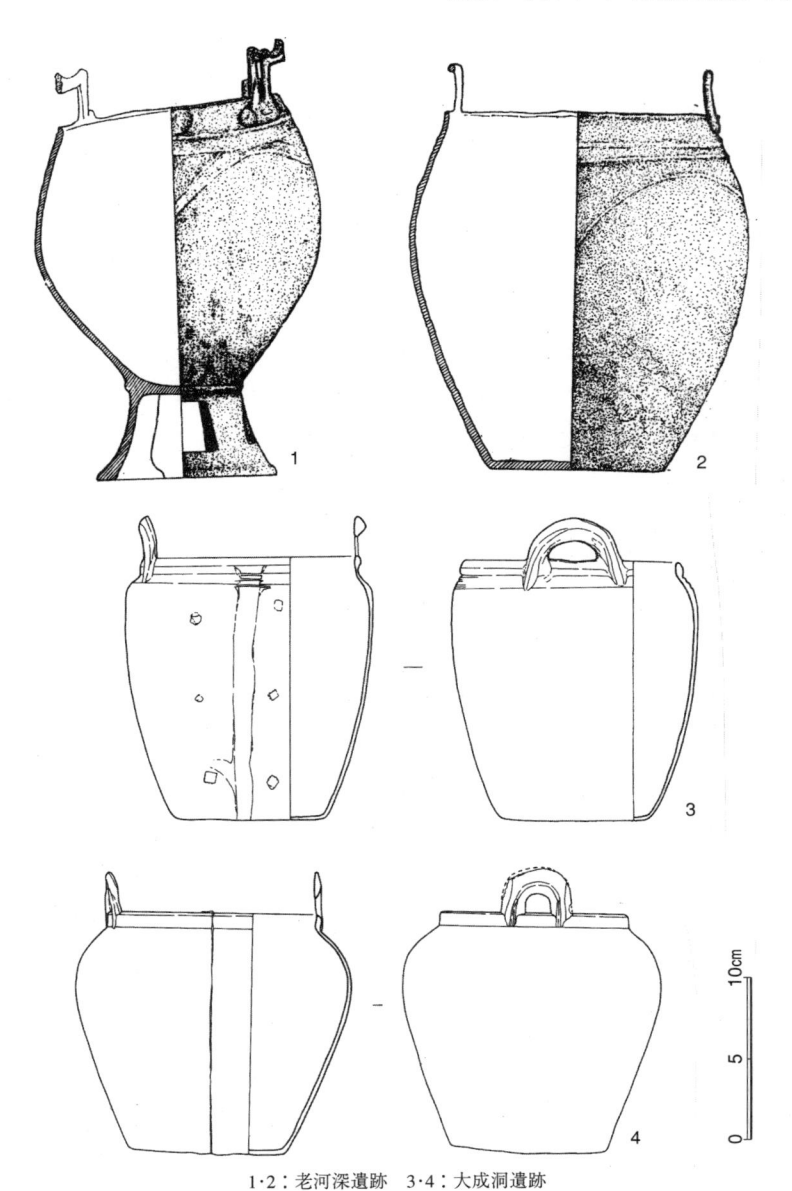

第10章 大ボヤール岩壁画と銅鍑　249

1・2：老河深遺跡　3・4：大成洞遺跡
図71　老河深遺跡・大成洞遺跡出土銅鍑（吉林省文物考古研究所 1987、慶星大学校博物館発掘調査団 1992）

壁画の中でも、わずかに大ボヤール、小ボヤール遺跡とキジル・カヤ遺跡の3ヵ所のものだけであり、それ自体大変珍しいものということができる。こうした岩壁画をみていきながら銅鍑の用途について考えてみよう。

大ボヤール岩壁画

　大ボヤール（ボリショイ・ボヤールスク）、小ボヤール（マラヤ・ボヤールスク）の岩壁画は、クラスノヤルスク地域イェニセイ河の支流であるスハヤ・テス川の右岸のトロイツコエ村から6km離れた小さなボヤール丘に12kmにわたって続く、デヴォン紀の砂石に刻み込まれている。ここではタガール期特有のペッキング技法によって、当時の人々の生活誌が克明に描き出されている。大ボヤールと小ボヤールは約400m離れて存在するが、製作時期はほぼ同じ頃とみなされている。遺跡周囲には多数の小川が流れ、牧草や耕作地としてきわめて適切であり、付近にはタガール期のコペンチャータス古墳や石像、古代の潅漑用水路および集落跡が発見されている（Davlet 1976）。

　ボヤール遺跡は1904年にアンドリアノフによって発見され、彼の残した記録は後にグリャズノフにより公表されたが、それは小ボヤール遺跡のものであり、それよりも400mほど高所にある大ボヤール遺跡の存在は、1962年までは未知のものであった。その後数回にわたって調査がなされたようであるが、詳しくはわからない。今回デヴレットにより報告されたのは、大ボヤール岩壁画の写真と模写、それに小ボヤール岩壁画の写真である。

　ここではデヴレットの模写によって、大ボヤール遺跡の岩壁画をみてゆくことにする（以下図72参照）。岩壁画は露出した岩肌の横位に、長さ9.8m、幅1.5mにわたって描かれている。まず画面中央から右側にかけて、テントを中心とした集落の様子が描かれている。左端には集落に向かう牛3頭を鞭で従わせる1人の人物がいる。テントの下部には、馬に乗った3人と鹿に乗った1人が、19匹の鹿を後ろから追いかけている図像が描かれる。集落には25張りの大小取り混ぜたテントがあるが、そのテントの表現において、全面をペッキングによって掘り窪めたものと、横線を入れたもの、あるいは外郭線だけを刻んだもの

第10章　大ボヤール岩壁画と銅鍑　251

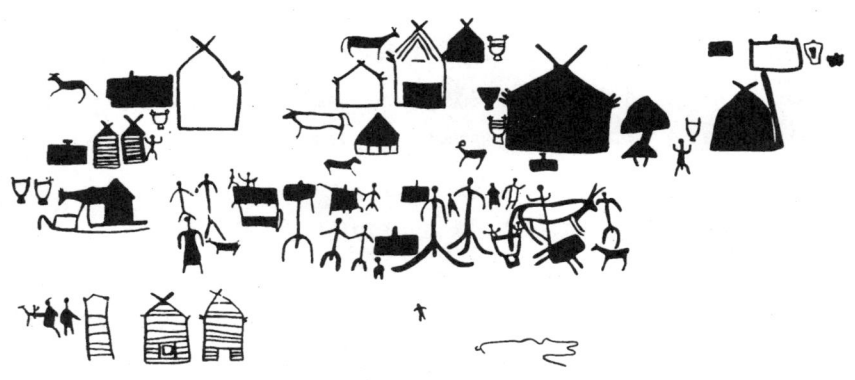

図72　ボヤール遺跡岩壁画全体図（上）と部分拡大図（Davlet 1976）

など、違いを意識したとみられることから、テント相互には用途の違いがあったことを物語っている。しかし、その区別をいい当てることは難しい。テントの上段には7匹の羊、6匹の山羊、それに鹿1匹がいて、その上には4頭の牛と1匹の山羊がみられる。牛の間には、棒と弓矢をもった人間と犬が、さらにその右側には馬に乗った人間と立ち止まっている人間が描かれている。集落の右側には牛や羊が点々とみられるが、人間が集中しているのが際立っている。人間には3通りの表現、衣服を纏うもの、裸のもの、裸でペニスを表したものがあり、それぞれ女、子供、男を言い表すものであろう。するとこの大ボヤール遺跡の岩壁画には描かれた集落には、男性16人、女性9人、子供3人の合計28人が生活をしていたことが窺われる。

　この集落にはそのほかに、光銼状突起をもった半環状の把手を口縁部分にもつ容器が、テントの周囲などに18個立てられている。胴部が塗り潰されたもの、空白のままのもの、横線が入れられたものと表現の違いがみられるが、その差異は何を意味するか明確にはし難い。先史時代絵画にしばしばみられる「透視画法」であるとすれば、容器に中にものが満ちている状態、ある程度ものが容れられた状態、空の状態をそれぞれ示すものかもしれない。これら容器についてデヴレットはスキタイ族が祭祀を行うときに、犠牲獣を煮るというヘロドトスの文章を引き、「大きな鍑は動物を煮るとき、小さな鍑はミルク用である」と想定している。これらシーンは基本的に祭祀活動であるとみるのは、両手を空に向かって揚げる図像があることで、これらは天の神に祈るときの仕草とみている。しかし大・小ボヤールの図像をすべて祭祀行為の情景と解することは不可能である点は、祭祀行為とは無関係と思われるシーンがほとんどであることからもそのことは推測できよう。

　これらの容器の用途を推定するときに、その使用法を暗示させるシーンが描かれているのは、集落の右端の状況である。あたかも1人の人間が牛の頭を押さえ、牛の中央に立つ人間がいて、尻尾のところに把手の半環状のついた容器を立てている。このことはこうした容器が牛、とりわけ乳搾りと関連するものであることを物語っている。

この状況の次の段階を示すものが、イェニセイ河上流のハカスク地域に存在するキジル・カヤ遺跡の岩壁画である。キジル・カヤの岩肌に描かれた画の一部がデヴレットの著作（図73）以外にフィリップスの本の中にみられる（図74）（フィリップス 1971）。ここでは騎馬の図像とともに 7 個の鍑が描かれていて、そのうち 4 個は人物が棒を鍑の中に入れて搔き回す仕草がみられる。デヴレットの報文のうち、とくに部分を拡大した図像では中央にこの鍑が置かれ、左右に何か仕事をしている 2 人の人物が描かれている。その容器の周囲には、あたかも炎が燃え盛るような光景が表されている。これは火を燃やしている状況であるとすると、右側に人間は左手に薪をもち、左側に人間は薪を燃やしている姿であろうと想像されるのである。このシーンは人間に比べて異様に大きく釜が描かれていて、チーズづくりとは無縁であるので、ヘロドトスの記述どおりに動物を煮ている状況を描いたものであろう。銅鍑は大型と小型では用途を異にするとみられる。

　キジル・カヤ岩壁画の他の四つのシーンでは、円盤形をした頭をつけた棒を、こうした容器の中にいれて搔き回している状態が透視図で描かれている。こうした透視図で場面を表現することは先史時代の絵画にはしばしばみられることであり、別に奇異なものとは思われない。この搔き回すシーンの右隣には不完全に描かれた容器と完全な容器があり、完全に描かれた容器の胴部には、あたかも滴が垂れるように点状の徴がみられる。この絵画が何かを搔き回し、そして冷やすという一連の動作を表現しているものとすれば、先の大ボヤール遺跡での乳搾りの光景と併せて、これらは遊牧民の間に一般的にみることができるチーズづくりの状況を表現したものとの想定は容易であろう。

　この推定が正しいとするならば、半環把手をもつこうした独特の小型容器は、チーズづくりのための容器であったと比定することができる。遊牧民のあいだではチーズづくりは大切な食料供給の方法であったために、大ボヤール遺跡の岩壁画に描かれた集落図に、18個ものこうした容器の絵が描かれたものとの推測が可能となるのである。

　大ボヤール遺跡の岩壁画の製作年代について報告者は、岩壁に描かれた飛躍

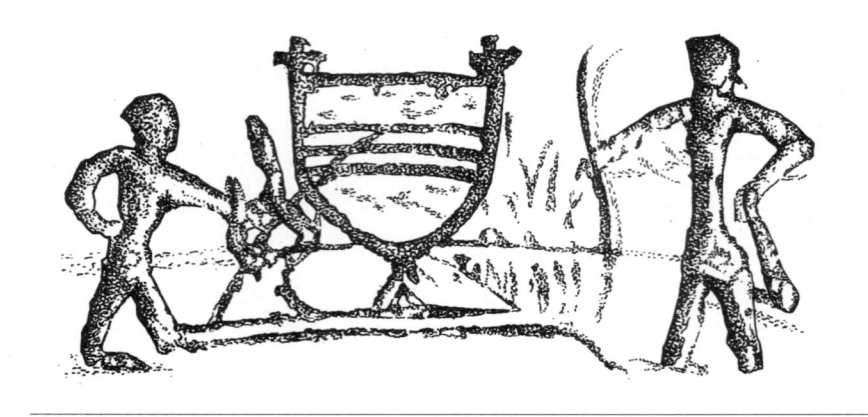

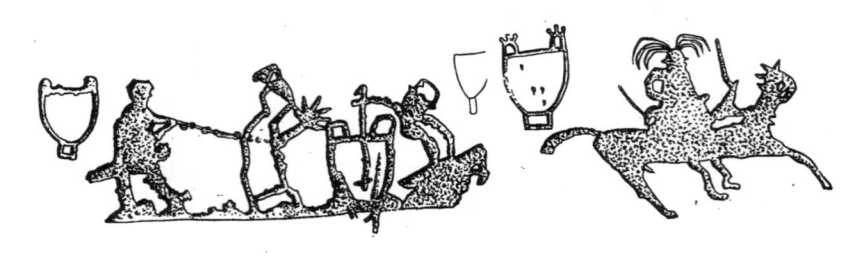

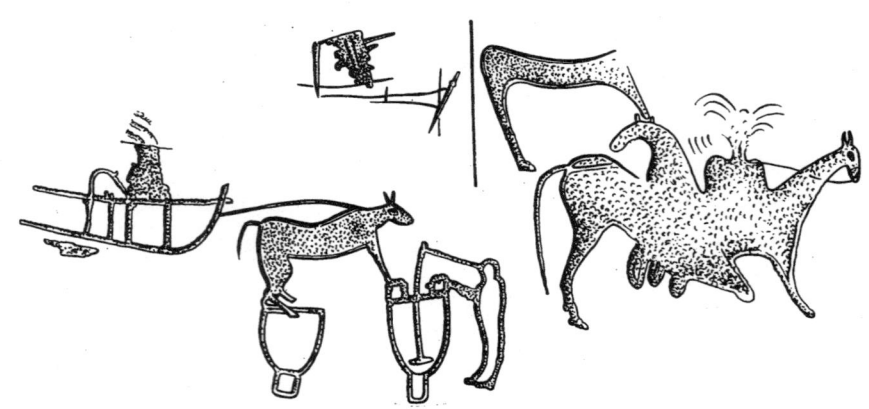

図73　キジル・カヤ遺跡岩壁画（Davlet 1976）

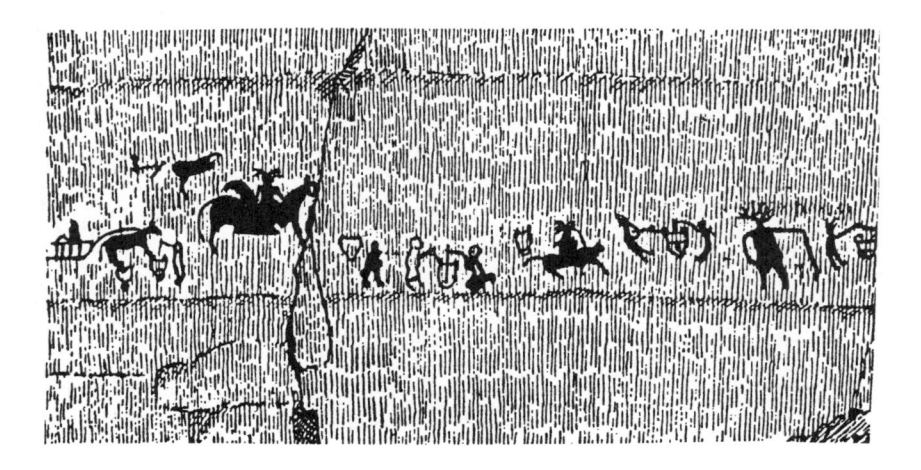

第10章　大ボヤール岩壁画と銅鍑　255

図74　キジル・カヤ遺跡岩壁画（フィリップス 1971）

する羊、ログハウス、テントなどさまざまな図像を手がかりに推定を行っている。動物たちが跳躍する絵柄は、オルドス地方では紀元前5〜3・2世紀にみられ、紀元前3・2世紀の木像やバックルの図柄の子羊と共通するという。三つの棒状突起のついた把手をもつ容器のタイプは、タガール期にみられる銅鍑や土器と一致する。したがって、その年代は紀元前一千年紀の後半に属する可能性が高いとしている。

テントはユルト（Yurt）の型式で、ハカス（Khakass）族の白樺やフェルトでつくったものに類似するとデヴレットは指摘する。ハカス族についてはよくわからないが、テントが円形の構造をなすことから、ツングース・モンゴル系もしくはトルコ系の住民のつくりであることが窺われる。あるいは鹿に乗る習慣がみられることから、ツングース・モンゴル系民族の影響を受けたヤクート人の系統に属する民族であったのかもしれない。

銅鍑の分類と時期

この容器について中国の研究者頤志界は、中国内で発見された新しい資料をもとに分類と編年を試みている。頤志界は次のように3分類した(頤志界1986)。

　　A型：釜部分が浅く、口縁部に半環状の把手をつけたもの。これはさらにラッパ状に開く高台をもつものと、透かしをもつ高台のついたものに分かれる。

　　B型：釜の部分が長円形となり、口縁部に半環把手をもつもの。これはさらに高台のつくものとつかないものに分かれる。中にはリングを通して吊下げ用の梁がつくものもある。

　　C型：釜の部分の口縁が窄まり、胴部に最大経がくるもの。これには高台はつかない。

これらの所属年代については、A型は西周後期から戦国、B型は前漢末から三国、B型の一部とC型は魏晋から南北朝にかけての時期と想定した。またその分布については、AⅠ型は長城以南、渭水以北の東西に長くみられ、BⅠ型は長城以北のホロンバイルからオルドスにかけての地域に分布し、C型は黄河

以南の各地に広がっていることを挙げている。この頤志界の分析ではまだ十分に銅鍑の内容を知ることができないので、もう少し立ち入ってみていくことにしよう。

こうした銅製鍑については、江上波夫が70年以上も前に分類を試みている（江上・水野 1935）。江上は（図75参照）、

　　A型式：高台をもつもの
　　B型式：高台をもたないもの

とし、把手を、

　　1：環状
　　2：偏平紐状
　　3：矩形

に分けてそれらの組合わせにより5個の型式に分類した。

　AⅠは南ロシアや西シベリアに多く、紀元前4・5世紀から紀元後に及ぶものであり、オルドス地方にみられるものは、それから伝播したものである（ボヤールの岩壁画に描かれたのと同じ形式）。

　AⅡはオルドスに典型的なもので、その他の地域にはみることができず、AⅠ型式のものから展開したものと想定される。

　AⅢは東方においてはきわめて類例が少なく、西シベリアからヨーロッパにかけて多くみられるもので、一説にはフン族の西方への移動と関連するもの

と説いている。

　把手の形状はむしろ中国の銅製容器のつくりに近く、AⅠ、AⅡ型式に中国の銅器の影響を受けて成立したものである。

　BⅡ、BⅢ型式の銅鍑は西シベリアや南ロシアではまったく出土せず、それぞれがA型式を模倣して中国北部地域で製作されたものである。

　頤志界の分類が時代的な位置づけを重視するのに対して、江上のものは分布の違いを強調するものとなっているために、必ずしも分類が相互にかみ合わない。ここでは江上の分類が年代的にはどのようになるかの検討を若干行ってみ

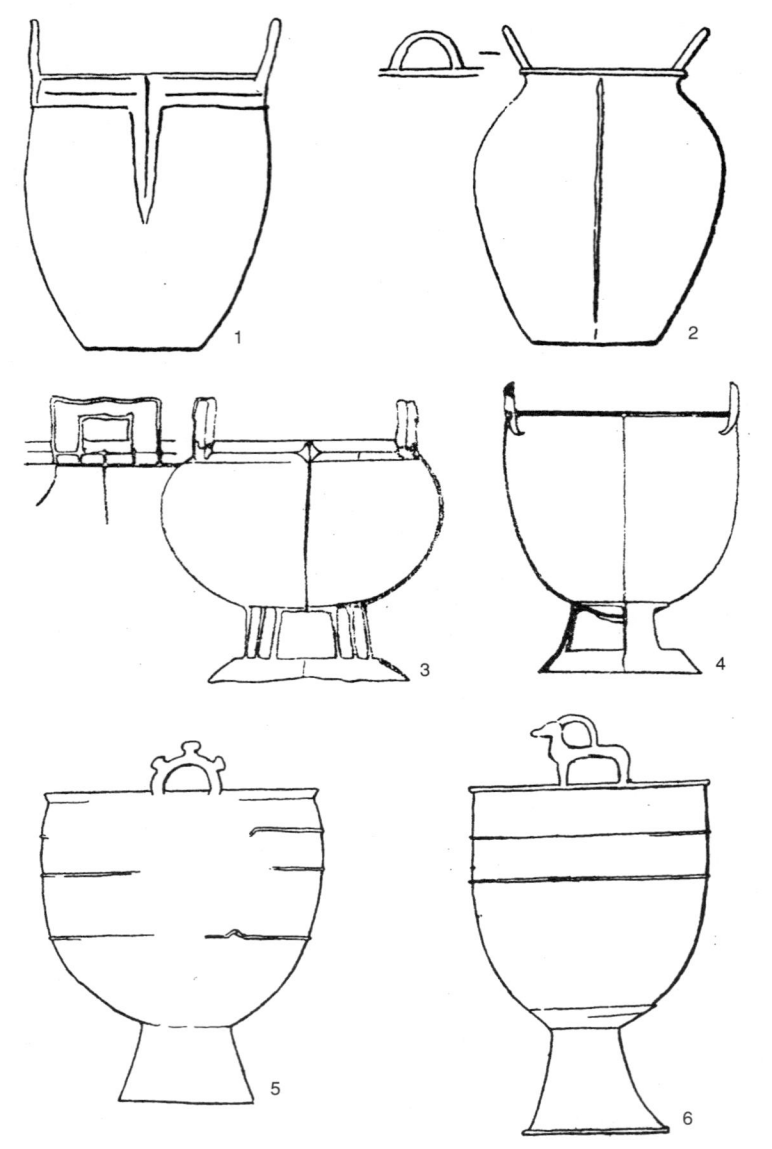

1・2：北部中国　3・4：オルドス　5・6：シベリア

図75　北部中国・オルドス・シベリア出土銅鍑（梅原末治 1938、江上波夫・水野清 1935）

第10章　大ボヤール岩壁画と銅鍑　259

よう。

　吉林省楡樹県老河深遺跡の中層では129基の木棺墓が発見されている（吉林省文物考古研究所 1987）。そのうち97号墓と56号墓から各1点ずつの銅鍑が出土している。97号墓は男女の合葬墓で、銅鍑は男性に伴う副葬品の一つであった。銅鍑は半環状の把手を2個口縁部にもつ、胴の上部がやや膨らむ鉢型で、表面には口縁下部に2条と胴中央部に1条の凸稜線が飾られている。この墓からは多数の副葬品が発見されたが、その中に四乳八鳥紋鏡があり、前漢の終わり頃の年代に比定できる。一方、56号墓は1男2女の異穴合葬で性別の記載はないが、武器類を多く出土することから男性の墓であったと推定できよう。ここで出土した銅鍑は矩形の把手をもち、透かしのある高台をつけたもので、江上のAⅢ型式にあたる。この墓からも銅鏡が1点出土している。七乳七獣紋鏡がそれで、同じく前漢の終り頃の年代が想定できる。すると、AⅢ型式の銅鍑と江上の分類にないBⅠ式がほぼ同時期に使用されていたことが知られる。

　ジャライノール古墳群でも銅鍑が発掘されている（内蒙古文物工作隊 1964）。BⅠ型式に属す。ここでは方格規矩鏡が出土していて、その年代は前漢終りから後漢初めの頃のものと考えられる。また二蘭虎溝古墳でも、1点のBⅢ型式の銅鍑が出土している（内蒙古文物工作隊 1064）。この古墳群では日光鏡が発見されていて、漢代までも遡上することも考えられるが、同時に長宜子孫内行花紋鏡もあり、少なくとも前漢の終り頃まで時代が下がるものと推測できる。補洞溝遺跡の匈奴墓からは鉄製の鍑が発掘されている（田広金・郭素新 1986）。BⅠとBⅢ型式のもので、口縁に把手をもたないA類型のものと伴出していて、その年代は前漢終りから後漢初めの頃と推定されていることから、上記の諸遺跡の年代と齟齬を来すことはない。するとこの手の銅鍑は、ほぼ同時期に使用されていたことが窺われよう。

　中国北部においては漢代をはるかに遡上する時期の銅鍑の例が知られている。それは北京市西抜子村出土の銅鍑で、西周の終り頃のものと推定されている（北京市文物管理処 1979）。高台付きの口縁部に半環状の把手をもつもので、AⅠ型式の中では形態的にも古い。この種の銅鍑は北部中国出土品として、戦

前には数多く収集されていて、数量的にみてもこの地域で出現したことが窺えるのであり、長城周辺での出土遺物がもっとも年代的に遡上し、この地域で発明された可能性が高いことを示している（江上・水野 1935）。西抜子村の銅鍑から、河北省李家荘の銅鍑を介して（鄭紹宗 1963）、漢代のこうした鍑につながり、その出現はタガール期の銅鍑よりも古いことはいうまでもない。銅鍑は型式と年代をみると、中国の北部から東北地域の農耕と放牧をあわせもつ民が中国青銅器の製作技術を導入して、彼らの生活様式にマッチした独特な容器をつくったのが、こうした銅鍑であり、遊牧民の交流により中央アジア以西へと分布が拡大したものとトレースすることができよう。

　おわりに

大ボヤール遺跡の岩壁画を通して、銅鍑と呼ばれる特殊な容器が家畜動物の乳製品をつくるときの道具であったことが知られるが、それはもともと中国の北方地域で出現し、西方へと伝播して行ったことがわかる。タガール期よりも遡上する銅鍑が発見されたとしても、北方遊牧民の間で流行した有柄式銅剣が実は中国北方で発明され、それが西の方へ広がって行ったことが明らかにされていることからも（甲元 1991）、シベリアや中央アジア起源とは思われない。シベリアのものは中国北部の半環状把手に棒状の突起をつけるという、特殊な装飾を施したものが盛行し、後に矩形の把手をつけた型式のものが、フン族などの西遷によって西方世界にもたらされたのに対して、東アジアの場合では把手には何もつけない半環状把手から矩形の把手が生まれて、両者が併存し、これらは把手に梁をつけるなどの方向へと変化していく。

金海大成洞で出土した銅鍑は形態的に老河深遺跡などの中国東北地方出土品と類似する。これら東北地方の古墳では火葬した痕跡が認められ（吉林省文物考古研究所 1987）、また馬などの動物を随葬していることは、鮮卑に属する人々の墓であった可能性が高いとみることができる。鮮卑は遊牧民であったことが知られていて、その生活様式からみて銅鍑をもつことはけっして奇異なことではない。問題なのは、どうしてこうした遺物が伽耶地域の古墳から出土す

るかという点であり、その考察にあたっては、さらに検討を加えなければならないであろう。当時、高句麗は鮮卑に対してきわめて親密な関係にあり、実際に文物の交流が行われていたことは、集安でも銅鍑の出土することで確認される。大成洞古墳の年代が3世紀終り頃とすれば、老河遺跡の年代からは約150年間の伝世を考えねばならず、高句麗を媒介にすると、その間の事情はうまく説明されるのである。この時期、高句麗は新羅を掣肘下に置き、伽耶地域にも一定の影響を及ぼしていたとする山尾幸久の見解は（山尾 1986・1989）、高句麗を通して牧畜的要素がある種の権威の象徴として、伽耶地域に取り入れられたとする考えの裏づけとすることができよう。

【補注】韓国崇実大学校博物館には、伝韓国出土の銅鍑1点が展示されている。形態は大成洞古墳47号墓出土品と類似する。こうした類例の増加は、高句麗と朝鮮南部地域との関連の深さをますます物語るものとなる。

終章　東北アジアの青銅器文化と社会

　紀元前二千年紀から一千年紀にかけての東北アジアに展開した青銅器文化が日本列島に多大な影響を与えたことは、弥生時代を特徴づける細形銅剣・銅戈・銅矛などの武器、多鈕鏡は東北アジアに出自するものであり、銅鐸はこの地域の馬鐸に来歴を求めることができることで容易に理解できる。また最近歴史民俗博物館が提唱した弥生時代の年代遡上論に関しても、東北アジアの青銅器文化の再検討がなされていることはその裏づけとなろう。
　東北アジア青銅器文化が形成されるにおいては、殷勢力の北方への拡大が大きな要因であった。殷が安陽に遷都したことで、隣接する北方地帯が愁眉の対象となったことであり、山西省中部以北を中心とした地域にまずその兆候がみられる。この地域では殷の根拠地となる都城が形成され、都城周囲に居住する在地首長を殷の支配勢力の中に取り込むことがなされる。それは「鬲」などの族徽を有する殷の有力者を介在してなされたのであり、族徽が刻まれた青銅礼器が在地首長に下賜されている。それら殷と関係を結んだ在地首長層には、礼器はなく特異な青銅武器だけを保持する下位集団が付属している。一方、こうして殷の支配下に組み込まれた在地首長層は、殷の中型墓にみられる青銅礼器のセットを保有するが、殷墟での墓地の構造をみると、殷内部では支配者層の中で最下層に位置づけられる木棺墓に葬られる。孝民屯墓地においては、小集団のまとまりで構成される木棺墓群では帯銘銅器を有するのは1時期1基だけであり、その銘は山西省中部以北や陝西省東北部の墓で検出される「族徽」と共通する。殷の支配勢力に組み込まれた山西省中部以北の集団は、こうした位置づけで殷の構成員となり、青銅礼器や武器を賦与され、やがては中原集団の中に吸収されていくという過程をたどる。
　一方、河北省北部から遼寧省南部、内蒙古東南部においても、当初は山西省

中部以北と同様に、「㠱」の族徽をもつ集団を介する形で殷の影響を受け、殷的な青銅器文化を生成した。しかし、殷周革命の後にこの地域に周の勢力が及ぶことで、まったく異なった状況が醸し出されてきた。殷周革命は周を中心として西方の姜族と帝辛に反旗を翻した殷系集団が結託して成されたのであり、「彔父の乱」以後、「践奄の役」により山東省一帯に割拠する旧殷勢力を掃討し、さらには召氏一族を中核とする勢力により、河北省北部から遼寧省南部にかけて旧殷と結ぶ集団やその他の在地集団を周支配下に取り込むための行動がなされた。河北省北部や遼寧省南部に分布する多数の青銅器埋蔵遺跡は、こうした召氏による東北アジア支配の記念碑とみなすことができる。これら青銅器礼器の中には西周中期まで降る製品が存在することで、召氏とこれら青銅器埋蔵遺跡との関係に否定的な考えをする研究者もいるが、そのことは西周中期まで召氏の活動が継続していたことを意味するものであり、燕国による征服儀礼がこの時期まで営まれていたことを示すものとすることができる。

西周期においては、周に加担した旧殷集団や周と関係する集団がこの地域に封建され、在地勢力との対応は殷のそれとは違いがみられる。西周初期燕の墓地である琉璃河遺跡の埋葬址のあり方をみると、在地首長層と想定されている集団の墓に副葬された族徽は、すべて殷周代の有力者であった。㠱関係銅器銘文の動向が物語るように、それら族徽をもつ集団は、後に中国の東部地区に封建された諸侯と関係することにより、封建支配の確立をめざす動きであったことは明確である。多数の旧殷勢力が封建された東部地区に姫姓の魯国・刑国と姜姓の斉国が置かれ、旧殷勢力の中心であった召氏の燕が周支配地域の縁辺部に封建された意味も自ずから判明する。『春秋』に記された魯が殷民6族を、衛が殷民7族を分与されたと同様のことが、燕でも窺われることは琉璃河1193号墓出土銅器の銘文により知ることができる。西周初期においては、旧殷集団を小国に分散させることで封建支配の内部に取り込むとともに、周勢力の中核となる巨大な国の間にそれら小国を点在させることで、周の支配体制を確立したとみられる。

召氏一族による燕国の形成は、その後に東北アジアに坦懐する青銅器文化の

性格づけに大きな影響を与えた。召氏は、殷代においては「西史召」として祭祀を司る有力者であり、周代においても康王の生誕祭祀では、召公奭が中心的な役割を担うほどの司祭者の家系であった。こうした祭祀行為に関係するのが単鈕素紋鏡であり、単鈕素紋鏡は婦好墓出土にみられるようにシャーマン（薩満）が具備する道具であった。この単鈕素紋鏡でも鏡面が凹面となるものは東北アジアに排他的に分布し、その性格は多鈕鏡へと受け継がれる。東北アジアやシベリア南部地域のシャーマンが鏡に賦与する意味も殷代のそれにつながるものである。青銅器が祭祀の道具としての展開をみせる素因をここに求めることができる。

　殷周青銅器文化とつながりをもちながらも、在地性が豊かな機能的な独自の青銅器を形成した夏家店上層文化集団は、西周中期を境として燕国の衰退とともに大きな変化を遂げてゆく。この時期寒冷乾燥化という劣悪な環境変化が生じ、北方民族が農牧兼業から移動牧畜業へと生業形態を移行させるとともに、家畜飼育の適地を求めて徐々に南下し始めた。春秋期に入るとオルドス式短剣に示される集団が山西省から河北省北部に登場し、夏家店上層文化を担う集団を遼西や遼東に追いやり、中原地域を脅かす状況が生まれた。このオルドス式短剣を具備した集団は鍑を所有し、明らかに牧畜を専業とする民族であり、その一部は文献による「山戎」と認定できる。

　オルドス式短剣に代表される集団により中原地域と分断された夏家店上層の文化集団は、その内部に殷的な性格を帯びる青銅器文化を東北アジアで開花させ、その隣接地における青銅器文化の独自性の基となった。その集団は当初から階層性の強い墓地構造を展開していたが、朝鮮の半島地域にこの青銅器文化が波及すると、牧畜的な要素が喪失して農民化した青銅器文化へと改変されてゆく。それとともに青銅器が儀器化への一層の傾斜を示すこととなった。

引用文献

秋葉　隆　1950　『朝鮮巫俗の現地研究』養徳社
秋山進午　1968・1969　「中国東北地方の初期金属器文化の様相」『考古学雑誌』53巻4号、54巻1・4号
伊藤道治　1977　『中国社会の成立』講談社
　　　　　1987　「西周封建制度の形態」『中国古代国家の支配構造』中央公論社
井上秀雄　1873　『古代朝鮮』NHKブックス
今村峯雄　2004　『縄文時代・弥生時代の高精度年代体系の構築』国立歴史民俗博物館
岩永省三　1983　「多鈕細文鏡再考」『文化財論叢』奈良国立文化財研究所
内野熊一郎　1987　『中国古代金石文における経書讖緯神仙説攷』汲古出版
宇野隆夫　1977　「多鈕鏡の研究」『史林』第60巻第1号
ウノ・ハルバ、田中克彦訳　1971　『シャマニズム』三省堂
梅原末治　1938　『古代北方系文物の研究』星野書店
　　　　　1940　「多鈕細文鏡再考」『日本考古学論攷』星野書店
　　　　　1959a「中国殷周の古鏡」『史林』第41巻第4号
　　　　　1959b「周代の古鏡」『東方学』35輯
　　　　　1969　「多鈕細文鏡の再検討」『朝鮮学報』第46輯
梅原末治・藤田亮作　1947　『朝鮮古文化綜鑑』1、養徳社
江上波夫・水野清一　1935　『内蒙古・長城地帯』東亜考古学会
大林太良　1978　「東アジア・北アジアの鏡と宗教」『鏡』社会思想社
岡内三眞　1980　「朝鮮初期金属器の製作技術」『古代探叢』
　　　　　2004　「東北式銅剣の成立と朝鮮半島への伝播」『弥生時代の実年代』学生社
　　　　　2005　「中国東北式銅剣の変遷と編年」『日本考古学協会第71回総会研究発表要旨』日本考古学協会
小郡市教育委員会　1994　『小郡若山遺跡3』
金関恕編　2004　『弥生時代の始まり』『季刊考古学』第88号、雄山閣出版
樋本亀生　1935　「南朝鮮小鹿島発見の多鈕細文鏡其の他」『考古学』第6巻第3号
金元龍　1967　「韓国江原道襄陽郡土城面出土の細形銅剣・細文鏡について」『史林』

　　　　　　　　　第50巻第2号
国分直一　1975　「スルクタク・ハヤの先史岩壁画」『えとのす』3号
駒井和愛　1938　「満州出土の多鈕銅鏡について」『考古学雑誌』第28巻第2号
甲元眞之　1973　「朝鮮支石墓の編年」『朝鮮学報』第66輯
　　　　　1974　「弥生時代の社会」『古代史発掘』第2巻、講談社
　　　　　1988a　「西周初期燕の埋納遺跡」『百済研究』第19集
　　　　　1988b　「燕の成立と東北アジア」『東北アジア考古学研究会記念論集』
　　　　　1988c　「シャーマンと鏡」『日本民族・文化の生成』六興出版
　　　　　1989a　「大陸文化との出会い」『古代史復元』第5巻
　　　　　1989b　「遼寧省山湾子出土の一括青銅器群」『熊本大学文学部論叢』第29号
　　　　　1989c　「東北アジアの石製農具」『古代文化』第41巻第4号
　　　　　1990a　「亜髸侯矣考」『九州上代文化論集』乙益重隆先生古稀記念論文集刊行会
　　　　　1990b　「多鈕鏡の再検討」『古文化談叢』第22号
　　　　　1991　「遼西地方における青銅器文化の形成」『国立歴史民俗博物館研究報告』
　　　　　　　　第35集
　　　　　1992　「大ボヤール岩壁画と銅鍑」『筑波大学比較民俗研究』第6巻
　　　　　1997　「西周初期燕国の形成」『東アジアの文化構造』九州大学出版会
　　　　　2004　「東アジアの動静からみた弥生時代の開始年代」『弥生時代の実年代』
　　　　　　　　学生社
　　　　　2005　「砂丘の形成と考古学資料」『熊本大学文学部論叢』第86号
国立歴史民俗博物館　2003a『炭素14年代測定と考古学』国立歴史民俗博物館
　　　　　2003b『歴史を探るサイエンス』国立歴史民俗博物館
後藤守一　1943　「多鈕鋸歯文鏡について」『古代文化』第14巻第9号
後藤　直　1984　「韓半島の青銅器副葬墓」『尹武炳先生回甲紀年論集』
小南一郎　1978　「鏡をめぐる伝承」『鏡』社会思想社
近藤喬一　1997　「遼寧青銅短剣の起源について」『日本中国考古学会会報』8号
佐賀市教育委員会　2000『増田遺跡群Ⅳ』
白川　静　1968　『金文通釈』第2巻、白鶴美術館
　　　　　1971　『金文の世界』東洋文庫
　　　　　1973　『金文通釈』第4巻、白鶴美術館
　　　　　1975　「召方考」『甲骨金文学論集』朋友書店

白川　静	1977	『金文通釈』46、白鶴美術館
	1979	『中国古代の文化』講談社学術文庫
	1980	『金文通釈』第6巻、白鶴美術館
	1984	『字統』平凡社
設楽博己	2004	『歴史研究の最前線』第1巻
シロコゴロフ、川久保悌郎訳	1931	『北方ツングースの社会構成』岩波書店
申　敬徹	1991	「大成洞古墳群の概要」『東アジアの古代文化』68号
全　榮來	1989	『韓国の考古学』講談社
	1991	『韓国青銅器時代文化研究』新亜出版社
千　寛宇	1977	『朝鮮史の争点』学生社
高橋健自	1918	「同所発掘の銅鐸及び珍鏡」『考古学雑誌』第8巻第11号
	1922	「銅鉾銅剣考」『考古学雑誌』第13巻第4号
高浜　秀	1982	「オルドス青銅短剣の型式分類」『東京国立博物館紀要』18号
	1995	「西周・東周時代における中国北辺の文化」『文明学原論』山川出版社
武田幸雄	1985	『朝鮮史』山川出版
田中稿二	1992	「佐賀県佐賀郡大和町本村籠遺跡出土の多鈕細文鏡について」『考古学雑誌』第77巻第4号
千葉基次	1979	「多鈕鏡についての再検討」『朝鮮歴史論集』
	1986	「遼西地域における夏家店下層文化」『考古学雑誌』第71巻第2号
	1989	「赤峰紅山後第2次文化考」『青山考古』第7号
	1992	「青銅器世界との遭遇」『新版古代の日本』2、角川書店
東北アジア考古学会	1986	『崗上墓・楼上墓』六興出版
鳥居きみ子	1927	『土俗学より観たる蒙古』大鐙閣
鳥居龍蔵	1925	『有史以前の日本』磯部甲陽堂
	1929	「極東シベリア発見の銅剣と銅鏡」『考古学研究』第3巻第1号
	1976	『鳥居龍蔵全集』第7巻、朝日新聞社
長崎県田平町教育委員会	2003	『里田原遺跡』
西谷　正	1969	「朝鮮発見の多鈕細文鏡の新例」『考古学雑誌』第54巻第4号
西本豊弘	2005	『弥生農耕の起源と東アジア』国立歴史民俗博物館
日本第4紀学会	2000	『日本先史時代の14C年代』第4紀学会
林巳奈夫	1972	『中国殷周時代の武器』京都大学人文科学研究所

林巳奈夫　1984　『殷周青銅器総覧』1、吉川弘文館
　　　　　1989　『殷周青銅器総覧』2、吉川弘文館
春成秀爾・今村峯雄編　2004　『弥生時代の実年代』学生社
フィリップス、勝藤猛訳　1971　『草原の騎馬民族国家』創元社
フィンダイゼン、和田完訳　1977　『霊媒とシャーマン』冬樹社
樋口隆康　1979　『古鏡』新潮社
平井尚志　1960　「沿海州新出土の多鈕細文鏡とその一括遺物について」『考古学雑誌』第46巻第3号
広川　守　1995　「大凌河流域の殷周青銅器」『東北アジアの考古学研究』同朋舎出版
広瀬和雄　1993　「弥生時代首長のイデオロギー形成」『弥生文化博物館研究報告』第2集
福岡市立歴史資料館　1986　『早良王墓とその時代』
福永光司　1973　「道教における鏡と剣」『東方学報』45号
町田　章　1981　「殷周と孤竹国」『立命文学』430・431・432号
宮本一夫　1999　「琉璃河墓地からみた燕の政体と遼西」『考古学研究』第46巻第1号
　　　　　2000　「西周の燕と遼西」『中国古代北疆史の考古学的研究』中国書店
　　　　　2002　「朝鮮半島における遼寧式銅剣の展開」『韓半島考古学論叢』すずさわ書店
　　　　　2004　「青銅器と弥生時代の実年代」『弥生時代の実年代』学生社
　　　　　2005　「青銅器と弥生時代の実年代」『弥生農耕の起源と東アジア』国立歴史民俗博物館
無署名　1914　「長門安岡村の銅剣」『考古学雑誌』第4巻第9号
村上恭通　1992　「朝鮮半島の副葬鉄斧について」『信濃』第4号
　　　　　1997　「遼寧式銅剣の生成と変容」『先史学・考古学論究』Ⅱ、龍田考古会
村山智順　1947　『朝鮮の巫覡』朝鮮総督府
森本六爾　1935　「多鈕細文鏡の諸型式」『考古学』第6巻第7号
森本六爾・稲葉憲一　1927　「河内新発見の銅鏡と其出土状態」『考古学研究』1号
安田喜憲　1993　「気候変動と民族移動」『日本人と日本文化の形成』朝倉書店
　　　　　1994　「紀元前1000年紀のクライシス」『文明と環境』思文閣出版
山尾幸久　1986　『新版魏志倭人伝』講談社新書
　　　　　1989　『古代の日朝関係』塙書房
李進熙　1960　「戦後朝鮮考古学の発展」『考古学雑誌』第45巻第1号

李相吉・武末純一訳　1994　「韓国・昌原郡徳川里遺跡発掘報告」『古文化談叢』第32集
ルネ・グレッセ、後藤十三雄訳　1944　『アジア遊牧民族誌』山一書房

【朝鮮語】

アン・ヨンジュン　1983　「咸鏡南道で新たに知られた古代遺物」『考古学資料集』6集
尹武炳　1972　「韓国青銅遺物の研究」『白山学報』第12号
黄基徳　1989　「琵琶形短剣文化の美松里類型」『朝鮮考古研究』3・4期
金元龍　1961　「十二台営子の青銅短剣」『歴史学報』第16号
　　　　1967　「益山五金山出土多鈕鏡・細形銅剣」『考古美術』第8巻第3号
金勇男　1984　「平安南道价川郡墨房里支石墓発掘中間報告」『考古学資料集』第3集
金用玕・黄基徳　1969　「紀元前一千年紀前半期の古朝鮮文化」『考古民俗論文集』1
慶星大学校博物館発掘調査団　1992　『金海大成洞遺跡』慶星大学校博物館
国立博物館　1968　『8・15後蒐集青銅器図録』
国立光州博物館　1988　『咸平草浦里遺跡』
国立中央博物館　1977　『南城里石棺墓』
石光濬　1974　「五徳里支石墓発掘報告」『考古学資料集』第4輯
　　　　1979　「我国西北地方支石墓に関する研究」『考古民俗論文集』第7集
全榮來　1975　「益山多松里青銅遺物出土墓」『全北遺跡調査報告』第5号
　　　　1977　「韓国青銅器文化の系譜と編年」『全北遺跡調査報告』第7号
　　　　1987　「錦江流域青銅器文化圏新資料」『馬韓・百済文化研究』第10号
池健吉　1978　「禮山東西里石棺墓出土青銅一括遺物」『百済研究』第9号
趙由典　1984　「全南和順青銅遺物一括出土遺構」『尹武炳博士回甲紀年論叢』
パク・ジンウック　1974　「咸鏡南道一帯の古代遺跡調査報告」『考古学資料集』4集
李基白・李基東　1982　『韓国史講座・古代編』一潮閣
李キュウデ　1983　「白川郡大雅里石箱墳」『考古学資料集』第6集
李亭求　1990　「渤海湾青銅器文化と箕子朝鮮」『韓国思想史体系1』
李願承　1977　「横城講林里出土一括遺物」『考古学』第4号
　　　　1979　「遼寧地方の青銅器文化」『韓国考古学報』第6号
　　　　1987　「扶餘九鳳里出土青銅器一括遺物」『三佛金元龍教授停年退任紀年論叢』
李健茂　1989　「牙山宮坪里出土一括遺物」『考古学誌』1号
李健茂・李栄勲・尹光鎮・申大坤　1989　「義昌郡茶戸里発掘進展報告」『考古学誌』第

　　　　　　　　　　　　　1 輯
李健茂・李栄勲・尹光鎮・申大坤・金斗喆　1991　「昌原茶戸里遺跡発掘進展報告」『考
　　　　　　古学誌』第 3 輯
李健茂・尹光鎮・申大坤・鄭聖喜　1993　「昌原茶戸里発掘進展報告」『考古学誌』第 5 輯
李址麟　1963　『古朝鮮の研究』
李定男　1985　「墨房里支石墓に関する若干の考察」『歴史科学』1 号
　　　　1991　「墨房里支石墓発掘報告」『朝鮮考古研究』第 1 号

【中国語】

晏　琬　1975　「北京、遼寧出土銅器与周初的燕」『考古』5 期
安志敏　1953　「河北省唐山市賈各荘発掘報告」『考古学報』6 冊
　　　　1981　「中国早期銅器的幾個問題」『考古学報』3 期
頤志界　1986　「鄂爾多斯式銅（鉄）釜的形態分析」『北方文物』3 期
殷瑋璋　1990　「新出土的太保銅器及其相関問題」『考古』1 期
殷瑋璋・曹淑琴　1991　「周初太保器綜合研究」『考古学報』1 期
烏　恩　1978　「関於我国北方的青銅短剣」『考古』5 期
　　　　1985　「殷至周初的北方青銅器」『考古』2 期
王献唐　1980　『山東古国考』斉魯書社
王光永・曹明檀　1979　「宝鶏市郊区和鳳翔西周早期銅鏡等文物」『文物』12 期
黄錫全　1998　「関於晋侯墓地幾位晋侯順序的排列問題」『跋渉集』北京図書館出版社
王　峰　1990　「河北興隆県発現商周青銅器窖蔵」『文物』11 期
王毓彤　1963　「江陵発現西周銅器」『文物』2 期
郭大順　1987　「試論魏営子類型」『考古学文化論集』1、文物出版社
郭宝鈞　1981　『商周青銅器群綜合研究』文物出版社
郭素新・田広金　1995　『中国青銅器全集』第 15 巻、文物出版社
郭沫若　1932　『両周金文字大系』
郭沫若　2002　『郭沫若全集』第 5 巻、科学出版社
葛英会　1983　「燕国部族及部族的連合」『北京文物與考古』1 輯
河南省文化局文物工作隊第一隊　1957　「河南上蔡出土的一批銅器」『文物参考資料』11期
郭　勇　1962　「石楼後蘭家溝発現商代青銅器簡報」『文物』4・5期
賀勇・劉建中　1993　「河北環来甘子堡発現的春秋墓」『文物春秋』2 期

河南省文物考古研究所・三門峡市文物工作隊　1999　『三門峡虢国墓』文物出版社
河南省文物考古研究所・周口市文化局　2000　『鹿邑太清宮長子口墓』中州古籍出版
河北省博物館・文物管理処　1977　「河北平泉東南溝夏家店上層文化墓葬」『考古』1期
　　　　　　　1980　『河北省出土文物選集』文物出版社
河北省文化局文物工作隊　1962　「河北青龍道抄溝発現一批青銅器」『考古』12期
河北省文物管理処　1979　「河北元氏県西張村的西周遺址和墓葬」『考古』1期
河北省文化局文物工作隊　1963　「行唐県李家荘発現戦国銅器」『文物』4期
　　　　　　　1966　「河北環来北辛堡戦国墓」『考古』5期
河北省文物研究所　1985　『藁城台西商代遺址』文物出版社
河北省文物研究所　1985　『藁城台西周遺址』文物出版社
河北省文物研究所・承徳地区文化局・灤平県文物管理所　1983　「灤平県虎什哈砲台山山戎墓地的発現」『文物資料集刊』第7集
姫秀珠　2005　『儀礼飲食礼器研究』里仁書局
吉林省文物考古研究所編　1987　『楡樹老河深』文物出版社
吉林省文物工作隊・吉林市博物館　1982　「吉林樺甸西荒山屯青銅短剣墓」『東北考古与歴史』1号
吉県文物工作站　1985　「山西吉県出土商代青銅器」『考古』9期
吉林省文物誌編纂委員会　1984　『集安県文物誌』文物誌編纂委員会
魏　凡　1983　「就出土青銅器探索遼寧商文化問題」『遼寧大学学報』5期
喀左県文化館・朝陽地区博物館・遼寧省博物館　1973　「遼寧喀左県北洞村殷周青銅器」『考古』6期
　　　　　　　1977　「遼寧省喀左県山湾子出土商周青銅器」『文物』12期
許玉林・王連春　1984　「丹東地区出土的青銅短剣」『考古』8期
許玉林・許明綱　1983　「新双金房石棚和石蓋石棺墓」『文物資料集刊』第7期
　　　　　　　1983　「遼寧新金双房石蓋石棺墓」『考古』4期
金　岳　1986　「燕山方国考(上)」『遼海文物学刊』2期
　　　　　1990　「論東北商代青銅器分期、性質和特点」『遼海文物学刊』2期
　　　　　1994　『東北亜研究―北方民族方国研究』中州古籍出版社
錦州市立博物館　1960　「遼寧錦西県烏金塘東周墓調査記」『考古』5期
建平県文化館・朝陽地区博物館　1983　「遼寧建平県的青銅器時代墓葬及相関遺物」『考古』8期

高阿中　1991　「甘粛平涼発現 1 件商代銅鏡」『文物』5 期

克什克騰旗文化館　1977　「遼寧克什克騰旗天宝同発現商代銅甗」『考古』5 期

黒光・朱捷元　1975　「陝西綏徳塢頭村発現一批窖蔵商青銅器」『文物』2 期

高　雪　1984　「陝西清澗県又発現商代青銅器」『考古』8 期

高雪・王紀武　1983　「清澗又出土商代青銅器」『考古与文物』3 期

高西省　1993　「扶鳳出土的幾組商周青銅兵器」『考古与文物』3 期

孔昭宸・杜乃秋・張子武　1982　「北京地区千年以来的植物群発展和気候変化」『植物学報』24 巻 2 号

孔昭宸・杜乃秋・劉顕民・楊虎　1991　「内蒙古自治区赤峰市距今 8000－2400 年間環境考古学的初歩研究」『環境考古学』第 1 輯、科学出版社

呉振録　1972　「保徳県新発現的殷代青銅器」『文物』4 期

五省出土重要文物展覧籌備委員会　1958　『五省出土重要文物展覧図録』文物出版社

項春松　1984　「小黒石溝発現的青銅器」『内蒙古文物考古』第 3 期

胡平生　1983　「対部分商周記名銘文銅器時代的考察」『古文辞論集』1

蔡運章　1996　「洛陽北窰西周墓制銅器銘文簡論」『文物』7 期

斉暁光　1991　「内蒙古克什克騰旗龍頭山遺址発掘的主要収穫」『内蒙古東部地区考古学文化研究文集』海洋出版社

蔡家麒　1982　「顎倫春人的原始信仰与崇拝」『民族学報』2

斉文涛　1972　「概述近年来山東省出土的商周青銅器」『文物』5 期

上海博物館・商周青銅器銘文選編写組　1986　『商周青銅器銘文選』新華書店

謝青山・楊紹舜　1962　「山西呂梁県石楼鎮又発現銅器」『文物』4・5 期

山西省考古研究所・北京大学考古学系　1994　「天馬―曲村遺址」『文物』8 期

山西省考古研究所・霊石県文化局　1986　「山西霊石旌介村商墓」『文物』11 期

山西省文物管理保管組　1958　「山西石楼県二郎坡出土商周銅器」『文物参考資料』1 期

山東省煙台地区文物管理委員会　1983　「煙台市上亣村出土㠱国銅器」『考古』4 期

山東省博物館　1964　「山東長清出土的青銅器」『文物』4 期

秋　浦　1962　『顎温克人的原始社会形態』中華書局出版

秋浦編　1984　『顎倫春族』文物出版社

朱　貴　1960　「遼寧朝陽十二台営子青銅短剣墓」『考古学報』1 期

集安県文物保管所　1981　「集安発現青銅短剣」『考古』5 期

朱永剛　1987　「夏家店上層文化的初歩研究」『考古学文化論集』1，文物出版社

朱永剛　1992　「試論我国北方地区銎柄式柱脊短剣」『文物』12期
　　　　　1998　「東北青銅文化的発展段階与文化区系」『考古学報』2期
周永珍　1985　「"享"字銘文銅器」『全国商史学術討論会論文集』殷都学刊編集部
肖　琦　1993　「陝西隴県出土的歴代銅鏡」『考古与文物』2期
周原扶鳳文管所　1987　「陝西扶鳳強家1号西周墓」『文博』4期
珠　葆　1984　「長安豊西馬王村出土"鄢男"銅鼎」『考古与文物』1期
邵国田　1993　「内蒙古敖漢旗発現的青銅器及有関遺物」『北方文物』1期
周昆叔・陳碩民・陳承恵・葉永英・梁秀龍　1984　『中国北方全新統花粉分析与古環境』
　　　　　　科学出版社
周到・趙新来　1980　「河南鶴壁龍村出土的青銅器」『文物資料集刊』3
徐中舒　1984　『殷周金文収録』四川人民出版社
鄒　衡　1980　「関於夏商時期北方地区諸領境文化的初歩探討」『夏商周考古学論文集』
　　　　　　文物出版社
綏徳博物館　1982　「陝西綏徳発現和収蔵的商代青銅器」『考古学集刊』第2、中国社会
　　　　　　科学出版社
正定県文物保管所　1981　「河北霊寿県西木仏村出土一批商代文物」『文物資料集刊』5
承徳地区文物保護管理所・灤平県文物保護管理所　1994　「河北省灤平県梨樹溝門墓群
　　　　　　清理発掘簡報」『文物春秋』2期
瀋陽故宮博物院・瀋陽文物管理弁公室　1975　「瀋陽鄭家窪子的両座青銅時代墓葬」『考
　　　　　　古学報』1期
靳楓毅　1982・1983　「論中国東北地区含曲刃青銅短剣的文化遺存」『考古学報』4期・1期
　　　　　1987　「夏家店上層文化及其族属問題的研究」『考古学報』2期
　　　　　2001　「山戎文化所含燕与中原文化因素之分析」『考古学報』1期
青海省湟源県博物館・青海省文物考古隊・青海省社会科学院歴史研究室　1985　「青海
　　　　　　湟源県大華中荘卡約文化墓地発掘簡報」『考古与文物』5期
赤峯県博物館・寧城県文物管理処　1995　「寧城小黒石榔墓調査清理報告」『文物』5期
石家荘地区文化局文物普査隊　1977　「河北石家荘地区的考古新発見」『文物資料集刊』1
石楼県人民文化館　1972　「山西石楼義牒発現商代銅器」『考古』4期
石楼文化館　1977　「山西永和発現殷代銅器」『考古』5期
陝西省考古研究所・陝西省文物管理委員会・陝西省博物館　1979　『陝西出土商周青銅
　　　　　　器1』文物出版社

陝西省考古研究所・陝西省文物管理委員会・陝西省博物館　1980a『陝西出土商周青銅器 2』文物出版社

　　　1980b『陝西出土商周青銅器 3』文物出版社

曹桂林　1988　「法庫県青銅文化遺址的考古発見」『遼海文物学刊』1 期
曹発展・景凡　1984　「陝西旬邑県崔家河遺址調査記」『考古与文物』4 期
曹定雲　1980　「亜其考」『文物集刊』2
戴応新　1980　「陝北清澗、米脂、佳県出土古代銅器」『考古』1 期
戴尊徳　1980　「山西霊石旌介村商墓和青銅器」『文物資料集刊』第 3 巻、文物出版社
中国科学院考古研究所　1957　『長沙発掘報告』科学出版社出版

　　　1959a『上村嶺虢国墓地』科学出版社

　　　1959b『洛陽中州路』科学出版社

　　　1960　『美帝国主義却掠的我国殷周青銅器図録』文物出版社

　　　1962　『灃西発掘報告』文物出版社

　　　1964　『浚県辛村』科学出版社

中国科学院考古研究所遼寧工作隊　1975　「敖漢旗大甸子遺址試掘簡報」『考古』2 期
中国科学院考古研究所・北京市文物管理処・房山県文教局・琉璃河考古工作隊　1974　「北京付近発現の西周奴隷殉葬墓」『考古』5 期
中国社会科学院考古研究所　1980『殷墟婦好墓』文物出版社

　　　1981　「内蒙古寧城県南山根102号石槨墓」『考古』4 期

　　　1984a「1981－1983年琉璃河西周燕国墓地発掘簡報」『考古』5 期

　　　1984b『新中国的考古発現和研究』文物出版社

　　　1987　『殷周金文集成』第 7 冊

　　　1990　「北京琉璃河1193号大墓発掘簡報」『考古』1 期

　　　1996　『大甸子』科学出版社

　　　1998　『安陽殷墟郭家荘商代墓葬』中国大百科全書出版社

　　　2003　『中国考古学　夏商編』中国社会科学出版社

中国社会科学院考古研究所安陽工作隊　1989　「1986年安陽大司空村南地的両座殷墓」『考古』7 期
中国社会科学院考古研究所東北工作隊　1975　「寧城南山根遺址発掘報告」『考古学報』1 期

　　　1971　「内蒙古寧城県南山根102号石槨墓」『考古』4 期

張亜初　1993a「太保罍銘文的再探討」『考古』1期
張亜初　1993b「燕国青銅器銘文研究」『中国考古学論集』科学出版社
張　英　1990　『吉林出土銅鏡』文物出版社
張海波　1984　「本渓市梁家出土青銅短剣和双紐銅鏡」『遼寧文物』8期
　　　　1987　「本渓発現青銅短剣墓」『考古』2期
張金儀　1982　『漢鏡反映的神話伝説与神仙思想』台北
張家口市文物管理所・宣化県文化館　1987　「河北宣化県小白陽墓地発掘報告」『文物』
　　　　5期
長治県博物館　1991　「山西屯留県上村出土商代青銅器」『考古』2期
張博泉　1994　『箕子与朝鮮論集』吉林文史出版社
張柏忠　1982　「霍林河砿区付近発現的西周銅器」『内蒙古文物考古』2期
張懋熔　1985　「殷周青銅器埋蔵意義考述」『文博』5期
陳漢平　1993　『金文編訂補』中国社会科学出版社
陳公柔・張長寿　1990　「殷周青銅容器上獣面紋的断代研究」『考古学報』1期
陳俊峰　1994　「甘粛漳県発現的蟠蛇紋銅鏡」『文物』11
沈振中　1972　「忻県連寺溝出土的青銅器」『文物』4期
陳　平　1991　「克罍、克盉銘文及其有関問題」『考古』9期
陳夢家　1955　「西周銅器断代」『考古学報』第10冊
　　　　1960　『美帝国主義却掠的我国殷周青銅器図録』中国科学院考古研究所
　　　　1977　『殷周青銅器分類図録』汲古書院
鄭紹宗　1963　「行唐県李家荘発現戦国銅器」『文物』4期
　　　　1975　「河北発現的青銅短剣」『考古』4期
　　　　1984　「中国北方青銅短剣的分期及形制研究」『文物』2期
　　　　1994　「長城地帯発現的北方式青銅刀子及其有関問題」『文物』4期
翟徳芳　1988　「中国北方地区青銅短剣分群研究」『考古学報』3期
程長薪　1981　「北京発現商亀魚紋盤及春秋宋公差戈」『文物』8期
　　　　1983　「北京市順義県牛欄山出土一組周初帯銘青銅器」『文物』11期
程長新・曲得龍・姜東方　1982　「北京揀選一組二十八件商代帯銘銅器」『文物』9期
田広金　1997　「中国北方系青銅器文化和類型的初歩研究」『考古学文化論集』4、文物
　　　　出版社
田広金・郭素新編著　1986　『鄂爾多斯式青銅器』文物出版社

田広金・史培軍　1991　「内蒙古南部原始文化的環境考古研究」『内蒙古南部原始文化研究文集』海洋出版社
　　　　　　　　1997　「中国北方地区長城地帯環境考古学的初歩研究」『内蒙古文物考古』2 期
陶正綱　1992　「霊石商墓亜姜銘試析」『山西省考古学会論文集』1
唐　蘭　1986　『西周青銅器銘文分代史徴』中華書局
内蒙古文物工作隊編　1964　『内蒙古出土文物選集』内蒙古人民出版社
内蒙古自治区文物工作隊　1986　『顎爾多斯式青銅器』文物出版社
内蒙古自治区文物考古研究所・克什克騰旗博物館　1991　「内蒙古克什克騰旗龍頭山遺址第一、二次発掘簡報」『考古』8 期
寧城県文化館・中国社会科学院研究生院考古系東北考古専業生　1985　「寧城県新発現的夏家店上層文化墓葬」『文物資料集刊』7
熱河省博物館　1955　「熱河凌源県海島営子村発現的青銅器」『文物参考資料』8 期
馮　蒸　1977　「関于西周初期太保氏的一件青銅兵器」『文物』6 期
文物編纂委員会　1979　『文物考古工作三十年』文物出版社
北京市文物管理処　1976　「北京地区的又一重要考古収穫」『考古』4 期
　　　　　　　　1977　「北京市平谷県発現商代墓葬」『文物』11 期
　　　　　　　　1979　「北京市延慶県西抜子村窖藏銅器」『考古』3 期
北京市文物管理処・中国科学院考古研究所・房山県文化局・琉璃河考古工作隊　1976　「北京市琉璃河夏家店下層墓葬」『考古』1 期
北京市文物研究所　1995　『琉璃河西周燕国墓地』文物出版社
北京市文物研究所　1994　「龍慶峡別墅工程中発現的春秋時期墓葬」『北京文物与考古』第 4 輯
北京市文物研究所山戎文化考古隊　1989　「北京延慶軍都山東周山戎部落墓地発掘紀略」『文物』8 期
　　　　　　　　1992　「北京延慶軍都山東周山戎部落墓地発掘紀略」『北京文物与考古』第 3 輯
北京大学考古学系商周組・山西省考古研究所　2000　『天馬―曲村』科学出版社
北洞文物発掘小組・喀左県文化館・朝陽地区博物館・遼寧省博物館　1974　「遼寧喀左県北洞村出土的殷周青銅器」『考古』6 期
文物編纂委員会　1979　『文物考古工作三十年』文物出版社
游学華　1982　「中国早期銅鏡資料」『考古与文物』3 期
葉啓堯・魏正一・李取生　1991　「黒龍江泰来県東翁根山新石器地点的古環境初歩研究」

『環境考古学』1、科学出版社
楊志栄・索秀芬　2000　「中国北方農牧交錯地帯東南部環境考古研究」『環境考古研究』第 2 輯、科学出版社
容　康　1985　『金文編』中華書局出版
楊紹禹　1959　「石楼県発現古代銅器」『文物』3 期
楊紹舜　1974　「山西石楼義牒会坪発現商代兵器」『文物』2 期
　　　　1976　「山西石楼新征集到的幾件商代青銅器」『文物』2 期
　　　　1980　「山西石楼義牒又発現商代銅器」『文物資料集刊』3
　　　　1981a 「山西石楼緒家峪・曹家垣発現商代銅器」『文物』8 期
　　　　1981b 「山西柳林県高紅発現商代銅器」『考古』3 期
雍城考古隊　1982　「鳳翔南指揮村周墓的発掘」『考古与文物』4 期
楊宝順　1975　「温県出土的商代銅器」『文物』2 期
姚生民　1986　「陝西淳化県出土的商青銅器」『考古与文物』5 期
　　　　1990　「陝西淳化県新発現的商周青銅器」『考古与文物』1 期
羅西章　1980　「扶鳳出土的商周青銅器」『考古与文物』4 期
李逸友　1959　「寧城県南山根出土銅器」『考古』6 期
李海栄　2003　『北方地区出土夏商周時期青銅器研究』文物出版社
李学勤　1983　「試論山東新出土青銅器的意義」『文物』1 期
李漢才　1992　「青海湟中県発現古代双馬銅鉞和銅鏡」『文物』2 期
劉学堂　1993　「新疆地区早期銅鏡及相関問題」『新疆文物』1
劉軍社　1991　「陝晋蒙嶺境地区商代青銅器的分期分区及相関問題的探討」『中国考古学会第 8 次年会論文集』文物出版社
劉国祥　2000　「夏家店上層文化青銅器研究」『考古学報』4 期
李水城　2005　「西北与中原早期冶銅業的区域特徴及交互作用」『考古学報』3 期
李伯謙　1988　「従霊石旌介商墓的発現看晋陝高原青銅文化的帰属」『北京大学学報 哲学社会科学版』（後に『中国青銅文化結構体系研究』1998、科学出版社に所収）
李白鳳　1981　『東夷雑考』斉魯書社
凌純声　1934　『松花江下游的赫哲族』南京
遼寧省昭烏達盟文物工作站・中国科学院考古研究所東北工作隊　1973　「寧城県南山根的石槨墓」『考古学報』2 期

遼寧省博物館・朝陽地区博物館　1973　「遼寧喀左県北洞村発現殷代青銅器」『考古』4期
遼寧省博物館文物工作隊　1978　「概述遼寧省考古新収穫」『文物考古工作三十年』文物出版社
遼寧省文物考古研究所　1989　「遼寧凌源県五道河子戦国墓発掘簡報」『文物』2期
遼寧省文物考古研究所・喀左県博物館　1989　「喀左和尚溝墓地」『遼海文物学刊』2期
遼寧省文物保管所　1982　「遼寧義県発現商周青銅器窖蔵」『文物』2期
琉璃河考古工作隊　1974　「北京付近発現的西周奴隷殉葬墓」『考古』5期
林　澐　1980　「中国東北系銅剣初論」『考古学報』2期
　　　　　1987　「商文化青銅器与北方地区青銅器関係之再研究」『考古学文化論集』
　　　　　1997　「中国東北系銅剣再論」『考古学文化論集』文物出版社
灤平県博物館　1995　「河北灤平県梨樹溝門山戎墓地清理簡報」『考古与文物』5期
呂光天　1981　『北方民族原始社会形態研究』寧夏人民出版社
廊坊地区文物管理所・三河県文化館　1987　「河北三河大唐廻・双村戦国墓」『考古』4期

【英語】

Anderson, J. G.　1932　Hunting Magic in the Animal Style. *BMFEA*. No.4.

Cosmo, N. D.　2002　*Ancient China and its Enemies*. Cambridge University Press.

Davlet, M.　1976　*Rock Engravings in the Middle Yenisei Basin*. Moscow.

Eliade, M.,　1964　*Shamanism*. Princeton University Press.

Hall, E. M.　1997　Towards an Absolute Chronology for the Iron Age of Inner Asia. *Antiquity*. Vol.71, No.274.

Holmberg, U.,　1964　Finno-Urgic, Siberian. Arnott, C. J.,ed. *The Mythology of All Races*. Cooper Square.

Karlgren, B.　1946　Some Weapons and Tools of the Yin Dynasty. *BMFEA*. No.17.

Leohr, M.　1949　Weapons and Tools from Anyang and Siberian Analogies. *The American Journal of Archaeology*.

O'Donoghue, D. M.　1990　Reflection and Reception: The Origin of the Mirror in Bronze Age China. *Bulletin of the Museum of Far East Antiquities*. No.62.

Rostovtzeff, M.　1929　*Iranian and Greeks in Southern Russia*.

Yettmar, K.　1950　The Karask Culture and Its South-Eastern Affinities. *BMFEA*. No.22.

【ロシア語】

Волков, В.В. 1967 Бронзвый и ранний железный век Северный Монголии. Улан-батр.

Гранзов М.П. 1980 Аржан.

Киселев С.В. 1960 Неолит и бронзовый век Китая．С．А．4．

Новгородова, Э.А. 1970 Центральная Азия и карасукская проблема.

Максименко Г.А. 1961 Новые данные по археологии района красноярска.

Мартынов А.И. 1979 Лесостепная тагарская культр. Наук, Новосибирск.

Челенова Н.Л. 1967 Происхождение и ранняя история племен тагарской культуры. Наука, Москва.

Челенова Н.Л. 1972 Хоронология памятников карасукской эпохи.

中国語要約

东北亚地区的青铜器文化与社会

　　在公元前两千年～一千年时期，在东北亚地区分布着一支地域特征明确的青铜器文化。从文化构成因素分析，这支青铜文化对日本弥生时代典型的武器如细形铜剑、铜戈、铜矛和多钮镜的形成关系密切，日本铜铎的形成也深受东北亚地区青铜文化的影响。通过对东北亚地区青铜文化的分析，可使我们较容易且清楚地了解日本列岛的古代社会与文化所受到的巨大影响。而针对最近日本历史民俗博物馆提出的弥生时代年代溯上论，有很多学者关注于重新检视东北亚青铜器文化的研究，由此更可看出东北亚青铜器文化对日本的影响。

　　东北亚青铜器文化的产生和发展源自商王朝势力范围的北迁。因为商王朝后期向迁都于殷（即现今的安阳），与其邻接的北方地区的社会集团为抵制商王朝的发展及北扩，首先在晋中以北地区与商王朝形成对峙的局面，这支青铜文化的出现即是南北两种文化接触的征兆。在这个地区里造成了商王朝基地的都城，而居住在都城周围的本地社会集团上层人物（或者 酋长）则接受商王室的怀柔，被编入管辖之内。这层关系的建立，是通过拥有"鬲"作为族徽的商王朝上层阶级，他们将刻着族徽的青铜礼器赐给本地集团首长。在这些与商王室缔结关系的本地集团首长阶层之下，附属了不持有礼器而持有特殊的青铜武器的下级集团。另一方面，这些被编入了商王朝统治下的本地社会集团的上层人物，被允许使用商王朝统治地区的中型墓中的青铜礼器组合。不过，从殷墟墓地的构成来看，本地社会集团的上层人物墓葬中所使用的木棺葬，却是商王朝内部统治阶层中地位最下的的人使用的。在孝民屯墓地，统一性的小集团构成的木棺墓群当中有带铭铜器的墓，一个时期只有一座；而其上的铭文则和山西中部以北地区及陕西东北部的墓葬里发现的「族徽」相同。被编入商王朝管辖势力之中的山西中部以北地区社会集团，其作为商王朝统属下的地方政治势力集团・构成员的演变，并且被赐予青铜礼器与武器的同时，也走向逐渐被中原集团吸收的过程。

　　另一方面，从河北北部到辽宁南部、内蒙古东南部地区，起初其与山西中部以北地区的文化面貌相同，透过持有"黾"族徽的集团中介，接受了商文化的影响，也产生了具有商文化性质的的青铜文化。可是殷周革命之后，由于周王朝的

势力波及到这个区域，而酿成了完全不同的情况。殷周革命是以周为中心、联结其西方的姜族共同抵抗商王朝的帝辛并推翻了商的统治。"碌父之乱"后，又经过"践奄之役"，西周势力扫荡了山东省一带旧有的商王朝的割据势力，并且以召氏一族作为核心势力联结、笼络原商王朝统治下的、在河北北部到辽宁南部地区的其他的本地社会集团。目前，在河北省北部和辽宁省南部已发现分布多处的青铜器埋葬遗迹，这些遗迹的发现可以作为召氏族统治东北亚地区的物证。有的学者认为这些青铜礼器当中有晚至西周中期的制品，因而否定召氏族和这些青铜器遗址的关连性；然而，若将这个现象视为召氏族的活动持续到西周中期的话，那么也可视其为对于燕国进行的征服礼仪持续地经营这个时期的证据了。

在西周时期，西周王朝对在这个地域中曾支持了周的旧商王朝集团以及与周交好的当地其他社会集团进行分封，其对本地社会集团的统治方式与前此的商王朝不同。从西周初期燕墓地的琉璃河遗址其墓葬结构来看，其中被推测为本地集团首长阶级的墓葬中所随葬的族徽，都是商周的上层阶级。

与铜器铭文有关的其他文化因素同样说明，持(有)那些族徽的集团，与后来在中国的东部地区被分封为诸侯的社会集团关系密切，以封建支配的确立为目标的行为是相当明确的。而在大多数旧商王朝势力被封建的东部地区里，设置了姬姓的鲁国、邢国和姜姓的齐国；将旧商王朝势力中心的召族燕国封在周领域的边缘；其中暗喻的以封建进行管理的意涵也就不言而喻了。根据《春秋》的记载，西周王朝将殷遗民六族分给鲁国，给卫国分了殷遗民七族。同样分赐殷遗民的事情，在燕国的琉璃河墓地1193号出土铜器的铭文也能反映出来。在西周初期，藉着将旧商王朝集团分散在各小国之中，以拢络其进入封建体系管理之下的同时，再将那些弱小国散置于周势力王朝的势力核心的各大国之间，以此确立了周王朝的支配统治体系。

由于以召氏一族为主建立燕国这一历史事实的形成，对后来东北亚地区青铜器文化的发展带来了很大的影响。召氏在商代作为"西史召"，是掌管祭祀的、势力较强大的氏族。在周代，召氏又主持康王的诞生祭祀，以召公家族为中心的后继者承担了西周王朝的司祭者世家。

与这样的祭祀行为有关的是单钮素纹镜，单钮素纹镜是如同妇好墓出土所见的一样是作为巫术(萨满)用的道具。单钮素纹镜中，镜面呈凹面形的只有在东北亚地区分布，其特征为多钮镜所继承。镜子在东北亚地区和西伯利亚南部地区被赋予巫术的意义，也是和商代所见的巫术铜镜有关。则由此可以追寻到青铜器被视为祭祀工具的起因。不但具有和商周青铜器文化的关联，并且形成了具有丰富机能性的本地特色青铜器的夏家店上层文化集团，西周中期以后，随着燕国的衰败，终于有了明显的变化。

这个时期的气候恶劣，寒冷干燥的环境变化使北方民族一边从事农牧业兼营，逐渐由游牧转化，一边逐渐开始南下以寻求适宜家畜饲养的地区。到了春秋时期，以鄂尔多斯式短剑为标志的社会集团出现在山西到河北北部地区，将属于夏家店上层文化的集团驱逐到辽西和辽东，造成了对中原地区的威胁。以鄂尔多斯式短剑为代表的集团拥有？，很明显地是以饲养牲畜为主的民族，它们一部分可能就是文献记载中的"山戎"。由于以鄂尔多斯式短剑为代表的社会集团侵入而被阻断了与中原地区联系的夏家店上层的文化集团，把这个内部有带商王朝特性的青铜器文化在东北亚地区发展，成为了形成了东北亚地区青铜器文化独立发展的基础。这个集团一开始发展了划分阶层墓葬结构，然而随着文化发展波及到朝鲜半岛地区，畜牧的要素丧失，转变为农业生产的青铜器文化。及青铜器，并进一步表现出向礼器化青铜器的侧重。

Bronze Age Culture and Society of the Northeast China
By
KOMOTO Masayuki
Professor of Archaeology, University of Kumamoto

DOSEISHA CO. LTD. Tokyo
2006 / 3 / 25

CONTENTS

Foreward
Section 1 Establishment of the Bronze Age Culture and Society in the Northern China
Section 2 Formation of the Yuen State （燕国）in the Western Chu Dynasty （西周王朝）
Section 3 Bronze Deposit Sites by the Yuen （燕国）
Section 4 Shang-related Clans under the Western Chu Dynasty （西周王朝）
Section 5 Bronze Age Culture in the West of Liaoning Province
Section 6 Development of Bronze Age Culture and Society in the Northeast China
Section 7 Remarks on the Bronze Mirrors with single Knob in Ancient China
Section 8 Bronze Mirrors with Multiple Knobs in the Northeast Asia
Section 9 Northeast Asian Chieftains in the 1st millennium BC
Section 10 Rock Engravings of the Big Boyar and Bronze Vessel （銅鍑）
Section 11 Bronze Age Culture and Society of the Northeast China
Closing Remarks
Bibliography
Chinese resume

あとがき

　大学院での研究テーマは「東アジアの初期農耕文化」であった。このためにこれまで、『中国新石器時代の生業と文化』（中国書店、2002年）と『日本の初期農耕文化と社会』（同成社、2004年）を上梓した。その続きから、東北アジアの初期農耕文化関係を出版して、大学院時代の研究課題を終了する予定であった。しかし、近年の朝鮮やロシア極東における初期農耕関係資料が次々に発掘され、これに関する論文も膨大な数に上る。早急にはこれらすべてに目を通して、これまでの研究の総括を行うには、残念ながら今は時間的余裕がない。

　現在、熊本大学文学部の同僚と「日本的社会構造の形成」をテーマとして共同研究を行っている。その過程でどうしても中国における社会集団のあり方を検討することが必要となり、新石器時代から青銅器時代にかけての社会集団の変遷過程を考古学的に検討することが当面の研究テーマとなっている。そこで、このたび東北アジアの青銅器時代に関係する発表論文に手を加えて、今回これを上梓することとした。

　本書はこれまで発表してきた東北アジア青銅器時代関係の論文を中心とし、構成上不足する論文を書き加えてまとめたものである。過去において発表した論文については、その後の資料の増加と関係論文を踏まえて、部分的に手を加えた。しかし、できるだけ発表時の趣旨をそのままにしたいという気持ちがあるために、追補という形で、既論文の後に補論を加えたものもある。

　　第1章　北部地域における青銅器文化の成立：新稿
　　第2章　西周初期燕国の形成：『東アジアの文化構造』九州大学出版会、
　　　　　1997年
　　第3章　西周初期燕の埋納遺跡：「西周初期燕の埋納遺跡」（『百済研究』
　　　　　第19号、1988年）、「遼寧省山湾子出土の一括青銅器群」（『熊本大

学文学部論叢』第29号、1989年）と「燕の成立と東北アジア」（『東北アジアの考古学』六興出版、1990年）を編集し直して、新たに書き改めた。

第4章　殷系氏族の動向：「亜貴侯矣考」として『九州上代文化論集』（乙益先生古稀紀年論文集刊行会、1990年）に掲載。

第5章　遼西地方における青銅器文化の形成：『国立歴史民俗博物館研究報告』第35集、1991年

第6章　東北地域南部における青銅器文化の展開：新稿

第7章　単鈕鏡小考：新稿

第8章　多鈕鏡の再検討：『古文化談叢』第22号、1990年

第9章　紀元前一千年紀東北アジアの首長墓：『弥生の環濠都市と巨大神殿』1996年

第10章　大ボヤール岩壁画と銅鍑：『比較民俗研究』第6巻、1992年

終　章　東北アジアの青銅器文化と社会：新稿

　本書の多くは1990年前後に執筆したものであるが、基本的な取組み方は30年以上前の京都時代に構想していた。中国の青銅器時代遺跡報告においては、必ずしもすべての遺物が克明に叙述されることはほとんどないし、写真や図が報告書に記載されない場合もしばしばある。ところが、青銅器の銘文は大部分拓本という形で報告されるために、それらの解読は充分可能である。解読において解釈の分かれるところがあるが、その場合は「記号」と考えることで、考古学的には充分対処ができるのである。この研究は、銘文を実大に伸ばしてトレース紙をあて、それを写し取る作業を繰り返し行うということで金文になれることからまず始めた。その際は白川静先生の本を熟読しながら解読を進めたのであった。京都から地方の大学に奉職し、日常的に青銅器に接することが不可能になっても、このような取組みが唯一青銅器文化研究に参画できる接近法と思量される。

　中国青銅器文化研究を行うにも個々の遺跡の分析においては、考古学的な徹底した検討が必要なことはいうまでもない。中国で墓から検出される副葬品や

埋納遺跡においては、しばしば時期の異なる遺物が共存することが見受けられる。ことに中原に接する地帯においては、そうした現象は顕著であり、青銅器の組合わせのどれに力点を注ぐかにより、大幅に異なった見解が引き出されることは多弁を要しない。この点で林巳奈夫先生の取組み方がもっとも適切であり、その手法は京都時代に、朝の通勤電車の中で先生から直接教わった。

今後残された研究生活の中で、東北アジアの初期農耕文化に関する論文をまとめて大学院時代の研究テーマを終えたのちに、東北アジアの支石墓研究に取りかかりたい。

本書をまとめる時期に、心臓と癌の手術を受ける羽目になり、一部は入院中に仕上げることも余儀なくされた。この期間多数の友人にご迷惑をおかけした。同僚各位と家族に深く謝意を申し述べたい。なお、中国語要旨は徳留大輔氏に依頼した。記して感謝したい。この本を出版するにあたり、同成社の山脇洋亮氏のご配慮に預かることが多かった。記して謝意を表したい。また本書は、熊本大学学術出版助成の交付を受けて発刊したものである。審査にあたられた関係各位に御礼申し上げたい。

　　　2006年2月28日

地名・人名索引

あ 行

秋山進午　121，163
阿拉溝　170
アルジャン　45，119，139
晏琬　91，111
アンダーソン　173
アンドリアノフ　250
安陽戚荘　12
イエットマール　118
伊金霍洛旗　129，135
頤志界　256，257
イズヴェストフ　193，211，212，，225
伊藤道治　70
岩永省三　188，190
尹家村　236
尹武炳　221
烏恩　118，119，120，121，135
宇木汲田　209
烏金塘　219，232，234
ウスティ・カルスキー　135
ウスティ・トゥルタイ　135
内野熊一郎　176
宇野隆夫　188，189，213，218，221
ウノ・ホルンベルグ　184
梅原末治　164，166，188，187，207
烏拉泊　170
烏魯木　170
雲岱里　241

英額布　225
江上波夫　257
易州　85
エック　117
エリアーデ　184
焉不拉克　170，174
王家嘴　168，174
黄基徳　121
王継紅　155
王献唐　66，76，103，107，110，112
玉皇廟　154，155，156，160，161，232
王嘴　175
大県　211，213
大林太良　185
岡内三眞　7，138，150，221
和尚溝　33，47，49，54
オルドス　174

か 行

カールグレン　117
解家溝　24，42
解家溝張家塪　24
槐亭洞　196，200，211，212，218，220，
　　221，238
解放村　248
賀家坪　19
郭家荘　22，39，41，43
郭素斯　8，173
郭宝鈞　62，164

郭沫若　39
梶栗浜　187, 209, 213, 216, 220
何秋濤　182
花爾楼　46, 85, 124
葛英会　66, 104
虢国墓　151, 154, 164, 174, 175
椛本亀生　200
臥龍泉　234, 235
韓家畔　18
冠山　240
甘子堡山　156
鄯善県洋海　170
澗鎮鞘村　28
勧読村　150
鞠頭村　22
キジル・カヤ　253
キセリョフ　118
北構保男　247
吉県　22
義牒村　19
義牒村会坪　19
魏凡　46
牛山里　241
牛波羅　46
宮坪里　205, 213, 220
牛欄山　46, 50, 51, 52, 56, 59, 67, 69,
　71, 85, 89, 92, 95, 98, 100, 103, 107,
　113, 122
キューン　117
強家　149
曲村　151, 159
去頭村　135
忻県　24, 25
金元龍　188
劉乃斯種羊場　170
金良善　203

九鳳里　198, 205, 211, 212, 213, 215,
　216, 220, 238
グリャズノフ　139, 250
クリル　117
薫家村　228
軍都山　154, 155, 159, 161
群巴克　170
下辛角　25
原州　213, 216
侯家荘　34, 164, 174, 217
高紅　22, 28, 135
黄県　34, 110, 112
崗上　232, 234, 235, 246
猴石山　173
黄土坡村　228
敖包山　46, 122
孝民屯　33, 36, 39, 40, 42, 263
江陵　150
講林里　205, 209, 211, 220, 213
五金山　198, 211, 212
黒豆嘴村　25
国分直一　247
五道河子山　156
後藤守一　188
五道嶺溝門　192, 211, 212, 216
五徳里松薪洞　240
コト・ケリ　135
胡平生　66
駒井和愛　192
小南一郎　178
コペンチャータス　250
後蘭家溝　21, 24
五林洞　242
葫蘆溝　154, 155, 159, 161
近藤喬一　151, 152

さ 行

蔡家河　150
崔家河　174
崔家河東村　166
沙道溝　124
里田原　223
三官甸子　232
山洞村　52, 67, 69, 71, 81, 100, 101, 103, 107
山龍　240
山湾子　46, 51, 56, 59, 67, 68, 81, 83, 86, 87, 88, 89, 90, 91, 92, 125, 127, 173, 174, 175, 217, 228
山湾子村　122
史家源村　25
ジャライノール　259
扎魯特旗　33, 152, 153
周永珍　34
周家墓　149
十二台営子　178, 188, 189, 190, 192, 217, 218, 219, 221, 232, 234
朱永綱　138
朱開溝　136, 158
シュトコワ　193, 211, 212
小河南村　46, 50, 124, 125, 127, 129
小雅里　200
小官荘　47
城関鎮　28
松菊里　238
漳県　168, 174, 175
上孛村　107, 108
小黒石溝　122, 138, 142, 149, 150, 151, 152, 153, 154
松山里　202, 213, 216, 220
上村　21

抄道溝　46, 50, 125, 127
上東村　135
稍戸房子村　46, 124
小屯　34, 87, 90
小南河村　136
小南張村　31
小白陽　155
小波太溝　46, 60, 67, 68, 71, 83, 89, 91, 122, 125
小ボヤール　250, 252
小鹿島　187, 200, 211, 212, 215
徐中舒　54
白川静　66, 73, 74, 78, 89, 103, 105, 107, 110, 112
二郎坡　19, 21
シロコゴロフ　184, 185
新荘河　166, 174, 175
辛村　49, 62, 65, 68, 155, 164, 174, 175
靳楓毅　120, 121, 132, 155
新民　127
新民県　228
水泉城子　149, 171, 174, 175, 217
水泉村　135
鄒衡　18, 33, 66
スルクタク・ハヤ　247
斉家坪　168, 174, 175
旌介　8, 16, 18, 21, 48, 125
西荒山　212, 216
西荒山屯　193, 211, 216
星星哨　236
成川郡　195
西団山　238
西張村　74
斉鎮村　100, 103, 107
西抜子村　259, 260

西木仏村　66
西梁家村　25
西梁垬　154, 155, 160, 161
石泉山　240
石棚溝　239
析木城　239
石棚山　239, 240
石拉山　122, 138, 149, 154, 217
積良洞　241
雪山　47
前営村　174
全榮來　188, 207
仙岩里　236
千斤営子　138
泉谷里　238
全羅北道　200
曹家垣　19, 22, 135
曹淑琴　59
宋新潮　170
曹村　18
荘白家　150
双廟村　60
双房　239
草浦里　205, 213, 220, 223
聖周墓　236
曹定雲　66, 105, 106
孫家溝　149
孫壮　88

た 行

大架山　225
大華中荘　168, 174
大雅里　236
大紅旗　46, 124
大荒地　132, 133, 136
大甲邦　239
大谷里　205, 207, 209, 213, 220, 222, 223
大葫蘆溝　236
大司空村南地　164, 174, 175, 217
台西村　48
大成洞　248, 260, 261
戴尊徳　8
大廟　46, 122
大甸子　133, 158
大板南山　149
大泡子　138, 149
大ボヤール　250, 252, 253, 260
夿馬台　168, 174, 175
大拉罕溝　171, 174, 175, 217

高橋健自　187
高浜秀　22, 118, 135, 144
多松里　198, 212, 215, 216, 220, 211
砣頭　234
灘　240
潭荘　18,
チェレノヴァ　118
千葉基次　122, 189
茶戸里　243, 244
中州路　155
中和郡　195
張家園　47
張家口　135
張家口張北　173, 174
趙家荘　174
趙家荘村　25, 166
長家坡　166
趙家堡　211, 212, 216
釘岩里　203, 211, 213, 220
張金儀　178
張錫瑛　189

地名・人名索引　297

長清県　34, 56, 74
丁峰里　242
張北　175
張懋熔　113
朝陽洞　225, 244
褚家峪　19
陳漢平　34, 39
沈村里　239, 240
陳夢家　87, 88, 90, 103
鄭家村　28
鄭家窪子　162, 178, 190, 211, 212, 216, 217, 218, 219, 232, 246
貞柏洞　242
デヴレット　250, 253, 256
翟徳芳　121, 138
鉄里氏蓋山　170
伝内蒙古　174
天巨星　171, 174, 217
伝慶尚南道　209, 213
田広金　8, 28, 157, 158, 173
伝江原道原州　203
天山北路　170, 174
伝瀋陽　192, 211, 212, 216
伝全羅北道　211, 212
田荘村　100, 101, 103
伝忠清南道　195, 211, 212
殿底峪　18
伝平安南道孟山郡　211, 212, 215
伝平安南道成川郡　211, 212, 215
伝平安南道中和郡　211, 212, 215
伝平壌　195, 202, 211, 212, 213
天宝同　46, 86, 122
伝臨夏　174
伝霊岩　222
東翁根山　158
桃花荘　21, 24, 42

東閑各荘　47
湯原村　168
道虎溝　173, 174, 175
東西里　196, 203, 211, 212, 218, 220, 238
東山　142, 238
東井墓　149
陶正綱　16, 29, 48
東南溝　154, 232, 245
唐蘭　58, 90
徳川里　242, 243
土口子　121
土城洞　242
鈷嚕溝　46, 81, 122
鳥居きみ子　183
鳥居龍蔵　185
土龍　235

　　　　　　な 行

名柄　211, 213, 223
南溝村　19
南溝屯　46, 79, 89
南山根　121, 138, 144, 146, 149, 153, 154, 171, 174, 175, 186, 217, 230, 231, 232, 245
南指揮西村　166, 174, 175
南城里　196, 211, 212, 220, 222, 238, 242
南台子　142
南洞溝　232
南埠村　107
南陽里　207, 213
二十家子　46, 124
二道河子　219, 236, 246
入室里　209, 213, 220
如意里　198, 200, 209, 211, 212, 215,

216
二蘭虎溝　259
熱水湯　173，174，175，217
ノブゴロドーヴァ　118

は 行

拝城克攷爾　170
馬王村　151
白浮村　47，49，50，72，119，121，125，127，129，132，136，171，174，175，178，186，217，228，229
白龍村　166，174，175
馬厰溝　46，51，69，79，89，90，91，92
馬厰溝村　122
林巳奈夫　150，151
波拉赤　46，124
巴里坤南湾　170
原の辻　223
反川里　202，213
板房溝　170
費県　56，74
広川守　83
フィリップス　253
武官村　83
福永光司　178
婦好　178，229
婦好墓　42，45，83，129，135，163，164，170，173，174，175，178，186，217，265
撫順市　46，124，228
平涼　174，175
平呂洞　242
別埜区　155
ヘロドトス　253
片羅村　19
宝鶏　174，175

宝鶏市郊区　166
砲台山　156
豊龍里　238
北山嘴　149，154
北辛堡山　156
北辛堡　156
北台子　142
北洞村　10，46，50，79，86，88，89，91，92，98，122，228
墨房里　240，242，246
補洞溝　259
本村籠　223

ま行・や行

マクシメンコ　118
増田　223
町田章　47，49，51，78，81，91，229
宮本一夫　7，73
村上恭通　244，245
孟山郡　195
木頭城　46
木頭城子　46，122
森本六爾　187，213
八幡一郎　247
山尾幸久　261
游学華　168
楊河　46，124
羊圏坡　24
容康　39
楊宝順　31
吉武高木　213
吉武高木木棺墓　209

ら行・わ行

李家崖　44
李学勤　58，112

李家荘　156，260
梨花洞　202，209，220
李家堡　121
梨花里　213
李康承　119
李健茂　205
梨樹溝門　155
李伯謙　18，28，33，48，49
李白風　66，111
劉家河　34，47，48，49，50，71，91，132，141
劉学堂　170
劉家水庫　166，174，175
劉家南溝　154
龍興里　238
劉国祥　138，149
龍山里　200，202，205，209，213，216，220，240，
劉心源　103
龍頭山　138，149
劉李店　47
柳湾　46，124

梁家村　190，211，212，216，218，219
林澐　120
臨夏　170
林遮峪　22，135
琉璃河　33，49，52，56，63，68，69，70，71，73，76，77，86，87，88，90，91，92，94，98，103，113，124，127，132，141，228，264
霊岩　207，209，213，216
礼村　87
レール　118，136
蓮花里　195，200，211，212，220，212
老河深　248，259，260
楼上　232，234，235，246
老南船　149
蘆溝橋　46，69，78，85，95，103，107，113，122
ロストフチェフ　117
若山　222，223
和静察吾呼溝　170
湾柳　127

東北アジアの青銅器文化と社会

■著者略歴■
甲元　眞之（こうもと・まさゆき）
1944年　広島県三次市吉舎町生まれ
1967年　東京教育大学文学部卒業
1972年　東京大学大学院博士課程終了
1972年　財団法人古代学協会研究員
1977年　熊本大学助教授
1994年　熊本大学教授

〈主要著作・論文〉『中国新石器時代の生業と文化』（中国書店、2001年）、『日本の初期農耕文化と社会』（同成社、2004年）。Extension of East Asian Megalithic Culture.（*Meeting on Megalithic Culture.* 2003）、「東アジアの先史時代漁撈」（『東アジアと日本の考古学』同成社、1997年）。

〈編著〉Krounovka 1（Kumamoto University, 2004）、 Zaisanovka 7.（Kumamoto University, 2006）、『先史・古代東アジアの植物遺存体(1)、(2)』（熊本大学、2003〜2004年）、『環東中国海沿岸地域の先史文化(1)〜(5)』（熊本大学、1998〜2001年）。

2006年3月20日発行

編　者　甲元　眞之
発行者　山脇　洋亮
印　刷　㈱深高社
　　　　モリモト印刷㈱

発行所　東京都千代田区飯田橋4-4-8 東京中央ビル内　㈱同成社
　　　　TEL 03-3239-1467　振替 00140-0-20618

Ⓒ Komoto Masayuki 2006. Printed in Japan
ISBN4-88621-353-7 C3022